读懂投资　先知未来

大咖智慧
THE GREAT WISDOM IN TRADING

成长陪跑
THE PERMANENT SUPPORTS FROM US

复合增长
.COMPOUND GROWTH IN WEALTH

一站式视频学习训练平台
WWW.DUOSHOU108.COM

价值投资策略

斯蒂芬·霍兰
罗伯特·约翰逊 著
托马斯·罗宾逊

贾素清　马彦蕾　译

山西出版传媒集团
山西人民出版社

图书在版编目(CIP)数据

价值投资策略 /（美）斯蒂芬·霍兰,（美）罗伯特·约翰逊,（美）托马斯·罗宾逊著；贾素清,马彦蕾译. --太原：山西人民出版社，2017.10
ISBN 978-7-203-09684-9

Ⅰ.①价… Ⅱ.①斯… ②罗… ③托… ④贾… ⑤马 Ⅲ.①投资经济学 Ⅳ.①F830.59

中国版本图书馆 CIP 数据核字（2016）第 184620 号

Stephen M. Horan
Robert R. Johnson
Thomas R. Robinson
Strategic Value Investing
0-07-178166-8
Copyright© [2014] by McGraw-Hill Education.
All Rights reserved. No part of this publication may be reproduced or transmitted in any form or by any means, electronic or mechanical, including without limitation photocopying, recording, taping, or any database, information or retrieval system, without the prior written permission of the publisher.
This authorized Chinese translation edition is jointly published by McGraw-Hill Education and SHANXI PEOPLE'S PUBLISHING HOUSE.This edition is authorized for sale in the People's Republic of China only, excluding Hong Kong, Macao SAR and Taiwan.
Copyright© [2017] by McGraw-Hill Education and SHANXI PEOPLE'S PUBLISHING HOUSE.
版权所有。未经出版人事先书面许可，对本出版物的任何部分不得以任何方式或途径复制或传播，包括但不限于复印、录制、录音，或通过任何数据库、信息或可检索的系统。
本授权中文简体字翻译版由麦格劳-希尔（亚洲）教育出版公司和山西人民出版社合作出版。此版本经授权仅限在中华人民共和国境内（不包括香港特别行政区、澳门特别行政区和台湾）销售。
版权© [2017]由麦格劳-希尔（亚洲）教育出版公司与山西人民出版社所有。
本书封面贴有 McGraw-Hill Education 公司防伪标签，无标签者不得销售。

著作权合同登记号　图字：04-2016-016

价值投资策略

著　　者：	（美）斯蒂芬·霍兰　罗伯特·约翰逊　托马斯·罗宾逊
译　　者：	贾素清　马彦蕾
责任编辑：	孙　琳
复　　审：	贺　权
终　　审：	员荣亮
出 版 者：	山西出版传媒集团·山西人民出版社
地　　址：	太原市建设南路 21 号
邮　　编：	030012
发行营销：	0351-4922220　4955996　4956039　4922127（传真）
天猫官网：	http://sxrmcbs.tmall.com　电话：0351-4922159
E-mail：	sxskcb@163.com　发行部 sxskcb@126.com　总编室
网　　址：	www.sxskcb.com
经 销 者：	山西出版传媒集团·山西人民出版社
承　　印：	大厂回族自治县德诚印务有限公司
开　　本：	710mm×1000mm　1/16
印　　张：	22.5
字　　数：	340 千字
印　　数：	1—4100 册
版　　次：	2017 年 10 月　第 1 版
印　　次：	2017 年 10 月　第 1 次印刷
书　　号：	ISBN 978-7-203-09684-9
定　　价：	68.00 元

如有印装质量问题请与本社联系调换

"舵手经典证券图书"开篇序

20个世纪末,随着中国证券投资市场的兴起,我们怀揣梦想与激情,开创了"舵手证券图书"品牌,为中国投资者分享最有价值的投资思想与技术。

世界经济风云变幻,资本市场牛熊交替,我们始终秉承"一流作者创一流作品"方针,与约翰&威立、培生教育、麦格-劳希尔、哈里曼、哈珀&科林斯等世界著名出版机构合作,引进了一批畅销全球的金融投资著作,涵盖了股票、期货、外汇、基金等主要投资领域。

时光荏苒,初心不改,我们将一如既往地与您分享专业而丰富的投资类作品。我们以书交友,与天南海北的读者成为朋友,收获信任、支持。许许多多投资者成为我们的老师、知己,给予我们真诚的赞许、批评、建议。更有一些资深人士由此成为我们的编辑、翻译、评审,这一切我们感念于心。

我们希望与每位投资者走得更近,我们希望以"舵手投资学院"的方式,给每位读者一个反馈和深化学习的家园,一个交流探索的新平台。我们邀请作者进驻我们的投资交流论坛(www.duoshou108.com),为读者答疑解惑，交流切磋。在这里，您可以与华尔街投资大师亲密接触；在这里，您可以与全国最聪明投资者同台炫技；在这里，您可以体验全球最新投资技术课程；在这里，必将因为有您而伟大！

目 录

第一篇 导论 / 1

第 1 章 什么是价值投资 / 3

第 2 章 我们为什么
要进行价值投资策略分析 / 15

第 3 章 成功价值投资的障碍 / 37

第 4 章 选择公司的策略：
经济分析、行业分析和筛选 / 63

第 5 章 公司分析 / 91

第二篇 衡量价值 / 131

第 6 章 价值的概念 / 133

第 7 章 股利贴现模型 / 157

第 8 章 自由现金流模型 / 179

第 9 章 资产基础法 / 201

第 10 章 剩余收益模型 / 223

第 11 章 相对估值 / 237

第三篇　价值投资风格与应用／261

第12章　主题变奏曲：价值投资风格／263
第13章　选择合适的风格和估值模型／285
第14章　不良资产投资／309
第15章　价值投资的市场应用／335

第一篇 导论

第1章 什么是价值投资

> 聪明的投资都是价值投资——投入的少，获得的多。投资就是先找到为数不多的几个优秀企业，然后安安稳稳地坐等收益。
>
> ——查理·芒格

本杰明·格雷厄姆、巴菲特、沃利·韦茨、塞思·卡拉曼这些投资大师都有什么共同点呢？他们都是价值投资者。那何为价值投资呢？价值投资就像"美"的定义一样，"情人眼里出西施"，其定义因人而异。一些人认为价值投资意味着廉价购买价值被低估的公司股票，也就是该公司相对于其他投资公司不受市场青睐时买进其股票；而另外一些人则认为价值投资是相对其他投资类型而言的，是和成长型投资相对而言的。股票指数往往分为价值和增长两部分，股票指数往往是由价值指数和成长指数组成，因此，一只股票或归属价值型范畴或归属增长型范畴，但不可能同时具有两种属性。然而，在实践中，价值投资的含义并不是那么狭隘。

价值投资可能涉及任何类型的担保或投资，但通常与购买一家公司的股票相关。价值投资涉及购买价格合理的股票，这些股票的价格反映了公司基本面及其未来增长的前景，最理想的情况是这些股票的交易价格低于其内在价值，因此被认为是价值型股票投资。价值型投资者其实是在寻找购买有价值的商品或服务。我们一般喜欢购买打折销售商品，而不会选择在商品溢价时消费。

那么价格与价值有何区别？在任何时候，资产价格都是反映供求经济规律的主体。短期内，如果一项资产的需求超过该资产的供应，则该资产的价格就会上升并可能超过该资产的长期价值。当市场上似乎每个人都想购买同一个资产时（记住20世纪90年代末互联网的泡沫和最近的房地产泡沫），该资产价格就会大幅飙升。在这种情况下，市场价格超过了资产的长期内在价值。当投资人停止购买该资产股票，股票价格会大幅下跌（在某些情况下或许低于其内在价值）。

在任何时候，一个资产如果有大量供应，却少有买家（需求低），那么价格可能会下降，或许会低于其长期内在价值。如果投资者意识到这一价值投资机会，并开始购买该资产，相对于供给需求增加，价格应该上升（有时高于内在价值）。价值投资的特点就是低买高卖，当股票的内在价值超过其目前市场价格时，购买该公司股票；当目前市场价格超过其内在价值时，抛出该公司股票。一些价值投资者的观点更为极端：几乎所有人都在卖好公司股票的时候，他们买这些公司的股票；而几乎所有人都在买好公司股票的时候，他们便卖这些公司的股票。价值投资核心就是其逆势操作本质，这一点确实有别于其他类型的投资。然而，价值投资也涉及购买其他投资者购买的成长型股票，当然，这些股票的价格须位于相对于其增长前景的合理区间内。稍后我们会在本章更详细地讨论这个问题。

内在价值与账面价值和市场价值

到目前为止我们已经提到了价格和内在价值，在继续讨论之前，我们仔细看看这些术语。价格和市场价值是一样的。价格是资产目前在市场上（在这种情况下指股票市场）出售的价格，换句话说，价格是当前市场赋予资产的价值。价格或市场价值可能会随每一个交易改变。如果最近没有发生交易，我们可通过查看买价和卖价来得到一个关于市场价值的概念，即买家和卖家各自愿意购买和出售股票的价格。

内在价值是根据资产当前基本面及其前景，我们所愿意为其支付的价格。内在价值是用估值方法和驱动价值的评估因素来确定的。此外，股票内在价值的确定是独立于股票目前市场价格的，尽管这可能会使用相似股票的市场价格作比对，这一点我们以后可以了解到。理想情况是，有大家都认同的单一衡量内在价值的标准。然而，事实是，内在价值的标准是仁者见仁，智者见智。当然，不同的价值投资者会采用不同的模型和不同的信息来评估内在价值，因此，在目前股票是低估还是高估这一点上，他们不可能达成一致意见。除了事后诸葛亮，内在价值很难得到一个唯一标准，甚至始终不为人所知（除非这家公司破产变卖）。价值投资者是否以一个好价钱买入了好股票，只有随着时间的流逝才能得以确认。

账面价值是会计计量标准，它反映公司持有的资产价值。从前，一家公司持有的大部分资产在资产负债表上被列为历史成本，因此账面价值与历史成本相关。历史成本是指资产在不同时期支付的价格，而不大可能与资产当前的价值有多少关联。今天，全球会计规则要求各种资产在一定程度上需记录其当前值，而其他资产则记录其历史成本或调整的历史成本。因此，资产负债表或账面价值不是对公司所拥有的资产当前价值的好的衡量标准。此外，并非所有的资产都反映在公司资产负债表上（例如公司员工的价值），因此，账面价值甚至可以从公司的价值中全部删除。有时，价值投资者可能会以账面价值来大概计算，可能需要花费多少来替换和重建这一公司，或者在组织清算该公司中可能获得多少。然而，我们一般不用账面价值来衡量运营中公司的真实价值。账面价值可以当做有用的参照，通过它来衡量股票是否可以被称为价值型股票。

投资与投机

对股票投资持怀疑态度的人声称股票投资就是赌博，就像去拉斯维加斯碰运气，但事实远非如此。一方面，赌博或投机的经济学基础与投资金融市场不同；另一方面，投机与投资金融市场的经济学基础理念也不同。我们去拉斯维加斯玩一个相对公平的赌博游戏，不可能期望自己长时间持续赢或输。而我们做投资，希望获得积极回报来弥补延期消费或所承担的风险。投资强调时限长，回报来源于收入和资本收益。而赌博，或投机倾向时限短，特别是其回报与收入和资本收益无关。

投机在市场受到很多诟病，时常被大众媒体妖魔化，但我们不同意此种观点。因为，根据某些参数，我们可以看出投机者在资本市场中发挥了重要的经济作用，如提供流动性。尽管如此，本书的重点是关于投资的讨论。投资涉及：

1. 目前经济形势分析及其将来的轨道趋势；
2. 评估当前经济形势下预期向好的行业；
3. 考虑到经济形势、行业状况、公司基本面（盈利、现金流、资产、负债等条件），在行业内评估出价格低于其内在价值的公司。

如此定义，人们争论说所有投资都可以确认为价值投资。然而，我们所谓的投资也仅仅是投机。人们购买了股票，希望随后的交易者愿意以更高的价格买进（或许因为股票价格会沿着过去的运行趋势继续上扬），这种交易属于投机，而非投资。

投机短时期可能获得成功，但股票价格最终会回归其内在价值。在某一时期，随后的交易者可能不愿出比最后一位买家更高的价格购买股票。当然，这种情况下，你也不想成为最后的交易者，并最终手握烫手的山芋。从17世纪投机郁金香，20世纪90年代美国网络股泡沫、房地产危机再到2007年美国的次贷危机，投机者以艰苦的历程获得了深刻教训。

让我们以荷兰郁金香事件（有时称为"郁金香狂热"）为例，进一步探索投机行为。从1633年到1637年这段时间，荷兰商人和普通市民都沉迷于郁金香球茎的猖獗投机活动。郁金香球茎价格上升到前所未有的水平，买家出价购得郁金香球茎，希望转身卖给他人，以差价获利（高需求伴随有限供给）。在郁金香狂热达到巅峰之际，一些郁金香球茎价格飙升，最高涨到荷兰商人年收入的 3 倍甚至更多。到了 1637 年初，郁金香市场流动性枯竭，市场上买家不愿再以如此高价购买郁金香球茎，自此郁金香球茎价格开始下滑，然后由于投机者的极度恐慌，价格迅速下跌。在短期内，郁金香球茎以不到 10% 的峰值价出售。郁金香狂热的关键问题，是买家购得郁金香球茎不是为了种植，而是希望转卖给他人以期获利。

这就是投机，也是你应该避免的事情。再次说明，投机不是本书讨论的主题。本书主要介绍价值投资策略：发现好价格的好公司并做出战略倾向的投资。

有效市场与非理性市场

许多金融理论都基于这样一种观点，即市场是"有效的"。市场效率是指市场价格充分反映所有可获得的信息的程度，更准确地说，有效市场能快速、合理评估并通过市场价格充分反映任何新的信息。举例来说，在强有效市场中价格能反映公司过去的价格和价值的历史，有关公司、行业和经济的基本数据以及任何有关该公司的内部信息，市场就可以被认为是强有效的，这意味着当前市场价格是正确的，任何数量或类型的分析都不能导致更好的投资回报。在半强有效市场中，市场价格反映了除了内部信息外的所有信息，基本面和技术分析将不能导致更好的投资回报。弱有效市场仅仅反映之前的技术数据，但不是基本数据，所以基本面分析可以获得较高的回报。

整个金融市场的有效性，以及各个公司股票的具体市场会受到大量因素的影响。例如，股票市场参与者或活跃投资者的数量，信息的可用性和披露信息的程度，包括收集和处理信息的成本，交易限制（卖空或内幕交易）和交易成本。然而，最重要的是，我们必须认识到参与股票市场做出投资决定的大部分都是独立个体（不管他们是散户还是专业的投资组合经理），这对价格有很大的影响。个人的行为不总是理性的，所以信息并不总是能够迅速、理性地反映到价格上。个人有时会表现出偏见、贪婪和恐惧的情绪，并陷入投机狂热，如前所述郁金香球茎狂热、互联网股票泡沫和房地产投资泡沫。股票市场需要理性的经济行为，而市场参与者往往缺乏这一点。

行为金融学在市场表现"异常"或偏离效率的程度方面，以及个人或群体影响价格行为的程度方面进行了大量研究，研究表明，有相当多的证据证实这些异常现象存在，投资者并不像理性的经济单位那样行动。一些市场肯定比另一些更有效。例如，有大量的股票分析师们积极跟踪某只股票，并评估其价值，那么这只股票可能被更有效地定价。有效性有一个比较宽的取值范围。我们不应该期望市场中每一个实例在任何时候都是有效的，事实上，我们更希望市场不具有有效性。市场无效性为价格和价值的背离创造机会，而这恰恰是价值投资者能够利用的机会。

价值型投资与成长型投资

如前所述，股票类型通常分为价值型或成长型两类。价值型股票是指那些相对于一些潜在的基本因素（如收益）来说，低价卖出的股票；成长型股票的价格则反映出对公司未来成长的预期。相对于成长型股票目前的收益，我们为什么愿意为其预期收益支付更多？如果预计收益在未来会增长，那么在其他都不变的情况下，股票价格应该会升高。然而，这种二分法是主观的。事实上，投资可以同时具有"价值型"和"成长型"的特质（你可能听说过"合理价格成长"这个术语），虽然许多市场专家以这种对立的方式使用它们，但这些术语并不是相互排斥的。一个公司营业收入、利润和经营现金流可能会增长，而当前的市场价格并没有充分反映当前的这些增长以及未来的增长潜力。内在价值将可能高于当前市场价格，这就为价值投资者创造了投资的机会：低于股票内在价值的市场价格为价值投资创造了机会。

逆向投资与顺势投资

如前所述，价值投资是逆向投资。价值投资者认为公司股票的内在价值与当前的市场价格不一致，或许是因为短期的供求失衡，市场的低效，或者投资者的不理性行为。价值投资者从不单凭股票价格做出决定。价格总是和内在价值相对，内在价值是根据经济情况、行业特点、公司的基本数据来衡量的。相反，顺势投资者（不能与成长型投资相混淆，虽然两者经常被市场参与者和专家混淆）在购买股票或其他债券时只买那些价格表现出强劲上涨的，本质上，就是跟随大众投资，随大流。顺势投资明显不同于价值投资。价值投资者不会因最近股价波动的诱惑而投资。价值投资者拥有的股票得到大众的认可，价格强劲上涨，这种情况当然可喜。然而，在这种情况下，对价值投资者来说，关键是根据目前所掌握的信息来判断，当前价格是否已达到或超过公允价值，是否决定退出投资。决定何时卖出是投资最难的一部分，更不要说战略价值投资。

好公司与好投资

好公司不一定是好的投资选择。一个公司可能有品质优良的产品、一流的管理、一个恰当的品牌名称、健康的成长前景、一个稳健的资产负债表，并可能具有非凡的盈利和现金流量条款，但要想成为一个好的投资标的，它还必须有一个诱人的价格。如果价格反映了公司所有这些属性，或更糟的是，如果价格高过这些属性，那么这个投资本身不能提供足够回报，达不到投资者的收益预期。

沃伦·巴菲特有句名言：投资就像玩曲棍球，玩家不是冰球在哪儿就去哪儿，而是冰球要去哪他就去哪儿。玩家不去冰球在的地方，他们去冰球将要去的地方。同样，战略价值投资者通过识别公司价格和基本面之间的差异来预测价格变化。战略价值投资者寻找以良好价格出售的好公司，或者寻找那些基本面不太好，但有一定向好动力的公司（如管理层变更或前景看好的经济和产业趋势）。

简短的价值投资历史

本杰明·格雷厄姆通常被称为价值投资之父或"华尔街教父"。为了更好地从事证券分析，格雷厄姆成为最早的一批金融分析师认证倡导者之一。1914年，格雷厄姆在纽伯格-亨德森-劳伯事务所开始了他的华尔街职业生涯。最初，他在那里总结公司提供给客户的债券细节，同时接受债券推销员培训。据格雷厄姆说，债券是当时唯一的真正的投资，而普通股票投资被认为是"投机"。投资者刚开始获得普通股票的财务信息，但这些信息在很大程度上只是表面上的。

当时，人们只能获得普通股票一些表面上的财务信息。1920年，格雷厄姆成为事务所的合伙人，在当时被称为"统计"部门——我们今天称为投资研究部的部门工作。1923年，格雷厄姆接受了朋友的建议，帮其管理其家族大部分资产的投资。于是，格雷厄姆离开纽伯格-亨德森-劳伯事务所，与朋友家族成立了一家新的投资公司——格雷厄姆公司。在接下来的几年里，公司改变结构，成为格雷厄姆-纽曼公司。这家公司贯穿了格雷厄姆的大半个职业生涯。在纽伯格-格雷厄姆公司和格雷厄姆-纽曼公司，格雷厄姆磨炼了自己金融分析师的实践技能。

不光是向别人学习，格雷厄姆还发明了用于评估债券，包括普通股票的工具和技术。格雷厄姆没有独自享用这些知识，而是让别人免费分享这些知识。他在哥伦比亚大学开设研究股票投资的课程，并在《福布斯》和《金融分析师》等期刊上发表相关论文。格雷厄姆在哥伦比亚大学授课需要一本证券分析的教材，可在当时找不到，于是他与哥伦比亚教授戴维·多德合著了《证券分析》一书，1934年由麦尔希出版。这部经典著作至今长盛不衰，分别在1934年、1940年、1951年、1988年和2008年再版发行。

《证券分析》一书，在导言里就明确提出了价值导向的分析方法。就债券而言，教材着重审查它的利息和本金的安全性。该书不是以"投机"而是以"投资"的视角来分析普通股票，包括详尽分析、价值评估、本金安全等。该书第1章介绍了内在价值的概念，格雷厄姆指出这个概念有点难以捉摸，但它代表了基于现有数据分析的合理价值。格雷厄姆并不过于关心内在价值的精确测量，相反，他关注是否有足够的内在价值，用以判断股票支付价格的合理性。该书提出了"安全边际"这一重要概念，也就是分析师计算出低估值股票相对于其内在价值，低估多少出售。安全边际是格雷厄姆价值投资理念的基石。天真投资者所犯的经典错误之一，就是在投资之前未设定足够大的安全边际。格雷厄姆认为，大幅安全边际不仅是提高投资收益的保障，也是一种管理投资风险的工具：安全边际越大，投资者所承受的下行风险就越有限。

《证券分析》这部传世之作出版之后，格雷厄姆另一部经典著作《聪明的投资者》于1949年首次出版。在《聪明的投资者》第四版序言中，传奇投资家沃伦·巴菲特称之为"迄今为止关于投资最好的一本书"。格雷厄姆在这部著作中进一步发展了"安全边际"的概念，阐述了股票价值投资的各种不同方法，以适用于保守或激进（冒险的）不同类型的投资者。本书再次强调安全边际是价值投资的基石。除了安全边际，该书还强调"多元化投资"是价值投资战略的重要组成部分。强调多元化投资，按今天的标准来看几乎是不言自明的。然而，在当时，多元化投资战略的提出是具有革命意义的，那时"现代投资组合理论"的观点尚未成型，而传统的观点认为，成功的价值投资需要把精力集中在少数已选定的股票上。

在价值投资理论形成以及把安全边际分析作为一种职业的发展过程中，格雷厄姆显然发挥了卓越的作用，他的著作和演讲影响了20世纪许多传奇的价值投资家，尤其是沃伦·巴菲特。巴菲特在沃顿开始本科学习，后转到尼布拉斯加大学林肯分校完成他的本科学位。之后，巴菲特考入哥伦比亚大学商学院，师从格雷厄姆学习研究生课程。毕业后，巴菲特在建立自己投资伙伴关系之前，曾就职于格雷厄姆所在的格雷厄姆－纽曼公司。后来，巴菲特开始经营伯克希尔－哈撒韦公司。巴菲特有一个令人羡慕的长期投资纪录，投资生涯超过50年，投资收益大大超越了市场平均的投资水平。

传世名作《怎样选择成长股》的作者菲利普·费雪对巴菲特的投资理念也产生了重大影响。巴菲特曾经说，他的投资哲学85%来自格雷厄姆，15%来自于菲利普·费雪。但有意思的是，人们认为费雪是成长型投资家。费雪投资关注的焦点是公司的发展前景、业务特点及其管理能力，而不是公司的价值。可是费雪的儿子肯，为《证券分析》的再版做了序言，并指出费雪的"15要点"也是和价值投资者相关的。本质上，价值投资者主要寻找好价格下的好公司。20世纪80年代末，在克雷顿大学，像我们一样的投资人鲍勃·约翰逊请求巴菲特为价值投资者推荐几本著作时，他当时为我们推荐了《安全边际分析》、《聪明的投资者》和《怎样选择成长股》。

关于巴菲特和他投资理念的书籍数不胜数，但他本人还未曾出版过一本关于他投资理念的著作。不过，巴菲特撰写了大量投资资料，以指导他的股东和合作伙伴，他致伯克希尔－哈撒韦公司股东的信件、年度报告评论、巴菲特的投资年报以及股东的"用户手册"，包含其伟大投资理念。巴菲特劝告伯克希尔的股东们，要像他自己对待伯克希尔投资组合的一次前瞻性收购一样关心自己的投资，不只是拥有代表股票价格波动的纸，而是拥有了公司的一部分。巴菲特视伯克希尔的股东为其业务伙伴。巴菲特总是以长远眼光对待自己的投资，不关心自己股票每日、每周或每月的价格波动。事实上，一方面，他说不会在乎某项投资在过去几年没有交易活动；另一方面，他津津乐道市场的波动，因为它为价值投资者提供了机会。

总体而言，伯克希尔-哈撒韦公司和它的长期股东受益于股市下跌，就像普通食物的购买者受益于食品价格下降一样。因此，股市骤然下跌时，他们既不恐慌，也不哀伤，因为这对伯克希尔来说是好消息。

巴菲特和他的伙伴们一直成功地运用了这一投资哲学。伯克希尔公司在市场动荡时期，经常会抢购便宜货。在2008年次贷危机中，人们不仅寻求他的忠告建议，而且还摆脱了过度扩张的公司。例如，在2011年，他投资了50亿美元购买了美国银行股份，当时该股已从每股50多美元跌至每股7美元以下。在撰写本书之际，巴菲特此项投资的获利翻了一番。

巴菲特是格雷厄姆价值投资的最广为人知的门徒，但他也不是唯一的一个。大多数价值投资者都追随价值投资鼻祖格雷厄姆，推崇他和多德合著的著作。人们有时称这些价值投资者为"格雷厄姆与多德投资圈"。一次，巴菲特在哥伦比亚大学作了题为《格雷厄姆与多德投资圈的超级投资者》的演讲，列举了一批杰出的价值投资者，这些价值投资者都遗传了价值投资之父的血统，其中包括沃尔特·施洛斯（他曾经听过格雷厄姆的一门课），特威迪布朗公司的创办人（公司创办人参加过格雷厄姆和多德的系列课程），红杉基金的比尔·鲁安（巴菲特在格雷厄姆课上的同学），查理·芒格（现在巴菲特的伯克希尔合伙人并且深受他的影响），瑞克·格林（深受查理·芒格的影响）以及斯坦·珀尔米特（深受巴菲特的影响）。巴菲特指出，这些投资者都有杰出的投资纪录，他们都是来自"格雷厄姆和多德投资圈"的价值投资者。巴菲特谈到，这些投资者共同的价值投资核心是他们购买的不是公司的股份，而是这家公司，同时，他们挖掘了这家公司的市场价与其内在价值的差异。

还有很多其他投资者受到了格雷厄姆著作的影响。麦克斯·海因——共同系列基金的创始人，还在纽约一家百货商店工作时，发现了《证券分析》这本书，于是开始了投资生涯。海因和他共同系列基金的同事们成为之后的投资大师——塞思·卡拉曼共同的导师。塞思·卡拉曼的代表作《安全边际》已成为重要的价值投资经典著作，它为深思熟虑的投资者提供了规避风险的价值投资策略。安全边际作为价值投资基础的重要性，卡拉曼的著作标题已有所反映。价值投资者不要随便投资，他们要做足功课，只有当折扣股票价格和其内在价值之间出现足够安全边际之时，再做投资。巴菲特和卡拉曼两人都运用棒球运动类比价值投资：价值投资者不会对每个投球都挥动球杆，他们愿意等待，一直等到他们自己可以击中的那个优质投球，一个被低估的投资机会。

这本书其余部分的指南

该书将以通俗易懂的方式，把价值投资工具技术呈现给所有投资人，并示范出在实际投资中如何应用这些工具和技巧。我们将花更多的篇幅来介绍供价值投资者评估内在价值的方法。第一篇的其余部分主要阐述你为何要成为一名战略价值投资者，价值投资成功的障碍，如何在行业背景下以及同类竞争者中评估公司。第二篇介绍了评估内在价值的方法，包括现金流贴现模型、资产基础模型和相对估值模型。第三篇讨论价值投资风格，包括杰出的价值投资者的人物简介和价值投资实践应用的技术。

第 2 章　我们为什么要进行价值投资策略分析

> 大多数分析师通常都会选择两种看起来对立的方法,"价值法"与"成长法",基本上我们认为这两种方法本为一体。在计算一家公司的价值时,成长当然是一件很重要的因素,这个变量将会使得所计算出来的价值从很小到极大,所造成的影响有可能是正面的,也有可能是负面的。
>
> ——沃伦·巴菲特,1992 年,致伯克希尔-哈撒韦公司股东信

现在你已经对价值投资策略和它的多样性有了一个初步的认识,你可能会自问为什么价值投资策略要优于其他策略,尤其是与成长价值策略对比更甚。对于价值投资策略,我们概述了一些格外重要的特征。你可能会预期我们将给你揭示出价值投资策略,相较于其他的投资策略,经常会给你带来更高的收益。虽然我们认为严守纪律、长期的投资决策是明智的,但是,投资收益与它的风险是成比例的。因此,我们将花一些时间来讨论有关这种投资策略的收益和风险可能性(我们称之为风险)。

就像我们在上一章提到的,价值投资是从旁观者的角度进行观测的,它没有单一的定义或者方法,虽然说有各种风格的价值投资定义,但仍无确切定论。有一些观点认为,价值投资就是购买受到打压或者失宠的公司

股票，或购买在将来价值上升很快的那些公司的股票。从第 12 章到 15 章致力于讨论不同风格和应用的投资理念。在本章，我们将把注意力转移到一些更标准和更具共性的价值衡量上。

价格反转

一个大量记录着各种市场无效率、发展完善的研究，孕育了一个新的金融分支即行为金融学。1985 年，理查德·塞勒和维尔纳·德邦特发表于《金融学》期刊上的文章是市场无效论最重要的研究之一，他们的研究表明，只是简单地基于以往的变动就可以预测未来的价格走势，在此之前，研究人员很难证明过去的价格走势能告知我们很多关于未来的价格走势。

德邦特和泰勒证明，如果一个投资者从 1933 年到 1980 年期间，购买了在过去三年纽约证券交易所全部股票当中下降最快的 35 只，他们将会在随后的三年获得优于市场约 20% 的收益；如果同样的投资者购买了在过去三年表现最好的 35 只股票，他们将会在随后三年逊于大盘 5% 的收益，即成功和失败的投资组合收益总计差别在 25% 左右。这一表现是迥然不同的，但他们同样证明了在不同的投资周期有相似的结果。

西安大略大学（现更名为韦仕敦大学）的斯蒂芬·福斯特认为，在四年以上的周期内股票的价值将折半。在 2011 年的一项研究中，他发现那些已经在之前四年内翻倍的股票，在接下来的四年期间 28% 表现不佳。在随后的四年内，那些增长更快的，有超过 53% 的表现不佳。

在现实世界中获得的收益往往与记录在册的假设研究是显著不同的。首先，研究忽略了买卖差价、佣金、市场影响和其他交易成本。其次，如果输家组合风险不同于赢家组合风险，我们是否公正而完全地做到了可比性就受到了质疑。

即便这些结果在之后的股市变动中可以实现，也需要钢铁般的意志和决心来实现这样一个反向投资策略。我们将在下一章讨论成功价值投资策略的障碍，其中一些涉及情绪上的不够坚定。成功的价值投资通常需要反向投资者或违背主流市场情绪的操作，如专栏 2-1 所示。

专栏 2-1　人们说我是聚会的核心人物

想象一下自己在 2000 年的一个鸡尾酒会中。几杯之后，人们开始侃侃而谈，谈话转向金钱和投资组合。一个来自街边的成功医生开始吹嘘他最近购买的医疗设备公司和互联网股票。几个律师挤在芝士酱旁异口同声地说话，就像男孩子们围在露营地的火堆旁。每一个人看起来赚钱都很容易。出于礼貌，你加入这样的一个特别谈话主题当中，注意力终将会转移到你身上。

"你最近在买些什么股票？"弗兰克·凯利医生问道。

你回答道："我大量吃进万能润滑剂公司的股票。"

一阵不安的沉默随之而来，打破沉默的只有成功医生和律师的轻柔笑声。

迈尔斯·斯坦福律师问道："那个公司的交易在 1997 年不是每股 30 美元吗？"

"是呀。"你答道。

"它现在的交易价如何？"

"每股 18 美元以下。"

"那么，他们在生产些什么？"弗兰克问道。

"他们制造我们在五金店购买的喷雾润滑剂。"

"这听起来不是很有趣。他们还生产什么？"

"没有了，那是他们的唯一产品。"你坦诚地答道。

"哦，我的医疗设备公司使用最新的技术来开发一个治疗，每年可以拯救成千上万的生命。"随之，谈话转移到一个更有趣的主题上。

> 这是一个价值投资者有时需要面对的尴尬局面。对比他们所吹嘘的最近一些高调的投资,让你成为同行者的笑话这并不令人愉快。然而,如果你有耐心,你可以笑到最后。
>
> 三年后,直到 2002 年底,在科技泡沫破裂后,在鸡尾酒会上的医生和律师讨论他们需要工作多久才可以退休,以弥补他们医疗设备和科技股投资组合的毁灭性损失;而你,决定卖出你的万能润滑油公司股票,因为它再次接近每股 30 美元,能给你一个确定的 65%的收益。你其他的价值股票投资组合,同样也不是完全孤立于市场低迷的三年,上涨得也相当漂亮。
>
> 所以,尽管价值投资是一种很有前途的投资哲学,但它通常是一种反向的策略,而不是阻力最小的方法。

长期投资和短期投资

价值投资者也是耐心的投资者。正如我们前面提到的,德邦特和塞勒的研究结果适用于不同的投资组合和不同的持有期。然而,值得注意的是,赢家和输家长期以来所选择的投资组合收益,在长达 12 个月的时间内几乎是没有区别的——要想取得积极的效果,需要长达 3 年的持有期。

事实上,你一旦辨别出一个市场效率低下并且以此为依据持仓,在你的智慧分析出现之前,市场会变得更加无效率。许多套利者已经熟知,有时候市场在你认清它的形势之前,会更长时间地维持无效率状态。这将产生限制套利的力量,从而使市场恢复均衡。如果你避免使用杠杆,你可能不需要面对这样的风险。

在较短的时间范围,股票往往表现出与反向趋势相反的势头,以此进一步考验价值投资者的决心。比如，加利福尼亚大学洛杉矶分校的杰加德什和蒂特曼在20世纪90年代证明，个股在前3到12个月表现最好的股票，在之后表现糟糕，这一普遍结论在之后的研究中得到进一步的验证。

这些类型的交易策略通常被称为相对强势策略。像任何对过去收益率的研究一样，我们不应该仅仅是因为它们以前取得了胜利就认为它们在未来一定会获胜。杰加德什和蒂特曼的研究效果不如德邦特和泰勒论证的长期价格逆转，但他们都认为市场可能是无效的。

虽然利用价格反转是各种各样价值投资策略之一，我们不能错误地认为价值投资必然是基于这种技术分析或反向情绪分析，我们在前一章提到的在一个合理价格范围内的增长就是一个例子。

事实上，价值投资更注重基本面分析而非技术分析。技术分析通过关注过去的价格和成交量的变化来预测未来的价格变化；基本面分析，为了估计证券的内在价值，更专注于评估公司、部门和市场特征。我们认为，当首先基于基本面分析时，价值投资是最强有力的，而这将是本书的重点。这就是说，一个对证券过往表现的认识，以及将过往的表现如何潜在地关联未来，是一个增强基本面分析基石的极好路径。事实上，价值投资者有时会使用技术指标来判别公司的进入点，就像通过基本面分析（以及随后的退出点，即出售的时机）来判断价值机会一样。

价值战略与增长战略运行特征对比

我们相信价值投资，因为它历来表现良好。价值投资不仅仅需要一颗坚强的心，更需要严格的方法。了解价值投资的历史特点，有助于理解价值投资的风格。

我们的目的是，基于尤金·法玛和肯尼斯·弗兰奇的研究工作，来聚焦投资风格的衡量，他们的研究引领着我们了解各种股票风格的未来走向。芝加哥大学的尤金·法玛和达特茅斯学院的肯尼斯·弗兰奇,与共同基金密切合作开发战略价值投资。然而,它们并不是唯一的框架体系。

在第6章我们会讲解更多关于价值投资的不同定义方式,但是眼下我们要讲述的是,法玛和弗兰奇所关注的股票市净率(P/B)这一比率。市净率是股票的市价除以净资产。账面价值是公司资产(可以是成本或假定被出售价值的估计价值)的会计记录"价值"减去公司账面上的负债"价值";换句话说,市盈率是衡量市场股票的未来预期与会计意义上标的资产"价值"衡量的对比。P/B比率占最低30百分位的股票在某一起始年被认为是价值股,而同时P/B比率占最高的30百分位的股票被认为是成长型股票。

收益

从表2-1可以看出,从1926年到2012年整个股票市场的平均收益率每年为11.8%。相比之下,3个月期国库券收益率平均为3.6%。年复一年,股票收益率显然不具备一贯的延续性。

整个股票市场显然是一个多样化的股票投资组合,但就其本身而言,它仍然是一个受重大风险支配的股票投资组合,正如我们在过去十年已经看到的,这并不是什么新鲜事。这一期间,在任何一个日历年度,市场有下降44%的可能,也有上涨56%的可能。

请注意,价值股往往超越整体市场的表现。大盘价值股平均收益率为14.7%,相比同期整个市场收益率为11.8%。这2.9%的差异是非常巨大的,在相当长的一段时间,这一差异就可以对资本积累产生令人难以置信的影响。相对于成长型股票价值股有更大的绩效优势,14.7%对比11.2%,具有3.5%的差异。

表 2-1 历年利润特征，1926—2012 年

| | 整体市场 | 大盘股 | | | 小盘股 | | | 短期国债 |
		成长型	中间 40%	价值型	成长型	中间 40%	价值型	
算术平均数	11.8%	11.2%	12.1%	14.7%	13.9%	16.6%	18.8%	3.6%
几何平均数	9.8%	9.2%	9.9%	11.2%	9.3%	12.9%	14.2%	3.5%
中位数	14.9%	13.3%	13.2%	18.7%	12.5%	18.3%	20.4%	3.1%
标准差	20.3%	20.4%	21.2%	27.5%	32.9%	29.0%	32.4%	3.1%
偏度	0.434	0.316	0.0495	0.258	0.944	0.433	0.232	0.984
峰度	0.031	0.384	2.520	1.977	3.494	1.506	0.394	0.986
夏普指数	0.404	0.372	0.403	0.405	0.314	0.448	0.471	0.000

资料来源：基于肯尼斯·弗伦奇数据库

我们可以看到成长型股票与价值型股票在小盘股之间的绩效差异更大。从 1926 年到 2012 年，小盘价值股表现出 18.8% 的收益率，而小盘成长型股票的收益率为 13.9%。这是一个 4.9% 的差别，我们不能掉以轻心。

风险

离开风险讨论收益是愚蠢的。就投资而言，风险往往被衡量为收益的变异性。我们衡量收益变异性的一个常见方法是标准差，这一统计量用以描述以往平均报酬的不确定性或变异性，它除了最高值和最低值，还包含了更多的信息。正态分布收益（我们很快就会阐释更多关于它的含义，以及现实中是如何偏离常态的），我们可以在任何设定的一年内，有 2/3 的时间，期待收益率跌落范围在平均收益率与 1 倍标准差之内。

比如，整体市场的标准偏差为 20.3%，而平均收益率是 11.8%。我们可以预测在任何设定的一年内，整个股市的收益率保持 -8.5% 和 32.1% 的记录。我们通过平均收益率加上或者减去标准差得到这些数据。这个范围是相当大的，因为标准偏差值相对较高，它是风险和整体股票市场的迹象表现。

通过平均值加减 1 倍标准差的定义范围，将仅会捕获 2/3 的收益。如果在设定的年份，我们想要获得超过 2/3 收益的自信心，需要给定一个详细的范围，我们需要扩大范围以获取更多的收益。我们可以预测约 95% 的时间内，收益率在平均值的 2 倍标准差范围内。我们可以预测在任何设定的年份，整个股市的收益率在 -28.8% 和 52.4% 之间。因为这个范围太宽泛了，所以它并不具备太多的信息价值性。

正如我们可以看到的，价值股比整个市场或成长型股票表现出更高的收益，然而，它们也表现出更大的风险。根据表 2-1 所示，大盘价值股的标准偏差是 27.5%，而整体市场是 20.3%，成长型股票为 20.4%。这是一个 7% 以上的差别。小盘股比大盘股的标准差通常更高，不管它们是否被认为是价值型的或成长型的。然而有趣的是，小盘价值股的标准差略低于小盘成长股（两者分别为 32.9%、32.4%）。

当我们看月度收益数据而不是年度收益数据时，这些态势更加明显。根据表 2-2 所示，价值股的每月收益率大于成长股，无论它们是大盘股还是小盘股。

表 2-2 历月收益率特征，1926—2012年

	整体市场	大盘股			小盘股			短期国债
		成长型	中间40%	价值型	成长型	中间40%	价值型	
算术平均数	0.93%	0.89%	0.96%	1.15%	1.03%	1.25%	1.44%	0.29%
几何平均数	0.79%	0.74%	0.79%	0.74%	0.74%	1.01%	1.11%	0.29%
中位数	1.27%	1.13%	1.24%	1.21%	1.21%	1.58%	1.54%	0.23%
标准差	5.38%	5.35%	5.78%	7.34%	7.74%	7.07%	8.38%	0.28%
偏度	0.148	0.136	1.297	1.543	0.918	1.339	1.955	1.040
峰度	7.290	5.276	17.192	17.802	10.014	14.870	18.878	1.260
夏普指数	0.119	0.109	0.117	0.117	0.096	0.136	0.137	0.000

数据来源：基于肯尼斯·弗伦奇数据库

收益与风险

我们不应该试图将收益与风险隔离开来分别观察，我们需要想出一个把两者结合在一起的方法。在行业中，一个常见的方法是观测夏普比率。夏普比率，是风险投资平均超额收益率与标准偏差的比值。超额收益率是风险投资（如股票市场）的平均收益率减去无风险投资（如3个月国库券）的收益率。因此，依据夏普比率，标准差高的投资组合受到惩罚，收益率高的投资组合得到奖赏。

从1926年到2012年，整体股票市场的夏普比率约为0.404。尽管大盘价值股在这一时期表现得更加不稳定，但它们更高的平均收益率弥补了额外风险。大盘价值股的夏普比率为0.405，相比之下，大盘增长股的夏普比率仅仅为0.372。在此基础上，看似价值投资的报酬超过了额外风险的补偿。

小盘股价值投资的调整风险表现得更加明显。在小盘股票中，价值股的夏普比率为0.471，而与之对比，成长股的夏普比率为0.314。这是一个显著的差异。

这是一个重要的问题，也许要我们特别注意，在我们成为"战略"的价值投资之前，这是一个有吸引力的结果，这些内容我们将在接下来的章节更详细地讨论。依据"战略"投资，我们的用意是深思一个特定证券的特点，而不是盲目地运用某种交易或分类规则。如果我们对自身的投资成功添加一个战略元素，那么我们就能进一步提高预期风险的合理性。

变异性危害资本积累

空头强调这一点，因为这种"平均"收益率不是始终如一的，而是围绕平均值有一个相当大的波动。在其他条件保持不变的情况下，我们大多数人宁愿得到一个始终如一的收益率，而不是一个变异量。你可能会回应说，"没关系呀，我是一个长期投资者，在市场上可以看到过去的短期波动，它们干扰不到我，只要我确信，在相当长一段时期内，我能获得我所要求的平均收益率"。如果那是你的观点，你认为自己具备坚强的内心，波动对你并不重要，请再认真考虑考虑。

迄今为止，"平均"的测量，我们一直使用的是大家都熟悉的简单算术平均数。这种方法的问题在于，它高估了我们随着时间的推移而积累的资本数量。具体地说，虽然整体股票市场的年收益率为11.8%，我们不能简单地让这个收益率与规定的年份数相乘，来估计在未来我们有可能会得到的钱数。

例如，如果我们持续10年每年可以赚取11.8%的收益率，10年后我们的钱将成为原来的3倍；也就是说，1000美元将增长到超过3000美元。如果这个平均收益率不能始终如一，那么，我们的积累也将会变少。在这整个时期内，如果收益率越不稳定，我们的积累将会越少。这种现象被称为波动阻力，这在很大程度上取决于标准差的大小。如果你一年内损失了50%的财富，而下一年获得了50%，尽管我们的"平均"收益率是0%，你仍然有25%的损失。其原因是波动性将拖延资本积累。

这不是一些数字欺骗。标准偏差越大，波动阻力越高。在我们的示例中，平均收益率是11.8%，如果标准差是20.3%的话，我们更有可能使我们的钱翻倍而不是变为3倍。这就是说，一半的时间，我们的1000美元将增长超过 2000 美元，另一半的时间增长不到 2000 美元。

所以，我们需要像关注平均收益率本身一样关注其变异性。也就是说，几何平均数让我们把这两个因素结合起来。几何平均数是指，如果一年到头持续获得了收益率，会产生与结合变异性的算术平均收益率相同的结果。在表 2-1 中，您可以看到大盘价值股的年度几何平均数比大盘成长股高出两个百分点。在小盘股领域，这个差值几乎是五个百分点。几何平均数越大，意味着即使在有害影响的较高波动情形之下，价值股比成长股会使我们积累更多的资本。我们可以在月度收益率表 2-2 中，看到同样类似的现象。

为什么我们关心"常态"

当收益率处于非"常态"时，这种表现的差异可以变得更大。传统的钟形曲线的观察结果，往往是围绕一个中心值呈对称分布，这被认为是常态。此外，钟形曲线的观察结果远离平均数的现象并不太常见。收益率不正常的一种可能情况，观察结果不是围绕平均水平两侧对称分布的，换句话说，它们的分布是偏态的。

比如，一个负偏态分布是指分布更偏向低于平均收益率的范围，而高于平均收益率的分布较少。正偏态分布是指分布更偏向于高于平均收益率的范围，而低于平均收益率的分布较少。就投资收益率而言，我们更喜欢正偏态分布。负偏态会给我们带来危害，因为极端负收益率降低我们的资本数量，而这些是我们未来能获得的报酬收益，同时它也危害了我们的长期投资组合回报效应。

根据表 2-1 所示，股市表现出负偏态分布，这是一些消极结果。随着时间的推移，当一些非常糟糕的年份稀释资本基数时，资本积累变得更加困难，因为这些资本是我们用来获得未来收益的基础。偏态分布可以给我们的资本积累能力造成很大的危害（或者帮助），即使平均回报率和标准差都是相同的。有趣的是，相对于整体市场或成长型股票，价值股表现出与之不相同的负偏态分布态势。下跌风险管理和限制巨额亏损的风险，是价值投资风险控制原则的核心之一。

收益率可能不是"常态"的另一种情况：如果收益率远离分布的中心，或者平均数，或多或少时常发生相对于钟形曲线所能显示的。我们可以用峰度来测量极端事件的频率。当极端的正收益率或负收益率极端值比钟形曲线所显示的分布发生的更多时，这个收益率呈现出峰度。如果仅仅依据标准差给我们的启示，那么收益率风险相较于限定的检测会更高。换句话说，这里存在一些我们传统衡量波动性的方法所不能捕获的隐藏风险。

这些收益率的分布表现出"厚尾"，它们的存在与著称的"黑天鹅事件"有关，纳西姆·塔勒布为之命名，他同时描述了不可预测的市场表现情形、甚或灾难性事件，这些事件的发生能够彻底颠覆人们之前对事物认识的参照系。货币几乎变得一文不值、郁金香的崩盘、预料不到的国债违约，这些事件都可以被称为"黑天鹅"。"厚尾"和"黑天鹅"的区别在于，"黑天鹅事件"更稀少、更极端。

为了有助于正确把握这一概念，可以细想以"黑色星期一"著称的1987年10月19日。在这一天，道琼斯工业平均指数（DJIA）单日下跌了22.6%，它是一个完全出乎意料和前所未有的事件。事实上，直到今天，那日的下跌仍然保持着道琼斯工业平均指数（DJIA）单日下跌百分比的最高纪录。如果你从基期（1928年10月1日）开始，一直到2011年9月23日为止（总计20839天），检测每日股票道琼斯工业指数的收益率，你会发现日平均收益率为0.025%，标准差为1.16%。积极或消极的极端事件发生日，即收益率偏离平均数超过三个标准差，应该只有0.27%的时间发生或者说在这一时期大约有56天的时间发生，不幸的是，这一时期为364天，约为预期正态分布的6倍。真正发生了什么和应该发生什么往往大相径庭。

从表2-1所示的年度收益率数据，我们看到，相比正常的钟形曲线，大盘价值股往往稳健地超出峰度值，大盘成长型股票略为低于峰度值。然而小盘价值股和成长股峰度值之间的差异更显著，小盘成长股的峰度值几乎10倍于小盘价值股。

一个需要注意的现象是，年投资收益率往往比间隔时期短的收益率更正常。比如，表2-2所示，相比年收益率，月收益率的超偏分布更甚。道琼斯工业指数（DJIA）单日下降百分比进一步证明上述情况。短期投资比长期投资内极端事件更加频繁于钟形曲线所显示的常态，价值股尤其如此。这过多的差异会被较长的时间间隔所驱散。

综合分析

收益率、标准差、偏度和峰度相互作用的结果是什么？底线是什么？

你可以看到与价值投资相关的额外收益往往弥补额外的变异性，在很多情况下，是超峰度值。如图2-1所示，小盘股价值投资策略使得每1美元的投资从1926年增长到2012年的89000美元，而与之对比的是小盘成长股投资策略仅仅达到2100美元。对于大盘股而言，这个差异是1926年的1美元投资，到2012年价值投资策略增长到9200美元，相对应的成长型投资策略达到1900美元。这些都是非常巨大的差异。当然，我们谈论的也是一个相当长的时期。

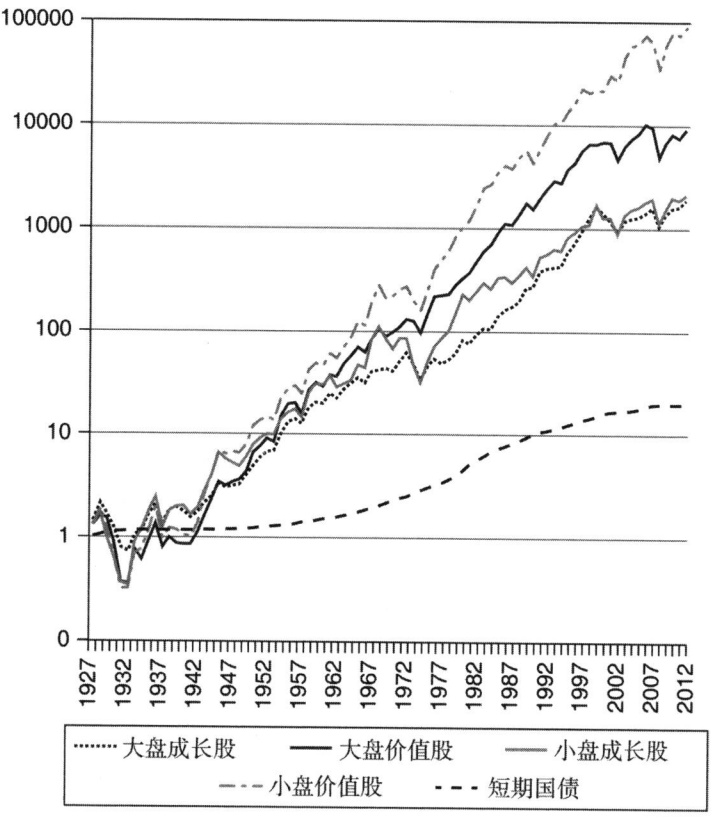

资料来源：肯尼斯·弗兰奇数据库

图 2-1　自 1926 年到 2012 年 1 美元的收益

因此，价值投资更高的收益率和更有利的偏态分布，往往能更多地弥补其变异性和极端事件的影响（如"厚尾"）。在图 2-1 中，y 轴是对数，这意味着垂直增量与百分比变化有关，而非绝对数变化。例如，每 1 单位横轴的增加，使得 y 轴增加 10 倍。我们这样做是因为数字相比初始值增长得非常大，传统的刻度将使得阅读较小的数据变得困难。

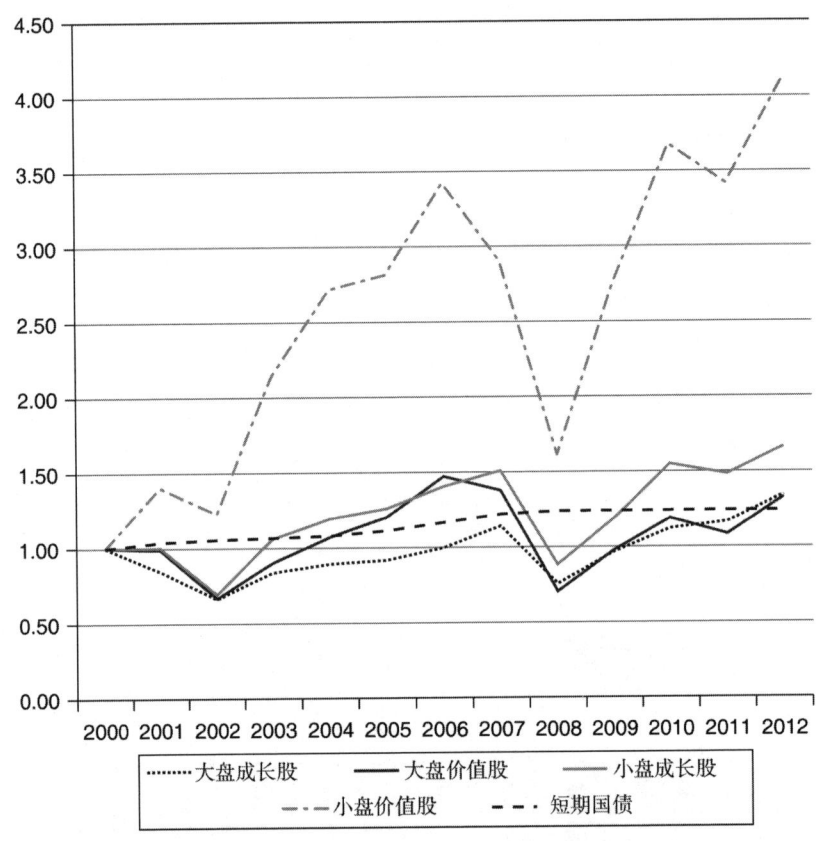

资料来源：肯尼斯·弗兰奇数据库

图 2-2　自 2000 年到 2012 年 1 美元的收益

我们也可以检验在最近动荡的 12 年，价值投资是如何表现的，在这一期间我们经历了至少两个严峻的熊市。在此期间，价值股表现同样优于成长股。在这个非常糟糕的时期，大盘价值股获得了 32.9% 的累计收益率，而成长股获得了 34.4% 的累计收益率。在这一时期，这不是一个巨大的累计收益率，但小盘价值股表现得更好。在小盘股领域，1 美元的投资价值股增长到 4.1 美元，而成长股仅为 1.66 美元。

关键点是战略价值投资往往是有效的，但未必是每一年，虽然它可以具有变异性，并且有一点点像过山车（请注意如前图所示的 2008 年），但这是值得的。再次重申我们之前指出的一点，价值投资需要一些毅力和纪律以及长线的心态。很容易受市场情绪左右的投资者难以实施真正的价值投资。事实上，正如我们将在之后章节看到的，许多价值投资是基于对市场情绪的反向操作。

专栏 2-2　市场无效率还是风险补偿

现在应该清楚了，价值型股票和成长型股票不仅收益率表现出不同的特点，同时也有不同的风险特征。专业人士不认同这种说法。其中一部分人认为，投资者从根本上低估了受到冷遇的价值股的增长前景。市场一直惊讶于事情的结果好于预期，这种反复被市场"愚弄"倾向，似乎表明市场是无效率的。也就是说，当有新的资讯时，市场不能恰当地传达影响证券价格的最新资讯，大概是因为认知和情感偏见控制了投资者。

另一个阵营认为，与价值股相关的更高收益率从根本上反映了价值股更高的风险水平。约瑟夫·拉克尼肖克、安德列·谢尔弗和罗伯特·维西尼试图解开这个谜题，他们发现在 5 年以上的持有期，价值股的市场表现超过热门股大约 90%。他们还发现，价值股相比热门股很少表现不佳，即使在极端市场或严重的经济衰退期，这表明从根本上价值股投资并不比热门股投资有更高的风险。

投资者似乎还基于历史增长率推断预期增长率，尽管事实上这些历史增长率往往不会持续下去，而倾向于"回归至均值"。拉克尼肖克、谢尔弗和维西尼（1994 年）指出，5 年以上持有期，最近历史低销售增长的股票胜出最近历史高销售增长的股票约 50% 的收益。他们解释说，这个证据表明，投资者都被最近的历史经验将持续到未来这一信条所愚弄了。

最后，我们明白了为什么价值型和成长型股票表现得不同。但对这个问题的研究仍在继续，我们了解得越多，我们的投资策略将变得越精确。

相关

在构建投资组合时,我们不仅仅关心某一证券或组合的自身表现,也关心相对于其他证券的投资组合而言我们所构建组合的表现。随着时间的推移,具有不同表现的证券将使得波动平滑,但并不一定会降低我们的平均收益。波动的缩小可以改善我们的资本积累和我们的情绪,即使平均收益率没有得到改善。

表2-3显示出,价值型—成长型、大盘股小盘股之间各种组合的相关系数。相关系数用来衡量两个证券如何一起变动:值为正数意味着两个证券总是朝着相同的方向变动,即使那些变动的大小是不同的;值为-1时表示,两个证券总是朝着相反的方向变动;值为0意味着它们可能会或可能不会在同一方向变动。知道一只股票的变动方向并不能帮助我们预测另一只股票的变动方向。

相关系数在0和1之间,意味着两证券往往朝着同一方向变动,但并非总是如此。值为-1和0之间意味着两证券之间倾向于沿着相反的方向变动,但也同样并非总是如此。

正如我们所看到的,价值股和成长股往往朝同一方向变动,但并非总是如此。例如,大盘价值股和成长型股票大约有80%的时间朝着一个方向一起变动,小盘价值股和成长型股票大约有87%的时间朝着一个方向一起变动。这些相对较高的相关系数,意味着我们不太可能通过结合价值型和成长型股票的战略组合增加投资的多样性。

价值型和成长战略可以产生截然不同的结果。例如,在2000年,利用法玛-弗兰奇的这一定义,大盘成长型股票下跌了13.6%,而价值股上升了5.8%。次年,小盘价值股胜过小盘成长股,取得了40%的优胜利润率。相比之下,1999年对成长型股票更有利,在大盘股和小盘股之间,成长型股票比价值型股票分别取得了29%、50%的优胜收益率。

表2-3 历史年度相关系数，1926—2012年

	大盘股			小盘股		
	成长股	中型股	价值股	成长股	中型股	价值股
大盘成长股	1					
大盘中型股	0.85	1				
大盘价值股	0.80	0.94	1			
小盘成长股	0.81	0.83	0.81	1		
小盘中型股	0.80	0.89	0.89	0.94	1	
小盘价值股	0.74	0.86	0.90	0.87	0.96	1

资料来源：肯尼斯·弗兰奇数据库

表2-4显示了自1981年到2012年，价值型和成长型股票的年收益率，它是基于法玛-弗兰奇的定义，在给定的年份哪一个策略表现最好。价值型和成长型股票交替轮转，即价值型股票在一段时间往往表现出强势，而之后成长型股票又经历相对良好的表现。

表2-4 价值型和成长型股票的具体表现，1981—2012年

	大盘股		小盘股	
	增长型	价值型	增长型	价值型
1981	-7.13	12.8	-11.53	17.68
1982	21.48	27.67	19.72	39.86
1983	14.67	26.92	22.12	47.58
1984	-0.72	16.17	-12.84	7.52
1985	32.64	31.75	28.91	32.12
1986	14.38	21.82	1.95	14.50
1987	7.43	-2.76	-12.24	-7.12
1988	12.53	25.96	16.63	30.76

续表

1989	36.11	29.7	20.58	15.70
1990	1.06	-12.75	-17.74	-25.13
1991	43.33	27.35	54.73	40.56
1992	6.41	23.57	5.82	34.76
1993	2.38	19.51	12.64	29.41
1994	1.95	-5.78	-4.36	3.21
1995	37.16	37.68	35.13	27.69
1996	21.25	13.35	12.36	20.71
1997	31.61	31.88	15.29	37.29
1998	34.64	16.23	3.04	-8.63
1999	29.43	-0.22	54.75	5.59
2000	-13.63	5.8	-24.15	-0.8
2001	-15.59	-1.18	0.16	40.24
2002	-21.5	-32.53	-30.87	-12.41
2003	26.29	35.07	53.20	74.69
2004	6.53	18.91	12.54	26.59
2005	2.82	12.17	5.45	3.53
2006	8.88	22.61	11.67	21.76
2007	14.08	-6.45	7.36	-15.21
2008	-33.71	-49.03	-41.56	-44.39
2009	27.91	39.15	34.45	70.54
2010	15.87	21.61	30.66	33.54
2011	4.14	-9.04	-4.32	-7.04
2012	15.41	22.99	12.22	20.07

因此，虽然价值策略和成长策略之间的相关性往往是倾向于高值，可不要被其中一个是另一个的替代品所愚弄，它们可以在任何设定的一年内产生截然不同的结果。因此说，预先挑选最好的投资策略是困难的。

专栏 2-3 惊喜！所有信息并不是平等产生的

最近刊登在《金融分析师》期刊的一篇文章中，讲述了股票价格趋势的价值异常值反应慢于盈利不符的预测。这一现象称为"盈余公告效应"，是指相较于一开始的市场反应之后几个月的一段时期内，随着正的盈利不符预测公告之后，股票价格继续上涨的趋势以及随着负的盈利不符预测公告之后，股票价格继续下跌的趋势。

《金融分析师》期刊的研究表明，对盈利不符预测的初始反应，价值股比热门股更温和一些。此外，价值股随后的股票收益更优于热门股。这些结果表明，价值股的信息披露收益惊喜比热门股更具有不确定性，也许是因为热门股往往会吸引更多的媒体关注和分析报道。另外，差异可能与价值股的交易成本更高有关。

尽管不能精确得出价值型股票和成长型股票表现不同的原因，但对引起差别的原因掌握得越多，我们的投资决策就越精确。

β 值

我们也通过所选证券或者组合的变动与整个市场变动之间的关系来衡量风险。如果一个投资组合的波动相较于整体市场往往更加剧烈，这将被视为相对风险较大；如果它比整个市场以更温和的方式上涨或者下跌价值，它将被视为低风险。我们用以捕获这一现象的测量方法称作 β 值。

证券或投资组合整体市场的 β 值为 1，假设它是有效市场组合的一部分。表 2-5 显示的自 1926 年到 2012 年基于年收益率的价值和成长策略数据中。至少有两个重要的观察结果：首先，小盘股 β 值明显高于大盘股，这意味着当增加一个有效市场组合时，可能会使风险增加。

表 2-5　价值和成长型股票的 ß 值，1996—2012 年度数据

	ß 值
大盘成长股	0.97
大盘中型股	0.98
大盘价值股	1.23
小盘成长股	1.40
小盘中型股	1.27
小盘价值股	1.36

其次，价值股往往比成长股具有更多的市场风险，虽然对于小盘股而言不够准确。正如我们之前看到的，这种风险往往是高于市场补偿的，但值得强调的是价值投资不仅仅需要一颗坚强的心。

结论

价值没有单一的定义，价值投资也没有单一的类型。然而，大多数价值投资股票具备一些共同特征，它在市场上更倾向于对我们之前证券投资组合"策略"的奖励。事实上，价值投资市场的波动性往往更高，极端事件也频繁发生，真实波动的变化比正常的钟形曲线所显示的更强烈。然而，价值投资更高的平均收益率和更少的负面偏态分布弥补了这些缺点，因此，价值投资有效。

然而，成功实施需要严守纪律和聚焦点。当许多其他成长型投资者做得很好时，价值投资者做得很糟糕，所以，在比较某一证券的内在价值估计值和市场价值时，经常需要一个反向观点。下一章将概述一些更具体的有关成功价值投资实施的阻碍因素。

第3章　成功价值投资的障碍

我们应该称市场为一个投票机,有无数的个人参与选择,这些选择部分出于理性,部分出于感性。

——本杰明·格雷厄姆、戴维·多德,《证券分析》第6版

即使经营稳定变化不大,"市场先生"每天还是会固定提出报价,同时"市场先生"有一个毛病,那就是他的情绪很不稳定。

——沃伦·巴菲特,1987年,致伯克希尔-哈撒韦公司股东的信

从上一章可以看出,价值投资的长期前景相当具有吸引力。如果真是这样的话,那么至少有一些应用价值投资策略的投资者应该获得很好的收益。不幸的是,个人投资者的平均记录远没那么乐观。图3-1显示了从1996年到2010年流入和流出股票共同基金的净现金流量,它显示了在那个时期内全球股票市场的表现。

在20世纪90年代末,你可以看到,股票市场的表现一直很好,投资者不断地把更多的钱投入股票共同基金。在1997年,尽管美国股市表现很好,全球股票市场出现了抛售潮,投资者是怎么应对这次全球抛售潮的呢?在接下来的6个月,他们减少了投进股票共同基金的资金。然而,

1999年的市场强势反弹。如果投资者坚持到底，并保持相对较高的股票共同基金投资额，他们肯定会获得很好的收益。

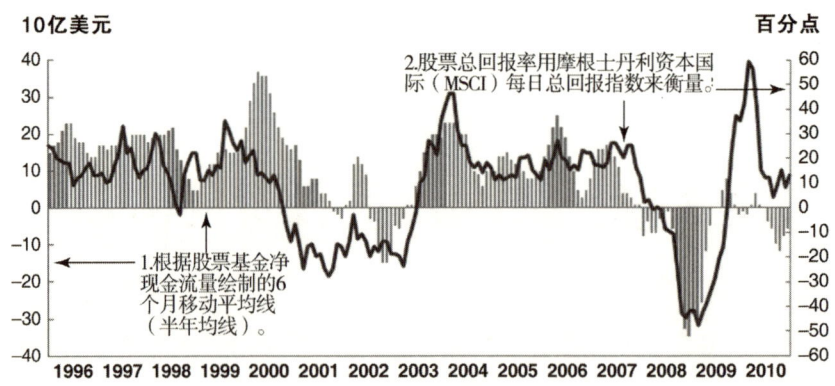

资料来源：2011（美国）投资公司协会的股市资料（资料手册，市场资料）

图 3-1　股票基金净流量与全球股票价格的关系

被骗一次，其错在人；被骗两次，其错在己。1999 年底和 2000 年初人们投资于股票基金的资金获得了双倍的增长率，这远不止于弥补了他们错过的机会。当然，这一切都发生在市场已经反弹之后。我们都知道接下来发生了什么。科技泡沫破裂，我们进入了一个多年熊市。在此期间标普 500 指数失去了一半的价值，投资者不仅减少了股票共同基金的投资比率，他们还开始把资金提走，尤其是在 2002 年，市场强烈反弹的前夜。

就好像是按照剧本演戏一样，投资者在最近的熊市和随后的复苏过程中不断重复这种行为。在 2007 年股市下跌后，投资者从股票共同基金移走了空前数量的资金，错过了 2009 年和 2010 年的市场复苏和超越。有趣的是，从那时起直到现在，投资者投入到股票市场的新资金还没有回到以前的水平。2010 年，从所有股票型基金中撤走的资金达 370 亿美元，上一年投资者撤资净额超过 90 亿美元。

投资者在牛市时将资金投入共有基金，在熊市时再提出来，这一现象长期存在，屡见不鲜。事实上，有些人认为过去的股市表现是解释股票共同基金的资金流动的最重要的因素。你仔细观察图3-1，可能从中推断出，股市下跌对资金流出的影响在严重的市场衰退期间尤其明显，就像我们在2000年和2008年中所看到的。

我们可以看到共有基金流动和个别共同基金流动过去的表现之间也存在着相同的关系。投资者更倾向于购买近期有确定回报的基金，特别是如果他们不注意宏观经济新闻或易受认知和情感影响，我们稍后讨论。专业投资者（以及那些拥有多元化/多样化和高性能股票投资组合的投资者）往往更少受到这种追逐收益的现象的影响，但我们会看到他们肯定也不能幸免。

同样，这个模式也适用于个人股票投资。有一项研究表明，个人投资者卖出的股票比他们在此后12个月内交易中购买的股票表现要好2.8%。

个人投资者不必感到孤单。机构投资者也同样追逐利润。研究发现，专业投资者在对冲基金、私募股权基金、风险投资基金之间，在套利策略中获得超出养老基金行业的投资绩效。

投资需要独立思考，战略价值投资更要求独立思考，盲目地随大流，在最好的情况下，也不过获得平均收益。

这是否意味着你应该放弃，回家，甘心接受"市场先生"（沃伦·巴菲特喜欢这样称呼它）最终战胜你的事实？绝对不是！研究表明，消息更灵通和更有经验的投资者表现相对更好些，不易为情感和认知偏差左右的投资者好像更不急于追逐回报。

掌握恰当的评估证券价值的工具和技术，是战略价值投资成功的必要因素，但投资者需要认识到成功实施战略价值投资策略的诸多障碍，本章将介绍它们，并提供一些用以缓和或克服这些障碍的技术。

我们认为价值投资成功的障碍有三大类：第一类是在我们的基因中根深蒂固的认知和情感偏见，我们称之为行为性障碍。不幸的是，我们不会因为比别人聪明那么一点点儿，甚至只是意识到了它们的存在，就能很容易地避开它们,但知道它们的存在可以帮助我们开发技术来避免任他们摆布。第二类的障碍是和市场相关的,这些障碍不在于我们自身,而是和市场运行有关,我们并不是总能改变这些因素,因而更难以克服。最后一类和投资约束有关,一些投资者可能会比别人面临更多的限制。这些挑战可能涉及投资授权限制了投资者接受投资波动的能力,锁定资本和非流动性的投资,或某些特定类型投资被监管或被法律限制。

行为性障碍

为什么有那么多投资者似乎在完全错误的时间进场,又在完全错误的时间退场呢?为什么他们会蜂拥加入那些过去表现好但在未来不太可能表现好的共同基金或其他投资呢?

作为人类,我们很容易受到许多认知和功能性偏差的影响,以致无法在所有情况下都能做出理性的决定。这并不总是一件坏事。事实上,这些偏差通常被称为直观推断,这是我们能够更有效地做出决策的心理捷径,而不必从基本原理开始进行分析。在我们的决策过程中,走捷径的能力使我们更迅速地做出复杂的决策。这样的捷径帮助我们作为一个物种得以进化。不幸的是,这种在物种进化意义上为我们提供良好服务的直观推断,却成了我们投资成功的障碍。

社会压力

正如我们在前一章中看到的,战略价值投资通常需要逆向思维;也就是说,与传统的思维相违背。最为著名的有关群体压力的例子之一,是由斯沃斯摩尔学院的所罗门·阿希主持完成的实验(另一个实验见专栏3-1)。在这项实验中,阿希要求学生们参加一个"视力测试",实验要求学生们找出两条长度相同的线段。一个学生被挑选出来作为被测试者,而其他所有的学生被要求在"视力测试"中一致地故意给出明显错误的答案。当这些同学们给出错误的答案时，即使这个错误是显而易见的，被测试者也会给出同样的答案。这一结果和被测试者的受教育水平无关，阿希认为这种从众心理是可以克服的。训练是有用的，但它不是万能的。

专栏 3-1　"是，先生！"

斯坦利·米尔格兰姆还做了一个测试人的服从意愿的实验：了解人们奉权威人物之命把痛苦强加于别人的意愿。被测试人被告知，他们正在参与一项判定一个人能忍受多大电流的实验。一个实验人员要求被测试人对隔壁房间一个人的身体施加电压越来越高的电击。在这一过程中，被测试人能听到隔壁传来越来越大、越来越痛苦的叫声；但实际上，没有电，隔壁房间的惨叫也是假装的，但被要求施加电击的被测试人并不知道这些。实验显示，65%的被测试人对权威人物所提要求的态度是——"是，先生"，即服从权威，尽管让他们执行的行为与他们个人良心相冲突。无论影响来自群体还是权威，顺应的压力的确是强大的。

研究人员已经提出了很多对顺应现象的解释。有些人将之归因于保持群体内部和谐的愿望。其他人则提出，它是一种减少因犯错而导致的心理痛苦的方式。尽管投资者意识到某个特定的投资决策可能不是最佳的，他们知道即使他没有成功也还有人和他作伴。专业基金经理经常说，就是赔钱，投资 IBM 也比一些不知名的小市值股票要好。投资者往往更容易原谅第一种情况。

成功的价值投资需要独立思考，一味屈服于同伴的压力或权威人物的意见很可能会危害投资回报。

你有什么想法

当然，克服社会压力已经够困难了，但我们还必须克服自己。毫不奇怪，我们倾向于根据容易想到的信息来做决定，有时称之为可利用性法则或代表性法则。我们倾向于利用容易获得和在我们头脑中最有代表性的信息和数据。

这种法则可以表现在许多方面。例如，最近的经历一般都比在过去更久远的经历更容易出现在我们的脑海中。当我们看到最近表现不错的投资，我们很可能把它们最近的强劲表现作为因素计入我们的决策过程。专栏3-2是一个非投资的例子。

因为价值投资时常与价格逆转相联系，意识到最近的经历和深刻体验的影响对成功的战略价值投资尤为重要。

专栏3-2　拼字比赛

在英语词汇中，字母 k 更可能是第一还是第三个字母？当你思考这个问题时，你可能想到 kite、king 和 kick 这些词，这会导致你认为字母 k 是英语词汇的第一个字母更常见。实际上，第三个字母是 k 的词汇数量是第一个字母是 k 的词汇的 3 倍。为什么我们通常更关注第一个字母，而不是第三个字母呢？这是因为在我们的心中第一个字母比第三个字母更突出。

另外需要警醒的是，我们倾向于重视（无根据的）传闻胜过统计数据。我们不仅倾向于借鉴最近的经验，更容易回想起与我们有强烈感情联系的事件。在我们的头脑中，故事和个人经历比那些基于很多不知姓名投资者经历的无聊表格或统计数据更鲜活、更深刻。我们很难识别统计数据，我们更容易想起我们邻居告诉我们他最近在一家医疗器械公司

的投资如何赚钱。我们面临的挑战是，不理睬这些传闻，关注更客观的统计数据（如专栏3-3所示），通过它能更清楚地了解可能的结果。

极端痛苦的经历更容易出现在我们的脑海中，例如，在大萧条时期成长起来的投资者比婴儿潮时期出生的人更为保守。你最好别理睬最近的经历、印象深刻的经历以及各种传闻，要客观分析公司的发展前景。

专栏3-3　嘘！你能听得到统计数据吗？

你更倾向于用统计数字还是传闻来判断？看下面这个来自约翰·诺夫辛格的例子。

玛丽，安静，勤奋好学，并关注社会问题，伯克利大学肄业，她主修英国文学，辅修环境研究。根据给出的这些信息，指出下列三项中哪一项最有可能：

a. 玛丽是一位图书管理员。
b. 玛丽是一名图书管理员和一名塞拉俱乐部的会员。
c. 玛丽在银行业工作。

你选择答案 b 吗？大多数人是这样做的。毕竟，有关玛丽的传闻与我们对图书管理员和塞拉俱乐部成员的刻板印象最一致。然而有趣的是，答案 b 的可能性肯定小于答案 a，因为答案 b 是答案 a 的一个子集，更具限制性。

据美国劳工统计局职业前景手册数据显示，2008 年美国将近有 160000 名图书馆理员。相比之下，有 600000 名银行出纳员和超过 327000 名信贷员，更不用说在其他岗位工作的银行人员了。所以，答案 c 比答案 a 可能性更大。

家，甜蜜的家

我们总觉得在家里更舒服，因为它是熟悉的。我们把在家的舒适延伸到了我们的投资习惯。投资者倾向于增持他们雇主的股票、他们所就业的同行业的股票，或者在地理上靠近他们住所的公司的股票，较之其他公司，投资者往往更了解这些公司，因此具有可以用来赚取高额回报的信息优势。1977年至1990年担任富达庞大的麦哲伦基金经理的彼得·林奇，主张投资者应该投资于他们所了解的股票。

不幸的是，事实却并非如此。投资者似乎并不具备他们的雇主、他们工作的行业、或本土企业的信息优势。此外，当你认为你的劳动收入可能是你最有价值的资产，把你自己和你雇主的命运绑在一起时，你会购买你的雇主的股票或同一行业的股票，你的投资明显缺乏多元化。

该死，我很好！

心理学文献中充斥着无数证明人们通常过于自信的例子。例如，学生往往高估自己的测试成绩；大多数人认为他们的驾驶技术高于司机的平均水平；在投资方面，男性往往比女性更自信，但是他们的投资结果往往比她们糟糕。

发生在投资者身上最糟糕的事情之一，是开始的成功经历，它往往会助长人们的自负。人们几乎总是把盈利交易归因于投资实力，无论是一个偶然机遇还是由于一个深刻的、令人信服的、严格的分析。同样，人们也往往把交易失败的原因归咎于管理者的误导，或股票经纪人的误导。行为经济学家称这种现象为确认偏误。

确认偏误的另一个表现，是倾向于关注和强调证实了最初预测的新信息，不理会那些与它矛盾的信息。这种偏误还涉及一种叫作锚定的现象，随着新信息出现，我们慢慢地修正我们的分析预测，这样一来，我们在最初的信念上锚定。一些经济学家认为，这一现象导致了盈余公告后价格漂移。本章结束时，我们建议投资者用投资日记来对抗这种偏见。

媒体

做预测和投资决策时，拥有最新、最好的信息是很重要的。然而，正确评估这些信息是很困难的。商业杂志是一个常见的信息来源。

《金融分析师》期刊最近发表的一篇文章表明，根据杂志封面报道盲目投资也可能危害你的财富。作者检查了 20 年间《福布斯》《财富》和《商业周刊》封面上的大约 600 篇专题报道，发现积极的封面报道往往跟在非常积极的公司业绩后面，消极的封面报道往往跟在非常消极的公司业绩后面。然而，极度积极封面报道的标的公司的表现不如极度消极封面报道的标的公司，特别是，消极的封面报道的标的公司在报道公布后会表现得很好，也就是说，消极的封面报道实际上是一个补仓的好时机。

损失厌恶

厌恶风险是一个被普遍接受的原则，这无疑是正确的。或许唯一比风险更不招投资者喜欢的就是蒙受损失，即使很小的损失也伴随着强烈的负面情绪反应。据诺贝尔奖得主丹尼尔·卡尼曼和阿莫斯·特沃斯基（他们开创了被称为前景理论的研究领域）说，更大的损失当然更痛苦，但增量效果没有最初的损失严重，最严重的强烈的情绪反应往往与最初的损失相关，后续的损失就容易忍受了。

投资者都不愿遭受损失，为了避免损失，他们有时甘愿承受一些毫无回报的风险。损失厌恶的现象导致投资者卖出盈利的股票，留下亏损的股票，这被称为处置效应（见专栏 3-4）。

损失厌恶和处置效应不断侵袭各种形式和规模的投资者，即使是世界上最成功的投资者，也难免有令人失望的投资。在专业人士中流传着一句古老的格言，如果他们在 53% 的时间内是正确的，他们就会做得很棒。因此，如果你想卖掉一只股票，先要老老实实、批判性地思考一下你的分析是否有错误，它的价格是否与其评估的基本价值偏离很多。尽量避免屈服于"平衡亏损癖"，一定要在清算投资之前挽回损失的痛苦。

专栏 3-4　我真的很讨厌赔钱！

想象一下，你坐在一个房间里，有几十个人在听一个无聊的讲座。这个讲座是免费的，最终你却付了钱。突然，礼堂的门关上了，你听到锁也被锁上了，喇叭公告表明，只有两种情况下你可以离开。

A. 你支付讲师 1000 美元现金。

B. 你通过抛硬币来决定付双倍还是免付。如果正面朝上，你可以不支付 1 分钱自由地离开。如果反面朝上，退场费用不再是 1000 美元，而是 2000 美元。

想想你会选择哪一个选项。如果你和这本书的一位作者调查的 85% 的人一样，那你会选择 B。这种选择违背了假设的理性经济行为最根本的原则中的一条。这两种选择具有相同的期望值。平均来说，无论你选择哪个选项，你都将损失 1000 美元。但是，选项 B 风险更大。经济学的基本原理告诉我们，作为一个不愿承担风险的投资者，如果预期收益是相同的，应该选择风险较小的任务。

为什么人们倾向于选择高风险的 B 选项？赔钱几乎是身体上的痛苦。除了是规避风险，投资者也厌恶损失。我们是那么不喜欢体验损失，以至于我们愿意接受一个有风险的任务，因为它给我们提供了一个能够避免遭受损失后果的机会。

处置效应（专栏 3-5）倾向于鼓励税收管理策略。其他条件全一样的情况下，卖掉亏损的和持有盈利的，往往会加速我们的税收抵免和推迟我们的税单，随着时间的推移，可以在一定程度上把税收阻力降到最低。处置效应加速我们的税单和推迟我们的税收抵免，这和我们想要的正好相反。还有许多其他的行为偏差，但它超出了这本书的范围，因此不再对它们逐一讨论。但可以确定的是，没有一个人像我们认为的那样绝对理性，最好的方法是意识到我们的偏见并开发技术来对抗它们。我们将在本章稍后提出一些有用的技巧。

> **专栏 3-5　处置效应**
>
> 想象一下，你上个月以每股 20 美元的价格购买了一只股票，但它现在的股价是 15 美元，你每股损失了 5 美元。假设再过一个月，每股 10 美元和每股 20 美元的概率相同。你会怎么做？
>
> A. 现在卖掉股票，损失 5 美元。
>
> B. 再坚持一个月。
>
> 投资者往往会选择 B，并坚持一个多月。
>
> 接下来，想象一下你以每股 20 美元购买的股票，股价现在为 25 美元，再过一个月，它将降回到每股 20 美元或增加到每股 30 美元，且概率相同。你会怎么做？
>
> A. 现在卖掉股票，每股挣 5 美元。
>
> B. 再坚持一个月。
>
> 大多数人倾向于选择 A，实现自己的收益。

市场限制障碍

我们必须与我们自己的认知和情感偏见作斗争，但也必须意识到市场给战略价值投资者设置的障碍，说明这些障碍的一个方法是，展示与实施最无新意的价值投资形式套利投资相关的困难。

套利

套利交易需要在一个市场上买入一个低估值证券，在另一个市场卖空（专栏 3-6）一个类似的高估值证券，希望两个类似的证券都收敛于公允价值。套利者察觉到价格差异，据此采取行动，对于低估值证券的需求将使其价格上涨，高估值证券的供应将使其价格下跌。在一个有效的市场中，这应该很快发生。当低估值的证券价格上涨到其基本价值，高估值的证券价格降低到其基本价值，套利者的盈利就实现了。套利交易是纯正的价值投资。

专栏3-6　卖空

当我们出售房屋或汽车时，我们有义务向买方提供证明，证明我们有权出售它，这是很自然的事。然而，在华尔街，拥有并不是出售的一个先决条件，这远远没有卖空听起来那么邪恶。卖空者能够卖掉从拥有者那里借来的他们自己本来没有的股票；卖空者通过回购股票来"回补空头"，然后把它们送还它们的原主人。

这种技术让战略价值投资者除了能从低估值证券获利外，还能从高估值证券获利。如果你认为股票的价格将上涨，你现在就以相对较低的价格买进它，然后等待它上涨到其公允价值。但如果你认为证券估值过高，价格会下跌呢？通过颠倒典型的买入卖出序列，卖空者可以从价格下跌中获利。卖空者以较高的价格把股票卖出去，然后再以较低的价格把股票买回来。这种做法让一些人觉得很意外，但它在法律和道德上都是完全可以接受的。事实上，卖空者的存在使得市场更加完整，更具有流动性。

"裸卖空"是有潜在不确定性的卖空行为，投资者在妥善安排从别人那儿借来股票之前，就已经把股票卖空。这种做法使买方处于在贸易结算时不能接收到股票并且被监管机构和市场观察员质疑的风险之中。

假如你认为百威英博的公允价值为每股50美元，但悲观的交易者已经把它的市场价格压低到了每股40美元。看到价格偏离基本价值，理性交易者会买入这只股票。套利者还会多走一步，通过卖空类似的酒精饮料公司，如南非啤酒，来对冲他们的头寸（仓位）。买压使百威英博的价格上涨，卖压使南非啤酒的价格下跌。如果啤酒市场起飞，这两家公司都应该做得很好，这将有助于你的多头头寸，但损害你的空头头寸。如果啤酒市场跳水，这两家公司都做不好，这将有助于你的空头头寸，但损害你的多头头寸。在任何情况下，无论是多头头寸还是空头头寸的损失，都将被另一个头寸的收益抵消，直到它们的价格最终汇于一点，你的收益远不止抵消你的损失。

如果这个例子对你来说不好理解，可以考虑一下一个子公司市场价值高于其母公司的可能性。作为母公司的一个子集，子公司的市值不可能超过母公司，除非母公司所有的其他组成部分都是负值。

假如这不是个案，套利机会是简单而有吸引力的。一个套利者将买入估值过低的母公司的股票，卖出估值相对过高的公开上市子公司股票。

1998年12月4日，创新科技向公众发布其在线拍卖子公司——优易电子20%的股份。第一个交易日之后，按照优易电子的股价计算，创新科技持有优易电子的股份价值3.512亿美元。创新科技股票总市值仅为2.75亿美元，这意味着创新科技的所有其他资产的价值是负7600万美元！套利者会买入创新科技的股票和卖出优易电子的股票，直到隐含负估值消失。理想情况下，卖空优易电子的收入可以作为购买创新科技的资金，所以不需要资本。此外，由于证券的相对价格是由一个数学关系确定的，它在某种程度上是"零风险"的。

这是肯定的事！我们很快就会看到。

套利限制

原始状态的套利机会是非常难得的，即便如此，市场上母公司价值低于其子公司价值的情况也并不罕见，这似乎难以置信。马克·米切尔、托德、埃里克·斯塔福德调查了从1985年到2000年间的82个这种情况，调查结果表明，钻这种定价错误空子的行为，是有很大风险的，这对于依赖自己的分析和经济直觉来判断定价的投资者来说，就更难了。

交易成本　所有投资者都受到交易成本的影响，这其中包括佣金、价差、价格影响，以及没有完全投入 100% 时间的机会成本。所有这些成本加大了套利者和战略价值投资者利用市场价格偏离基本价值的机会获利的难度。

投资期风险　即使在最公平时的套利机会中，目前也还不清楚需要多长时间定价差异才能自行修正。上文引用的 82 个公司的错误估价中，定价差异的修正平均需要 236 天——最短的是一天，最长的是 2796 天。如果解决需要太长的时间，套利者的收益可能会比无风险利率还低。

对战略价值投资者也不例外。20 世纪 90 年代末，许多价值投资者认为网络公司估价过高了，但历经数年这一深刻见解才被证实。同样，2005 年投资者认为房地产股价过高了，但几年之后才得以被市场纠正。

融资风险　市场修正不仅需要漫长的时间，而且价格差异在转好之前还可能会更糟糕。在创新科技/优易电子的例子中，最初的价格差异在好转之前变得更糟（见图 3-2），结果，试图从差异中获利的套利者收到一连串的追加保证金的通知。当交易不利于投资者时，证券经纪商要求投资者投入更多的钱，以便投资者决定违约时经纪人手中有抵押物。如果投资者拒绝追加保证金，经纪人变卖一部分的头寸。

6 个月后，创新科技/优易电子的价格差异解决了，但投资者可能已接到一连串追加保证金的通知，如果他不投入更多的资金，他几乎会耗尽所有的已投入资本。从理论上讲，投资者投入差不多 5 倍于多头头寸的资金就可以避免这一切的发生，但这将大大降低他的投资回报。

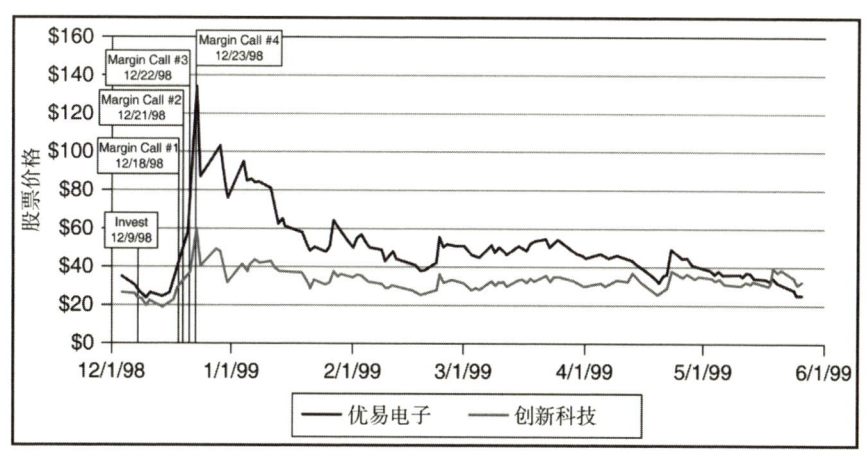

图 3-2 优易电子和创新科技的股票价格

在前面的章节中，我们表明，虽然从长期来看极端股票价格往往会发生逆转，但在短期内股票价格往往表现出显著的势头；也就是说，在短期内昂贵的股票往往会变得更昂贵，便宜的股票会变得更便宜。战略价值投资者短期内将会面临亏损的危险，特别是如果他或她使用杠杆或卖空股票。

波动率拖累　在前面的章节中，我们讨论了这个概念。从长期来看，剧烈波动行情下获得的回报，远低于相同时期平均行情下获得的回报——波动拖累了资本积累。套利者也是如此，价格差异的扩大和缩小侵蚀了套利利润。

别人的钱　管理自己的钱是一回事，你可能是一个非常有耐心的人，对自己的投资充满信心，时间会最终证实你的投资决定是明智的。管理别人的钱则完全是另一回事。如果套利错误定价在变好之前变得更糟糕，客户往往会变得不耐烦，失去信心，结果在价格收敛或表明他们的投资能力的证据出现之前，他们就解雇了自己的经纪人，变卖了持有的头寸。

对于管理别人钱的战略价值投资者来说，也是如此，在这种情况下，如果没有一个可以与它价格相比较的明确参照，经纪人就更难让一位不满的客户相信证券价格被定错了。

投资约束障碍

我们已经明白了自己的行为和市场行为是如何阻碍成功实施价值投资策略的，还有妨碍我们成功实施价值的第三类障碍，我们称之为投资约束。

投资约束是影响特定投资者的因素，它从多个方面限制了这些投资者的机会。一个值得信赖的投资组合经理会在一份被称为投资策略声明（IPS）的文件里列出这些约束条件。

流动性约束

投资策略声明（IPS）将概述投资者的流动性约束，它可以代表投资者的任一现金流需要——清算的一部分投资组合。有时这些流动性需求是事先知道的。例如，大学四年期间，你可能需要每年支付不低于5万美元的学费，这些金额和时间完全是可以提前预知的。有些现金流的金额是未知的，如你可能已经考虑到大约需要40000美元来筹办女儿的婚礼，但不知道具体什么时候需要。无论哪种方式，都必须保持一部分投资组合的流动性，并将其投资于一些低波动性的资产，以避免陷入突如其来的现金短缺窘境。

投资的流动性不仅涉及价格的波动性，而且还涉及证券被迅速卖出且价格没有受到明显影响。例如，私募股权投资，流动性差，因为没有供他们股权交易的活跃市场，卖方必须自己寻找买方，而不是去活跃的交易市场去交易。通常情况下，急于出售私募股权的卖方，为满足现金流的需求，被迫在价格上做出重大让步。

虽然我们是以私募股权投资为例来说明流动性不足的，但这也与价值投资相关，因为价值型股票往往是廉价的或不受青睐的股票，有时市场交易清淡，使得市场流动性差。

相对而言，具有显著流动性需求的投资者，一般不适合于股权投资，甚至也不适合于做战略价值投资。

投资期

投资者的投资期限会影响其对风险以及流动性的承受能力。显而易见，短期流动性需求导致投资期限缩短。短线投资不应冒险，而长线投资往往使投资者可以从投资组合以外渠道弥补投资损失。

你要根据投资时间范围和风险承受能力来确定你的证券投资资产分配。很少有投资者选择单一投资期限，多数投资者选择不同投资期限间隔来实现多个投资目标预期。投资者的投资期限往往受投资者生活阶段的影响，但生活阶段并不能完全决定投资期限。

短线投资者不仅难耐价格波动，且其流动性时间需求与我们在前面章节中讨论的价格反转投资周期不一致。根据沃纳·德·邦特和理查德·泰勒的研究，价格反转策略应用于超过6年或10年期的投资最成功。

税

如果你用一个可以避税的退休账户投资，那么税与你的投资决策和交易风格无关。但是，如果你在一个应税账户中持有资产，你需要仔细考虑你的交易决策对你税务账单的影响。你需要在投资策略声明中说明你税务状况的显著特征，因为它可以影响你的投资策略、证券选择、资产定位以及调整策略。

税收约束在很多方面对价值投资者不利。首先，一般来说，亏损发生了，就要承认，尤其是那些可用于冲抵别的高税率短期收益或普通收入的短期亏损，可以节省税款。问题是，价值投资并不适合短期交易策略。相反，价值投资是基于这样一个信念，证券的市场价格最终将收敛于它的基本价值，即使这个过程需要很长时间，甚至在最终收敛前价格还会进一步背离。

其次，投资者通过把投资长期集中于价值大幅增加的证券，积累了大量财富的情况并不罕见。得到股票或股票期权补偿的公司管理人员和发售原始股的企业家们经常发现自己已经身处其中，他们持有的股票往往计税基础很低，如果卖掉这些股票，他们要缴纳大额的税金，因此，这些富有的投资者往往不愿意出售他们持有的头寸，以免招致重大的税务责任，他们可能会给他们的投资组合加一个继续持有这些头寸的投资约束。

这种投资约束抑制了价值投资。如果股票多年来升值显著，与其说它是价值型股票，不如说它是成长型股票。因此，大量投资者的持股不可能是价值投资导向的。此外，这种集中寸头占用的资金越多，可用于真正价值投资的资金就越少。

法律的约束

一些投资者的投资行为受到法律或法规限制。如果你管理的是自己的个人资产，有可能不受监管约束。但如果你管理信托资产或作为一个房地产受托人，那么你要清楚谨慎投资者规则对你的投资行为有所限制。受谨慎投资者规则约束的投资经理，被要求像管理自己的事务和自己的基金配置的一样小心管理资产。

从概念上讲，谨慎投资者规则为价值投资者提供了一个长线投资、股权投资，甚至战略价值投资的环境。然而，实际上，这可能使受托人蒙受诉讼风险，因为价值投资可能处于投资周期的低谷，而典型的诉讼通常是源于糟糕的投资业绩而不是糟糕的决策。

同样，美国的养老基金管理者也受 1974 年颁布的雇员退休收入保障法（ERISA）的限制，一旦基金管理者没有按照"谨慎、老练、精明和勤勉"的原则做事，这部法律会使他们蒙受三倍赔偿的损失。当然，战略价值投资者应具备谨慎、老练、精明、勤勉这些特点，但价值型股票多数时间表现欠佳。价值投资本质上是逆向投资，因此人们认为价值型股票大部分时间是不受人们青睐的。而且，引起一场官司的原因可能会是短期投资结果而不是长期的投资策略。养老基金管理者可能受限于激励指数，而不是追求任何特定的投资风格。斯蒂芬·霍兰指出，受员工退休收入保障法案约束，养老基金管理者更倾向于指数投资组合，并更有可能采取平均的市场风险，而不是付诸一个特定的投资风格，这或许是由于法律鼓励他们要像其他投资人一样进行投资。然而，正如我们之前看到的，战略价值投资需要独立思考和逆向思维。

克服投资障碍的技术

我们希望我们没有使你抛弃取得战略价值投资成功的梦想。前面几节的目的不是劝阻你，而是要你保持必要的谨慎。幸运的是，希望还在。本节将介绍一些工具和技术，你可以用它们来克服投资障碍。

有纪律的投资

首先，你必须制定严格的投资方式，它可以是你自己独特的风格，但是你需要坚持它。如果投资者偏离他们核心的投资理念，他们将陷入困境。其次，你必须熟悉公司的基本面和你使用的估值框架。再次，你必须掌握宏观经济发展的最新动态，并通过质疑你自己的想法挑战自己，尤其是在你亏损的时候。

同时，保持多元化。塞思·卡拉曼，一个伟大的价值投资者，指出成功的投资和风险管理息息相关。不要把你持有的股票过度集中在某一特定的股票、行业，或一组密切相关的行业。当然，风险过于分散也会使人难以集中精力，使人难以利用分析的价值。你需要集中你的精力，最终在一定程度上集中你的持股。但我们谈论的是一个程度问题，大量购买或囤积一个特别好的价值投资标的可能意味着投入资金总量的5%或10%，而不是20%。

投资策略声明

起草并定期回顾你的投资策略声明（IPS），这将帮助你在艰难时期保持注意力集中，并控制你对最近的遭遇做出过度反应的冲动。前面我们讨论了应该被包含在投资策略声明中的投资约束，但一般来讲，投资策略声明是一个概述你的风险和收益目标及投资限制的文件，它也能清晰地表达你的投资理念和资产配置原则，以控制冒险行为，以之为参考，你才能在惊涛骇浪中稳操船舵，朝着正确的方向前进。

基本的投资策略声明可以分成三个主要部分：

1. 投资目标

　　a. 收益要求。

　　b. 风险容忍度和风险承受能力。

2. 投资约束

　　a. 流动性需求。

　　b. 投资期限。

　　c. 税的考量。

　　d. 法律和监管方面的考量。

　　e. 特殊事项。

3. 投资理念与策略

投资目标　投资策略声明应该详细说明投资目标，里面各条款的表达要明确，收益是名义的还是实际的，是绝对的还是相对的，是税前的还是税后的。你是为退休投资，还是使用剩余资本进行风险投资，或两者的某种组合？你的收益要求应该区分你的期望收益和投资于特定标的获得的必需收益，例如，为退休积累足够的养老金。

你的收益目标应该是合理的，并与你的风险目标是一致的。和收益目标一样，你的风险目标应该阐明衡量风险的方法，这要根据你的收益目标来确定。例如，如果你的主要目标是财富保值，标准差可能不是最好的风险衡量方法。在这种情况下，下行风险的衡量方法可能更适合，即使是非量化表述。

你将要区分你的风险容忍度和风险承受能力。前者是你承受风险的心理意愿，后者是你承受经济损失的客观财力。客户在财务状况上的灵活度会影响其承受风险的能力。你得正视自己，你可能有承受经济损失的财力，但没有承担风险的心理意愿。一些专家评论说："你要么吃好要么睡好。"如果你的投资组合的波动水平让你夜不能寐，你可能需要降低你的投资组合的风险水平。

投资约束 在本章前面我们讨论了投资约束，即流动性需求、投资期限、税收以及法律约束以及他们如何妨碍成功的价值投资。除了这些限制，投资策略声明还有一部分是很明确的特殊专用情况。这是你表达自己的投资策略偏好的地方，这些投资策略要遵守特定的环境、社会，或治理的议程。这部分还可以列出法律上限制出售的资产。

投资理念与策略 在投资理念和策略这一部分中，你可以阐述你作为一个价值投资者的投资理念。你可以明确你在内在价值高于市场价值的证券上做长线投资的委托。你可以声明，有时可以投资那些不受青睐的证券和背离最新投资动向的证券，它可能强调一些工具和技术，这些会在后面的章节介绍。

如果你正在管理一个股票和债券的平衡型投资组合，你可以清楚地说明你想要长期维持的股票、债券和其他替代资产的配置，以及你将用来重新调整资产类别的指导原则。然而，这些概念超出了本书的范围。

一旦你已经花时间起草了一个投资策略声明，就要定期回访它，特别是在动荡时期，这将有助于你保持一贯的投资策略。你也应该在更乐观的时期反思它，以确定其是否需要更新，也不应该完全改变它（除非你的个人情况发生了巨大的变化），但你可能需要定期对它进行微调。

投资日记

为了帮助解决投资的难题，约阿希姆·克莱门特也建议坚持写金融日记，记录每一项投资决策，并把它与决策的结果进行比较。这本日记会记录每次买入或卖出的投资决策三要素。

1. 投资行为

你想买入还是卖出，你给出的价格是多少？价格可能是目前的市场价格，也可能是一个交易的限定价格（例如，一个低于目前价格的购买建议），这个交易将来能否实现取决于这个规定的价格是否达到。

2. 投资理念（即动机）

一句话，简要阐明交易的原因。对于买入的决定，它可能是这样的：

- "资产的清算价值超过了当前的市场价格。"
- "公司要被收购。"
- "最坏的情况下，销售增长超出市场预期，并产生超过目前的市场价格的内在价值。"
- "利润空间会意外地超出当前水平。"

3. 可能的风险

很显然，我们的预测有时会有缺陷。阐明一些可能会让你的投资理念失效的情况，它可能是这样的：

- "发展中的竞争产品的威胁可能比目前设想的更大。"
- "公司可能会失去一个关键的（重要的）大客户。"
- "解除管制可能影响（损害）利润空间。"

日记不用太长，三个简单的陈述语句就够了，然而，它是有效的，重要的是要定期回顾。我们提醒你，这种做法不适合那些自卑的人，因为它赤裸裸地揭示了投资业绩和归因的真相。例如，我们倾向于忽略我们的失败，而专注于我们的成功；或者，我们推荐买入的一个标的可能已经升值，但原因和我们想象的完全不同。日记去除了我们对进展不顺的事情的后见之明和进展顺利的事情的归因偏见。

沉没成本

要树立沉没成本不相关的理念（专栏3-7）。过去的盈利或亏损无关紧要，重要的是将来会怎样。你选择持有你的投资，实际上你是在选择购买它。你之所以决定拥有它，是以你对它的未来期望为基础的。

忽略沉没成本有很多例子，包括你在食品店排队，决定是否换到另一队时，忽略自己在这一队已经站了多长时间。

专栏3-7　沉没（覆盖）成本

有一次，本书的一位作者买了室外音乐会的门票，打算叫上自己的女友一起去听。当这重要的日子到来时下雨了，他决定不去了。他的女友很震惊。"你花那么多钱买票！"她喊道，"你这不是浪费钱吗？"

票买了，钱也付了，去不去音乐会钱都回不来了。他只是想，在一个雨天如果有人给他免费的户外音乐会门票，他会怎么做。在这种情况下，他会接受吗？他觉得不会。

同样，当我们买的股票价值下降时，损失就沉没了（事实上，我们可以通过出售节省税款）。我们要不理它，忽略它，做出一个是否继续持有它的正确决定。相反，我们大多数人都集中精力平衡亏损，这种平衡亏损癖需要有意识地通过理性分析加以克服。

保持冷静

研究人员明确地提出了令人信服的证据，表明恐慌减少了大脑处理信息的能力。惊慌失措的决策者往往依赖有缺陷的直觉判断。研究人员建议用深呼吸和思考一些其他的事情来缓解这种本能反应。一些成功的投资者求助于瑜伽、催眠和冥想，帮助自己把思想带到一个不易用直觉判断替代的地方。

诺贝尔奖得主丹尼尔·卡尼曼指出，我们的头脑有两个不同的认知系统供我们用来做决定。慢认知系统是深思熟虑的，但是你必须付出时间和精力。快认知系统是快速高效的，因为它依赖于直觉判断。当我们集中我们的认知能力，并有充裕的时间来做决定，我们的慢系统就会掩盖快系统让我们做的事情。然而，当我们感到困惑、不知所措，或者恐慌时，我们依赖于直觉判断的大脑系统，因为这些过程是无意识的，并且只需要很少的努力。

因此，尽最大努力培养深思熟虑的决策习惯，避免轻率地做出决策。

倒给我一些糖

信不信，你在做出一个重要的或困难的决定之前可能想喝点甜茶或柠檬水，复杂的思维过程消耗我们的血糖水平。当我们精疲力竭时，我们的血糖水平大大降低，我们更有可能使用我们大脑中依赖于直觉的那一部分，而不是依赖于艰苦的分析过程的那一部分来做出艰难的决定。

研究描述了在实验中，要求被测试者在他们的血糖水平很低时做出艰难的决定。在做出艰难决定前，喝加糖饮料的受试者比喝不加糖或加合成甜味剂的饮料的受试者做出了更好的判断。做重要决定前给自己倒一些糖吃，看起来很简单，但它很有用。

杠杆和交易

避免过度杠杆和过度交易。我们前面提到，被卖出的股票往往比被买入的股票有更好的表现，结果，人们买卖得越多，他们的投资结果就越糟糕。布拉德·巴伯和特伦斯·奥丁创造性地提出"交易危害投资者的财富"，他们调查了超过13000个家庭的投资业绩和交易行为，发现从1991年至1996年，交易最少的家庭每年的收入比交易最多的家庭平均高7%。

我们之前提到基本价值和市场价值之间的差异，可能在变好之前变得更糟。还记得创新科技和优易电子吗？如果你想通过杠杆来放大你的收益，你可能没有足够的资金来抵御你的明智决定成功之前的暂时波动。许多投资者都有这种情况，2008年金融危机前，很多投资者意识到房地产的价格被高估了。一些投资者建立了仓位，他们的分析是正确的，但是他们没有足够的资金或承受力来维持仓位，直至市场被纠正。所以，你要谨慎使用杠杆。

结 论

成功的战略价值投资有很多障碍。一些来自市场，其他的源于我们自身或我们的投资限制。不管怎样，它们都不能决定我们的投资命运，克服它们的第一步是识别它们。然后，我们可以使用一系列技术来优化投资：我们将保持自律，客观，谨慎地实施我们的投资策略。

第4章 选择公司的策略：经济分析、行业分析和筛选

公司不能独立运行，同样，我们也不能孤立地做出稳健投资决策。投资者对一个标的公司要做出恰当的前景评估，需要从大环境着手，从宏观经济、行业分析到公司分析的顺序进行投资分析，尤其要注重对以上各个层面综合的前景分析。当前的行业结构及其前景是投资者必须重点考虑的。当然，这也不意味着投资者仅局限于关注未来前景光明的公司。行业前景好、目前运营良好的公司也未必是最佳投资选择，因为这些公司已经被市场高估值了或相对高估值了。总体上，投资者对于目前受追捧、行业前景好的公司表现出了过于乐观的情绪，可能高估了公司的行业前景。相比之下，目前行业前景黯淡的公司有可能是良好的投资标的，因为当前市场对其一致地表现出悲观的情绪。

事实上有成千上万家公司可以作为你的投资标的，就像我们在之后章节看到的，对这些公司的价值分析需要花费很多时间，你需要用战略的眼光进一步分析这些公司的价值。本章中，我们将会讨论几种极佳的价值投资策略。投资者都会有各自的分析方法，我们分析投资市场有两种最基本的分析方法：一是自上而下，一是自下而上，如图4-1所示。顾名思义，自上而下的投资策略是从大环境着手，从宏观经济、行业分析到公司分析

的顺序进行投资分析，到最后选出所需要投资的证券。作为价值型投资者，你要清楚你目前所选的标的公司是否优于其他相对具有潜力投资的证券。自下而上的投资者首先要挑选公司，然后考虑行业和整体经济形势，以做出是否投资的判断。每个价值投资策略的中心都是对整体经济、行业及个体公司的综合分析。本章我们将会提供一个整体概述，主要从经济形势和行业两方面做出分析。企业分析对价值投资者来说是一个重要的课题，在下一章节，我们将会对投资公司做出具体分析。

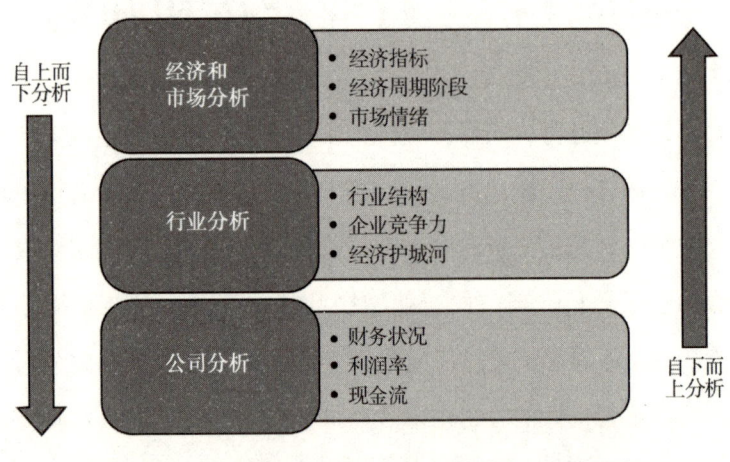

图4-1　自上而下和自下而上的分析法对照表

自上而下的分析

自上而下的分析是从高（经济层面）到低（公司层面）的分析策略。根据国内外经济形势，首先判断出该投资策略组合在国内外市场上的分配比例，接下来分析哪个行业（比如消费品行业）在资本市场更具有吸引力，在每个行业大类中筛选出受欢迎的具体行业（相关领域的一个分支，比如食品或者包装），最后，我们挑选出这个行业里最受青睐的公司，这些判断源于公司具有凸显的价值。

在整个投资管理背景下，自上而下的分析是通过预测利润率、证券市场和经济环境来决定现有的资产的恰当分配比例（比如现金、固定资产和股权）的一个过程。接下来是要挑选领域/行业，最后筛选出安全的投资公司。

自下而上的分析

自下而上的分析始于个体公司层面，投资者基于公司的基本面（如总负债率）来筛选受关注的公司。大部分个体投资者都属于自下而上的分析者。公司的多种因素（如公司新产品发布、公司的管理模式改变，或者可提供高质量的服务）都可能吸引自下而上投资者的注意力。另一方面，自下而上的分析是通过某些数量指标或特征来进行筛选，选出相应的公司，再结合宏观经济、证券市场、行业分析以及公司基本面的分析，最终确定所需要投资的证券。成长型和价值型投资者都可以使用自下而上的分析方法。成长型的投资者筛选出高回报率和高利润增长率的公司。价值投资者会筛选出低价组合（如账面价值、市盈率）和高资产回报率的公司。投资者可以运用多种策略组合筛选投资公司，例如选出销售价位合理的成长型公司。筛选过程是投资者做出投资决策的第一步。在筛选过程中，投资者应该判断出能引起市场进一步关注其股票权证的公司。

总体宏观经济分析

国内外经济形势的整体分析，是价值投资策略的一个必然要素。在资产的配置过程中，我们须决定投资国内外股票的比例。对当前整体经济形势前景的正确评估，才能把握公司的现金流、风险和成长前景。如果整体经济预期增长率为2%，行业和公司的增长率也会与之大体相当。除非有反证，否则行业和公司的适当初始增长率可能接近整体经济增长率。整体经济形势的代表性指标是国内生产总值（GDP）和国民生产总值（GNP），我们接下来将讨论这一点。

经济周期反映整个经济活动的流动性，在经济周期的不同阶段，会有一些行业或公司的运行要优于其他公司。判断行业或者公司的阶段，首要考虑目前宏观经济所处的阶段。因此，经济所处周期是判断行业、公司的前景的重要因素。

投资者须明确，通货膨胀率，尤其是预期通胀率是判断当前投资环境的决定因素，因为以上两因素决定了利润率和经济的活跃性，这就是预期通胀率和修正值两指标在金融市场上有重要影响的原因。

GDP 和 GNP

国内生产总值（GDP）是指在一个国家或地区的经济中所生产出的全部最终产品和劳务的价值。名义 GDP 是指运用当期市场价格计算的总产出，实际国内生产总值是按价格做了调整的名义 GDP。表 4-1 给出美国自 1990 年至 2012 年名义国内生产总值和实际国内生产总值的具体数值。请注意，2012 年度美国名义 GDP 增长率相对于 2011 年迅速增长达 4.58%，而实际经济增长率仅为 2.78%。

国民生产总值（GNP）是指一个国家（或地区）所有国民在新生产的产品和服务价值的总和，只要是本国（或地区）居民，无论是否在本国境内。

表 4-1　名义和实际国内生产总值

年度	GDP（按当年物价水平测算）	年度增长率	GDP（以 2009 年价格水平为基准测算）	年度增长率
1990	5976.6		8945.4	
1991	6174.0	3.25%	8938.9	-0.07%

续表

1992	6539.3	5.92%	9256.7	3.56%
1993	6878.7	5.19%	9510.8	2.75%
1994	7308.7	6.25%	9894.7	4.04%
1995	7664.0	4.86%	10163.7	2.72%
1996	8100.2	5.69%	10549.5	3.80%
1997	8608.5	6.28%	11022.9	4.49%
1998	9089.1	5.58%	11513.4	4.45%
1999	9665.7	6.34%	12071.4	4.85%
2000	10289.7	6.46%	12565.2	4.09%
2001	10625.3	3.26%	12684.4	0.95%
2002	10980.2	3.34%	12909.7	1.78%
2003	11512.2	4.85%	13270.0	2.79%
2004	12277.0	6.64%	13774.0	3.80%
2005	13095.4	6.67%	14235.6	3.35%
2006	13857.9	5.82%	14615.2	2.67%
2007	14480.3	4.49%	14876.8	1.79%
2008	14720.3	1.66%	14833.6	-0.29%
2009	14417.9	-2.05%	14417.9	-2.80%
2010	14958.3	3.75%	14779.4	2.51%
2011	15533.8	3.85%	15052.4	1.85%
2012	16244.6	4.58%	15470.7	2.78%

资料来源：美国商务部，经济分析局，www.bea.gov

整体经济增长趋势决定一个公司的增长前景。长期和短期 GDP 或 GNP 的增长率预测值,是用来评估公司增长率的基准值。基于整体经济走势,公司根据自身前景做出适当调整。一言以蔽之,GDP 或 GNP 的增长率为公司增长率的调整提供了一个基准数。

应用案例

价值在线(www.valueline.com)可以做出常用的价值分析,例如预测行业和公司的销售额。价值在线预测出了 GDP 和各经济组成部分的产值:

- ◆ 工业产值
- ◆ 住房投资
- ◆ 汽车销售量
- ◆ 个人储蓄率
- ◆ 全民就业率

价值在线基于 GDP 和各个经济组成部分预测出各个公司销售增长额。我们以微软为例,一个曾经的高成长型股票,近年一直在高速增长。就在写这篇文章时,微软以 11.6 的比率出售,股息收益率为 3%。2013 年 8 月 16 日,价值在线预测出其短期(5 年)年平均回报率和现金流增长率为 9%,盈利增长率为 8.5%。

经济周期分析

GDP 另一重要用途,是衡量经济周期所处阶段和预测经济长期趋势。如表 4-1 所示,我们可以看出美国的长期经济走势是向上延伸的。具体的经济指标围绕经济趋势线上下波动。经济周期分为以下四个典型阶段,如图 4-2 所示:

第4章 选择公司的策略：经济分析、行业分析和筛选

◆ 扩张

◆ 顶峰

◆ 衰退

◆ 谷底

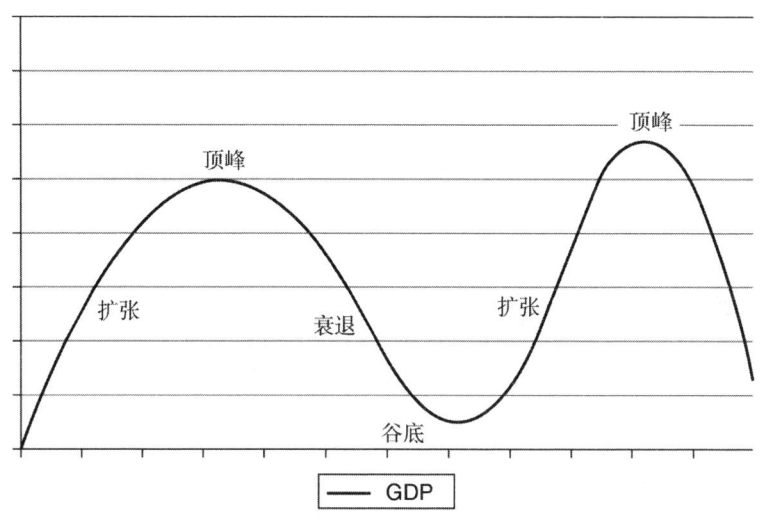

图4-2 基于时间轴的 GDP 数据表现

经济扩张期是经济的高速增长阶段，在这一阶段产值增长，就业率上升，经济总量达到极点、峰值。在扩张期，真实 GDP 上升。生产需求的增长刺激了生产设备、原材料和劳动力生产要素的额外投资需求，进一步促进企业在固定资产（资产、厂房、设备）和原材料两方面的投入增长，而劳动力增长的需求导致失业率下降。

经济衰退期紧随经济顶峰之后，主要表现为产出减少和就业率降低（失业率上升）。典型的衰退是指有 50% 的经济产出下降，用真实 GDP 值来衡量。当产出降低，生产要素需求量随之降低，导致原材料购买下降和失业率上升。在衰退期，典型特点是工厂生产能力闲置，且公司很少对设备和厂房进行投资。随着衰退期而来的是萧条期，持续的经济低迷称为萧

条期。

最重要的是，一些行业和部门在经济周期的某些阶段运行要优于其他行业部门。全球行业分类系统（GICS）是由标准普尔（S&P）与摩根士丹利公司（MSCI）联手推出的行业分类系统，包括 10 个经济部门、24 个行业组、68 个行业和 154 个子行业。

10 个行业部门如下表：

表 4-2

行业	举例
能源	能源设施服务
基础材料	金属采矿
工业	航空和国防
消费者非必需品	汽车
消费者必需品	食品和日用品
医疗保健	药品
金融	保险
信息技术	硬件
电信服务	无线通信服务
公用事业	电力设备

对经济周期敏感的行业和部门，被称为周期性行业。周期性行业的例子之一是消费者非必需品行业，在萧条期，消费者在汽车、旅游和其他非必需品的开支上会减少。

对经济周期不敏感的行业和部门，被称为非周期性行业，例如消费必需品。消费者对食品饮料的需求在萧条期也会持续。

通货膨胀

分析经济形势一个重要方面，是对预期膨胀率的总体评估。公司未来现金流是基于无风险收益率预测的。投资者放弃当前消费而投资获得的名义利率，是由通货膨胀率和真实利率的相互关系决定。无风险通货膨胀率越高，人们要求的无风险利率越高。所有的行业和企业都受扣除了通货膨胀率的无风险收益率影响。消费者物价指数（CPI），通常作为观察通货膨胀水平的重要指标，反映与居民生活有关的消费品的通货膨胀率。通货膨胀同样影响消费品劳务的生产价格及其最终价格。生产价格指数（PPI）衡量出售商品的通胀水平。以上通胀率在企业和行业当中的影响是不同的。我们要把握当前经济总体通胀率水平，以及经济各领域的通货膨胀率水平，以便做出企业和行业投资价值分析。

经济指标

除了 GDP，经济指标的变异指标可以衡量经济健康状况，并为投资者对经济运行趋势判断提供依据。领先指标的变动往往领先于一般经济情况的变动；滞后指标的变动则往往落后于一般经济情况的变动；同步指标的变动时间与一般经济情况基本一致。世界大型企业联合会汇编了经济领先指标目录，用来表示经济周期不同阶段的标志。

情绪指数——恐惧和贪婪

恐惧和贪婪的情绪是投资者最大的盟友。很多价值投资者都声称他们不是市场时机的把握者，然而很明显，股票在某一时期相对于其他时期更具有投资价值。本质上，我们所有的投资决策都涉及时间因素。当然，投资者可以对照整体市盈率以及当前和历史数据的关系判断出股票未来价格上涨的收益。巴菲特在 2005 年致伯克希尔-哈撒韦公司股东的一封信中写道：

"投资者应该记住：冲动和费用是自己的敌人。如果非要选择进出市场时机的话，投资者应该在别人都贪心的时候感到恐惧，而在别人都恐惧的时候贪心一点。"

巴菲特在 2009 年进一步阐述了这一投资理念，"无论我们谈论袜子还是股票，我都喜欢购买降价的优质商品"。

这些简单的、智慧的箴言阐明了价值投资者的反向操作本质。那我们如何判断出优质股票是否降价了呢？在某种程度上，投资者可以根据对各种市场情绪指数来客观地判断综合市场或某个股票市场的贪婪度或恐惧度，其中一些描述如下，当然，这并不意味着我们要列出所有的情绪指数清单。

情绪指数衡量普遍被认为是投资逆指标。当情绪指标显示投资人对市场下跌趋势感到高度恐慌时，我们能够推测出投资者对未来市场表现出焦虑情绪。因此，投资者可能从股票市场撤资，用于未来购买股票并提升其价格。这似乎违反直觉，但情绪指数在悲观时期可以为价值投资者提供潜在购买机会的信号，因为价值投资者总是与市场一致操作相反，总是买低卖高。

一般来说，情绪指标在正常范围内波动很难为投资者提供信息。当情绪指数偏离正常范围时，可以给投资者提供更多购买建议信息。在情绪指数偏离正常范围时期，投资者必须相信"他人恐惧我贪婪"这一启示；相反，情绪指数显示市场投资者"皆贪婪"的信号时，我们要意识到市场存在的潜在风险。投资者在进行投资决策时，如果能够避免情绪影响，就可以大大提高投资的成功比率。

买入出售比率

芝加哥证券交易所发布每日买入出售比率（PCR），如图 4-3 所示。这是一个简单的出售期权与买入期权交易量的比率。看跌期权给予期权买方按事先约定的价格向期权卖方卖出一定数量的期权合约规定股票的权利。看跌期权随股票价格下跌价值增长。看涨期权给予期权卖方按事先约定的价格向期权买方买入一定数量的期权合约规定股票的权利。当股票价格上涨时看涨期权价值增长。买入出售比率指标上升，能反映出期权交易者对股票价格下跌的潜在关注。

即使买卖比率看起来似乎是中性的，在实际交易的一天中，事实是买方大于卖方。因此，市场中性时期买入出售比率为0.8左右。买入出售比率小于0.7视为强市，因为市场乐观投资者多于悲观投资者。买入出售比率大于1.1视为弱市（反向操作者称为超买），这种情况下悲观投资者多于乐观投资者。

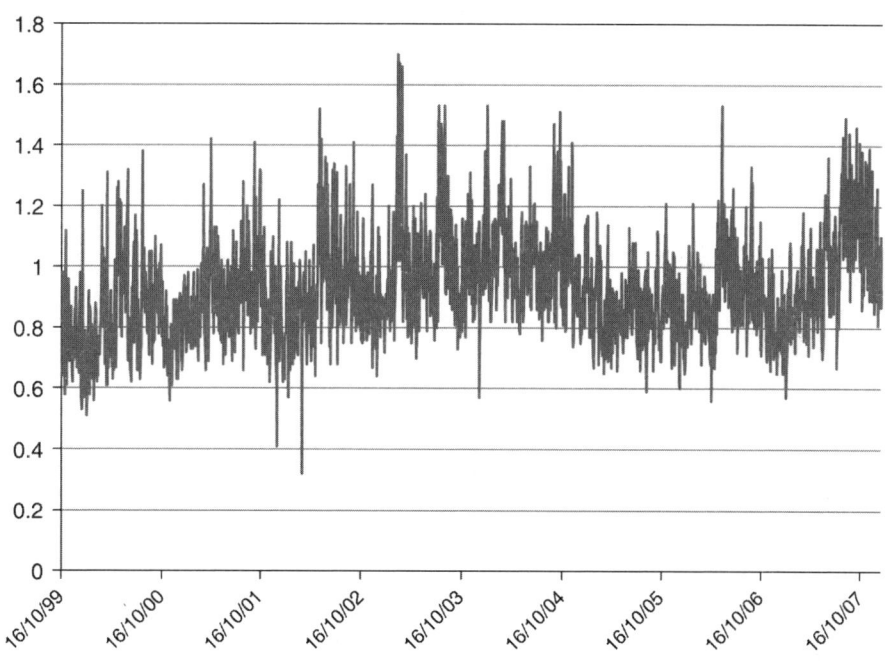

图4-3　基于时间轴的买入出售比率（PCR）数据表现

投资者也可以从个股看买入出售比率，如表4-2所示，因为其也是市场的一部分。个股的买入出售比率变化很大，因此投资人必须对此持谨慎态度，不能粗略地把整体比率的变化运用到个股投资当中。以下表格（表4-3）反映了美国资本市场中资产数额最大的10家公司在2011年12月15日当天的买入出售比率及52周线比率的高点和低点。就像我们看到的，沃尔玛公司股票买入出售比率在2011年12月15日当天末的数值最接近52周线波动的临界极大值。因为此指标是反向指标，沃尔玛公司高的买入出售比率被认为投资人近期对该公司股票持乐观态度。另一方面，苹果公司股票买入出售比率在2011年12月15日当天末的数值最接近52周线波动的临界极小值，反映出人们近期对苹果公司股票持悲观态度。

表4-3 2011年12月15日个股买入出售比率

简称	公司名称	比率	52周线范围
XOM	埃克森美孚	1.20	0.72～2.54
AAPL	苹果公司	0.66	0.65～1.15
IBM	国际商用机器公司	1.30	0.93～2.13
MSFT	微软	0.71	0.66～1.03
CVX	雪佛龙	1.54	0.72～2.06
GOOG	谷歌	0.97	0.59～1.15
WMT	沃尔玛	1.32	0.48～1.34
PG	宝洁	1.09	0.77～2.71
GE	通用电气	1.21	0.82～1.85
JNJ	强生公司	1.18	0.65～2.53

芝加哥期权交易所波动率指数

芝加哥期权交易所波动率指数（VIX）以标准普尔500指数为标的计

算,表达了投资者对未来股票市场的波动预期,该指数以年度数据为基础计算未来30天股票市场的隐含波动指数。在金融市场上,著名的期权定价模型同时也反映出隐含波动率。1993年编制出的芝加哥期权交易所波动率指数,被认为是衡量未来股票市场股价波动性和股票投资人情绪的重要方法。

虽然芝加哥期权交易所波动率指数是标准普尔500指数隐含期权的波动率(当然这个波动可上可下),当指数越高时,显示投资者预期未来股价指数的波动性越剧烈,投资者恐惧上升。此时,人们愿意付出更多的资金购买价格下跌的股票(如图4-4)。大体上讲,芝加哥期权交易所波动率指数大于30,反映大量投资者认为未来市场存在不确定性和隐含的波动,而指数低于20是市场的瓶颈期。反向投资者认为,指数上升期是市场更具投资吸引力的时期,也就是投资者购买期,即使时间波动性趋向于回归至均值。

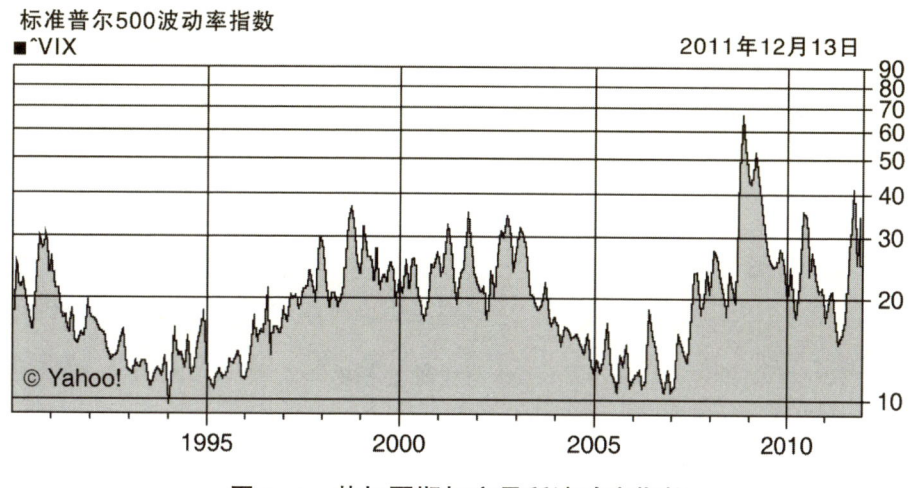

图4-4 芝加哥期权交易所波动率指数

巴伦信心指数

高质债券和低质债券之间的收益率之差就可以反映投资者的信心,因为低质债券的收益率高于优质债券的收益率。上升的巴林信心指数表明债券交易者对经济乐观达成共识。当投资者对市场持乐观态度时,更愿意承担投资风险;也就是说,投资者更愿意投资高风险股票,从而导致其收益率相对于仅购买低风险债券降低。

如图 4-5 所示,在过去 25 年巴林信心指数持续下降,此图同时揭示出在这一阶段,人们对经济的信心指数不断下滑。反向操作者洞察出投资人信心指数低的时期正是吸引他们投资证券市场的时期。

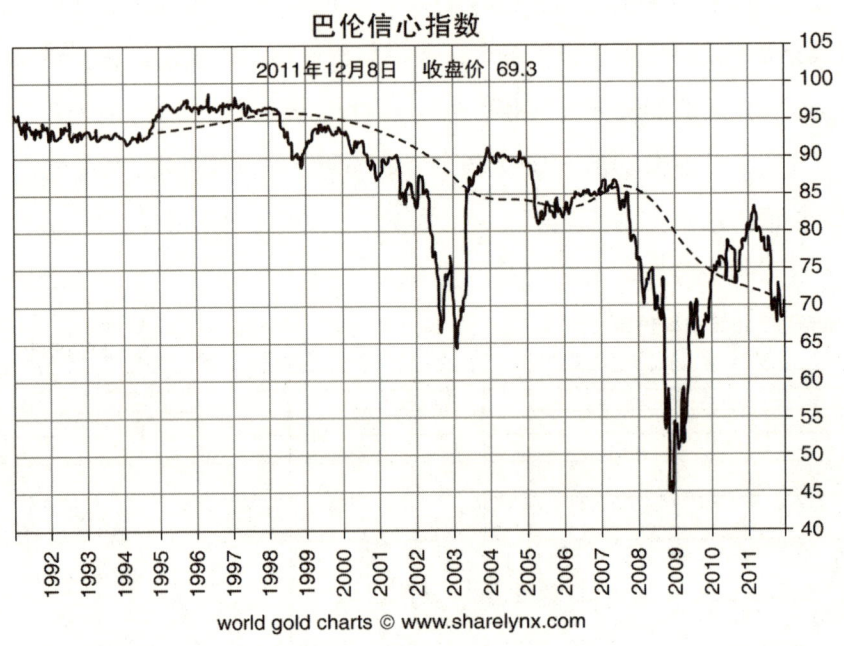

图 4-5　巴伦信心指数

美国个人投资者协会指数

美国个人投资者协会(AAII)调查显示散户投资者未来 6 个月的看涨、看跌、中性情绪的比例。AAII 的调查数据始于 1987 年,数据结果可从网站(www.aaii.com)免费分享。这一调查虽然不是专业投资者的调查分析，却是散户的严谨调查。自该数据发布以来，散户的平均值分别为39%看涨，31%中性，30%看跌。看涨情绪在2000年1月6日达到最高值（即技术指标峰值），为75.0%，对反向操作者而言，牛市的极大值显示未来市场下滑即将来临。看跌情绪在2009年3月5日达到最高值，为70.3%，即接近于熊市的最低点。投资者认为熊市的极大值是市场的起涨点。就像其他的情绪指标显示的一样，当该数据在正常范围外波动时，投资者也会给予相当关注。

板块轮动

在自上而下的投资分析方法中，人们普遍使用经济数据来分析板块轮动。板块轮动涉及目前经济形势及经济未来趋势。投资者愿意将资金投入在未来经济周期中趋向上升的行业。在运用经济数据分析板块轮动的同时，还必须结合其他数据来判断未来具有投资吸引力的行业，其中，相对价值是最重要的考虑因素。投资者期望从市场高估值行业撤出资金，转而投入低估值行业。板块轮动的6要素如下：

◆ 市场
◆ 经济
◆ 产值
◆ 利润
◆ 人口
◆ 政策

部门/行业分析

在分析个别公司时，价值投资者的策略主要是关注公司的现金流、潜在的现金流增长程度和流动性风险，注意到这一点是很重要的。投资者必须评估此行业相对于整体经济的增长能力。另外，投资者还需要考虑到经济周期所处的阶段。就像之前谈到的，在经济周期的某些阶段，有些行业或部门的运行会优于其他行业部门。

要评估行业的增长潜力，首先要考虑到整体经济的预期增长形势。当然，有些行业预期增长优于整体经济，有些滞后于整体经济增长速度。一个行业增长的相对速度取决于人们对此行业产品和服务的需求程度。

人们对商品和服务的需求取决于需求、偏好、人口结构和可支配收入这些因素。人们对某些商品的需求量，比如私家车，在经济周期的不同阶段会发生变化；人们对另外一些商品的需求量，比如食物，在经济周期的不同阶段不会发生变化。投资者必须在大的经济周期环境下，考虑某一行业的商品和服务的需求量。

企业产生现金流的能力就是其获利能力。企业生产始于投资生产要素、进行产品和服务的销售（当然希望获利），最终投资以现金形式得到回报，所获得的现金回报可以进行再生产或者分配给投资者。投资所获利润取决于行业竞争水平，人们对商品和服务的需求和对商品和服务的价格敏感度。盈利高的行业会吸引更多的竞争者。随着竞争的增加，产品和服务的供给大于需求，价格会随之降低，最终，整个行业的销售额将被更多的竞争者瓜分。相反，如果一个行业盈利能力差，企业将会退出（通过破产或其他方式）市场。随着竞争的减少，剩下的公司将会盈利。企业进出某行业的能力，是由这一行业进出壁垒大小所决定的。

波特五力分析模型

"五力模型"的概念最早出现在波特1979年发表在《哈佛商业评论》，题为"竞争力如何塑造战略"的论文中。该论文的发表，历史性地改变了企业发展策略研究，形塑了那个时代整体的学术研究和企业实务。五种力量模型将大量不同的因素汇集在一个简便的模型中，为投资者提供了投资的价值策略判断路径。即使我们分别简述五力模型当中的指标，也应该历史性地考虑它们的关系，而不能局限于孤立地关注一两个指标；并且波特还力劝分析者不能简单地关注目前行业结构内部的某一方面，而应该注意到行业竞争力的潜在变化，用巴菲特的话来说就是，"我总是滑向冰球运动的方向"。

波特决定行业利润的五力模型要素如下：

◆潜在竞争者进入的能力
◆供应商讨价还价的能力
◆购买者讨价还价的能力
◆替代品的替代能力
◆行业内竞争者现在的竞争能力

这五种基本竞争力量的状况及其综合强度，决定了行业的竞争激烈程度。潜在竞争者进入障碍主要包括资本需要、政府行为与政策、销售渠道分配。有些行业准入门槛较低，另外一些行业准入门槛较高。我们就航空业和餐饮业对照来说明这一点，简单列出进入航空业需要几点要素，大量的资本、相关政策支持、销售渠道开拓的花费等；另一方面，餐饮业入行较容易，进入餐饮业仅需要场地、理念还有人们愿意购买的美味佳肴。在其他条件相同的情况下，有障碍进入的行业具有更强投资吸引力。但是，事实上，一个很难进入的行业本身也不是最好的投资对象。

波特五力模型第二竞争要素是供应商讨价还价的能力。讨价还价能力的主要决定因素是：供方一体化、产品转换成本及相互竞争替代品的寻找。在考察供货商时，需考虑供货商所有的生产要素。从竞争要素考虑，民航业也不具有吸引力，飞机制造商只有为数不多的波音和空中客车可供选择。在民航业，存在典型的供货商比购买商更具备讨价还价能力。结合以上事实，再考虑到航空业的公司雇员（飞行员、技师、乘务员）是一体化的，并且对于航空公司而言没有替代品，我们认为民航业供应商具备强大的讨价还价的能力。

波特五力模型第三竞争要素是购买者讨价还价的能力。购买者的总数较少，而每个购买者的购买量较大，购买者所购买的基本上是一种标准化产品，并可以向多个卖主购买产品。在此情况下，购买者有能力实现后向一体化，而卖主不可能实现前向一体化。民航业在以上层面显然不具吸引力。影响顾客选择航空公司的最大因素就是价格，因此价格是民航业竞争的利器。从本质上看，航空公司的定价必须让竞争对手哑口无言。随着近年旅游网站，如携程网的激增，这个问题趋于白热化，顾客可以在网上购买基础价格机票。航空公司设计了有关忠诚度的项目为乘客量身定做不同的产品，为老顾客提供升级和优惠服务。这些措施使得经常出差的商务旅客对航空公司忠诚度比较高。由此，进一步的议价能力倒向了买家。

波特五力模型第四竞争要素是替代品的替代能力。源于不同行业具备相同作用的另外一种产品或服务被称为替代品。民航业也存在不同替代品，比如火车旅行、公车出行、家用汽车，不过民航业没有实质上的替代。几年前，人们声称视频会议将会大大地减少商务出行。虽经大量的推广、技术提高、增加的航空安全事故以及近几年经济的不景气，视频会议还是没有侵蚀到民航业商务出行市场。

波特五力模型最后一个竞争要素，是行业内现有竞争者的竞争。竞争部分源于企业增长、行业进入障碍和当前行业集中程度的相互作用。如果

第4章 选择公司的策略：经济分析、行业分析和筛选

行业增长缓慢，那么竞争加剧，也就是说，市场趋于成熟，竞争加剧。行业进入障碍较高的，专业化程度要求较高的行业，易导致竞争加剧。大量规模相似的竞争者存在导致竞争加剧，也就是说没有一个公司被认为是行业龙头。民航业众多的竞争者导致了价格战，削弱了后续竞争者的参与。

但是，尽管这些行业表现不景气，也不意味着投资这些行业的企业是不明智的，这些行业有可能创造一个长期的稳定的商业模式。为了在竞争中提升竞争力，企业必须采取一个明确的竞争策略，如成本领先战略或产品差异化服务战略，例如西南航空公司多年采取低成本战略获利。西南航空公司的成功使其进入很多城市民航市场，并在价格上击败了行业中薄弱的企业，本质上，西南航空是民航业中的"沃尔玛"。然而，随着西南航空公司进入新市场和开拓新航线，这个策略是否能持续获得成功仍有待观察，目前状况也未必能诱使投资者相信此策略会在未来市场获得成功。类似的案例，比如，捷蓝航空公司意识到西南航空的成功商业模式并效仿运用。

五力竞争要素不能简单地罗列成一张数量表，而明智的投资者会量化五力要素中的具体细节。比如，人们可以通过专有生产要素提供者的市场占有率来判断供应商的能力（在航空服务业，看波音和空中客车的市场占有份额）。另一方面，我们也可以以某些航空公司的市场渗透率来评估竞争者的实力。波特分析不仅仅是一个量化表。

大部分权威人士认为巴菲特在他杰出投资生涯中几乎没犯错误。然而，巴菲特自己承认美国航空公司的并购案是失败的案例。在他2008年写给伯克希尔-哈撒韦公司股东的周年信中，巴菲特提到"想想航空公司"，从怀特兄弟时代起，航空公司的持续竞争力已经开始让人怀疑。实际上，一个有远见的资本家当时如果有机会登上小鹰号，为了他的后继者们好，他们应该毫不犹豫地把1903年首次试飞飞机的怀特·奥威尔打下飞机。茨威格杰森2003年也谈到航空业已不具备投资价值了，其在2003年就评论说，人们普遍认为，整个民航业历史的高利润阶段已经成

为历史。

行业生命周期

　　行业生命周期分析不同于商业周期的讨论，行业生命周期指的是对一个行业生命历经时间的活跃度分析，是从动态的角度对一个行业生命的分析。投资者可以明确了解一个特定行业不同发展阶段所具有的特征。行业生命周期研究可以使投资者对一个行业和一个目标企业整体情况和发展趋势进行分析。

　　行业的生命周期理论假设行业从出现到完全退出社会经济活动要经历四个发展阶段：幼稚期、成长期、成熟期、衰退期。

　　幼稚期是行业起步期，主要是建立产品市场，主要特点是风险投资融资高，失败率高。在创业阶段的行业一般不赚钱，因为它们都是大量投资，本质上，当然也带有相当的投机成分。此时，投资者常常对于刚起步新兴的行业及其公司持过于乐观的态度。20世纪90年代末的互联网热潮就是一个最好的行业幼稚期的例子。由于对电子商务模式增长预期的猖獗投机行为，大量科技互联网公司投资失败。当时许多投资者看好互联网公司，买家投机使得纳斯达克指数飙升。从长远来看，事实证明，只有一小部分公司的商业模式是可行的，随着行业投资者分出胜负，大部分投资者损失巨大。

　　在行业成长期，企业已经建立了产品或服务的市场，并得到认可。在消费者甚至还没有意识他们所需要的产品时，许多成长性行业已经成功地为他们创造出了所需要产品市场。这个阶段的特点是增加现有的产品或技术的应用。目前处在行业成长期的一个例子是全球定位系统产业及其催生的所有应用产业。GPS技术已经应用于汽车、户外、健身、海运和航空等领域。全球定位技术正在取代消费者对自然地图和书面文字指示的需要，而且已成为许多产品（例如汽车）的收费标准。在成长期，企业往往能够享受较大的利润空间，因为潜在的竞争对手需要时间来扩容提升产能，参与一个蓬勃发展的新兴行业，潜在的竞争者要参与一个蓬勃发展新兴行业并得到提升是需要很长时间的。成长型股票投资者通常会寻找处在行业成长期的公司，并进行投资。

行业生命周期的第三阶段是成熟期。总体上，成熟期行业的增长率与整体经济的增长率大体相当。行业在成熟期的产品或服务对消费者来说已经稳定。行业成熟期的例子有客运航空业、汽车工业和食品服务业。行业成熟阶段的企业成长率明显高于整个行业。行业生命周期看的是行业内企业聚集程度而不是看各个企业发展情况。这种情况下，企业有两种典型的发展方式。首先，企业可以获得更多的市场份额以牺牲其他的竞争对手。例如，处于成熟期的航空客运业，捷蓝这样一个相对较新进入航空客运业的公司，已经越来越多地分享了这一行业内的市场份额。其次，企业可以通过合并或收购行业内的其他公司，来获得市场份额。

行业生命周期的最后阶段是衰退期。对行业整体产品和服务的实际需求呈下降趋势。行业内的企业为越来越小市场份额而进行激烈竞争，而此时行业利润趋于下滑。一些参与者选择退出行业。更重要的是，一个行业处于衰退期，并不意味着该行业中没有潜在的非常好的投资机会。事实上，这可能就是反向操作的价值投资者寻找被低估值公司的好机会。日报行业是许多市场观察人士认为处在衰退期的一个行业，而巴菲特认定日报行业有投资机会，伯克希尔-哈撒韦公司购买了《奥马哈世界先驱报》的出版商奥马哈世界先驱公司。顺便提一句，《奥马哈世界先驱报》是巴菲特的家乡内布拉斯加州奥马哈的主要报纸。

可持续的竞争优势和经济护城河

是什么使得一个公司拥有能经得起时间考验的商业模型呢？有护城河保护的经济城堡，这是对一个公司具有竞争优势及评估其竞争优势持久性的描述方式。

晨星采用了"经济护城河"的概念，并把它们分为五大类：低成本生产商、转换成本、网络效应、有效规模、无形资产。

如前所述，在零售业，沃尔玛已采纳了低成本的生产战略，并建立了一个相当宽泛的经济护城河，使自己在美国巨大零售业市场份额中占领了令人吃惊的超过10%的市场份额。然而，与2009年沃尔玛美国零售市场占比13.9%相比，在2010年，沃尔玛的美国零售市场份额却下滑至13.4%。一些分析人士认为，这是一个信号，沃尔玛经济护城河正在被其他竞争对手破坏，主要源于不断变化电子商务的冲击。只是，一些观察人士认为，沃尔玛经济护城河的耐久性受到挑战这一事实，应该成为投资者的一个警告，假设一个企业商业模式可以永久存在，那也是时刻充满危险的。

企业可以通过提高转换成本来保障享受经济护城河带来的好处。转换成本是指客户要更换产品服务会一次性遭受诸多不便，还要承担很高的转换费用。通常，转换成本涉及的不仅是金钱上的费用，而且客户还要耗费一定的时间和精力才能完成转换服务。手机公司的定价模型，就是通过提高转换成本使得客户更换运营商极其困难，来保障客户与公司的业务，捆绑产品及捆绑服务以保护经济护城河及拓宽护城河。

公司的网络效应可以起到拓宽加深经济护城河的作用。随着客户数量的增加，企业产品或服务的价值也逐渐由于网络效应的作用而不断放大。联邦快递公司就是一家典型网络效应突出的公司。遍布全世界的客户选择联邦快递，因此，这家公司在世界更广范围开展了业务，同时不断提升业务服务水平。当然还有很多其他海运公司，但即使在这种情况下，联邦快递还是可以利用其网络效应，不断拓展其护城河的作用。

有效规模就是现有的生产商以有效形式阻止潜在竞争者进入有限市场的状况。这种情况包括寡头垄断经营，也就是为数不多的几家大公司垄断市场经营，如石油管道和航空业。

经济护城河的最后一种类型是指企业拥有的无形资产。这些无形资产阻止其他公司复制其特定产品或服务。无形资产在药品行业可能以药物专利的形式存在，在消费品行业以品牌形式出现。在 CFA 全球投资研究挑战活动中，沃伦·巴菲特向内布拉斯加大学奥马哈分校的大学生说道，他相信可口可乐是世界上最强大的品牌。可口可乐公司不仅凭借其产品，而且通过其形象销售，已经建造了自己的经济护城河。可口可乐实体店面和可口可乐纪念品市场的稳健发展，增强了可口可乐品牌的效应。消费者愿意购买宣传可口可乐品牌的商品（衬衫、迹象、帽子和其他用具），这就证明可口可乐品牌的经济护城河是在不断拓宽。虽然似乎软饮料行业仅基于产品容易出现竞争，但是可口可乐品牌形象所打造的经济护城河，竞争对手是很难渗透的。

有趣的是，一些分析师质疑沃伦·巴菲特的伯克希尔-哈撒韦公司的经济护城河的宽度，认为该公司价值主要是基于巴菲特而产生的。巴菲特认识到这一问题，最近开始明确伯克希尔的继承人计划，巴菲特指明他的儿子霍华德作为他的接班人，同时，雇佣托德康布斯和泰德韦斯切勒管理有价证券组合的一部分。

公司分析以及自下而上的筛选

自下而上的价值投资的主导风格依赖于某些基本的财务比率。价值投资者通过两方面财务比率对照来获得相对的低估值或高估值的概念，一方面是通过时间跨度来对比财务比率；另一方面是通过公司之间以及行业之间来对照财务比率。在下一章，我们将对一个公司的财务进行更全面的分析，包括各种比率分析。在本书的应用部分，我们也将提出更多的筛选技术。你可以看到，根据你感兴趣的公司因素，可以选出各种比率，从战略上来缩小公司的数量，对公司做出进一步的分析和评估。现在，我们将重点研究一些价值投资者常用的普通比率。

股本回报率

股本回报率（ROE，亦称净资产收益率）是股东股权（股东对公司的累积投资）税后的净收入。股本回报率（净资产收益率）的计算方法是：

$$股本回报率 = 净收入 / 股东股权$$

股本回报率是衡量股东投资公司盈利能力的指标。当然，高股本回报率要优于低股本回报率。从历史上看，超过10%的股本回报率通常被认为是理想的投资。超过10%的股本回报率意味着股东每累积投资该公司100美元，就可获得10美元的利润。像许多其他比率一样，股本回报率在不同行业和行业商业周期的各个阶段可能会有很大的不同。能够产生并维持高净资产收益的公司会获得投资人的溢价投资。投资者会溢价投资那些能够产生并维持高净资产收益的公司。

长期负债与总资本比率

长期负债与总资本比率是用公司的长期债务除以由长期负债、优先股和普通股组成的总资本来计算的：

长期负债与总资本比率 =（长期负债）/（长期负债+优先股+普通股）

长期负债与总资本比率表明公司财务杠杆水平。行业间的长期负债与总资本比率差异很大。一般情况下，价值投资者本质上具有保守的特点，青睐财务上使用低杠杆的公司，因为这些公司可能有未开发的借贷能力，在财务上具有更大的灵活性。

市盈率

市盈率（或P/E）是用当前股票价格除以该公司每股的净收益。

$$市盈率 = 每股市场价格 / 每股收益$$

该比率的分子，每股市场价格就是股票当前的市场价格。市盈率可以根据当前年度的每股盈利或明年的每股预期收益来计算。通常，由于股票价格在很

第4章 选择公司的策略：经济分析、行业分析和筛选

大程度上是基于投资者对股票未来盈利的预期，因此需要计算预期市盈率。较高的市盈率意味着投资者为每股净收入要支付更多的钱。市盈率的另一个解释是按股票目前的盈利水平，投资者需要多少年才能收回购买股票的投资。

通常情况下，高市盈率的股票相较于低市盈率的股票具有较高的增长预期。从本质上说，投资者之所以愿意以较高的溢价购买当前盈力水平的股票，是希望未来能够获得大幅度的收益。价值投资者一般青睐较低市盈率的公司，因为他们认为这样就不会冒未来公司的增长前景无法实现时失望的风险。当然，不能仅凭相对较低的市盈率就认为公司价值被低估了，公司股票市盈率低，可能是因为投资者对该股票未来收益持有的悲观态度造成的。

市盈率随时间和行业的不同大不相同。市场情绪整体乐观时，可能会出现股票市盈率非常高的情况，因为此时，投资者为公司的未来增长前景支付了高溢价。然而，当市场整体盈利大幅下降时，也会出现市盈率非常高的情况。在21世纪初，标普500指数市盈率达到一个历史高点46.5，在很大程度上是由于盈利的下降（见图4-6）。过去100年间，股票平均市盈率大约为15。成长型行业中的公司市盈率通常要高于成熟行业中的公司市盈率。

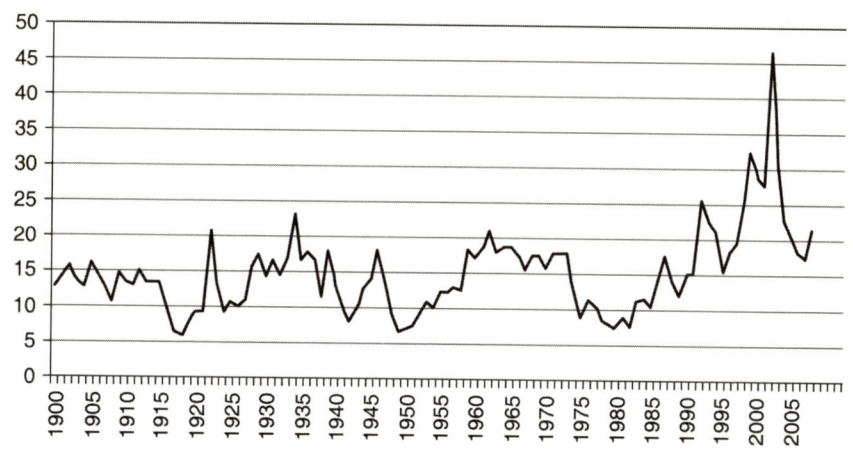

来源：席勒

图4-6 标普500历史市盈率

市账率

市账率是价值投资者用来了解公司相对市场估值的另一种比率。每股账面价值是公司所有资产的资产负债表价值除以流通股票的数量。

$$市账率 = 每股市价/每股账面价值$$

账面价值被作为公司净资产的资产负债表价值（负债资产净额）来计算。虽然一些资产，如投资被以公平市价列出，但大多数资产是以扣除某些折旧或价值调整的历史成本列在资产负债表上的。账面价值不包括各种无形资产的价值，如品牌和知识产权，但它可能包括它们的获取成本。账面价值在某些行业比在其他行业更有意义。通常，账面价值在银行业比在服务业更具适用性。

与对市盈率的观点相似，价值投资者一般更喜欢以较低市账率销售的公司。

筛选

筛选是根据高盈利能力和相对低估值等因素把一个大量潜在股票投资的数据库缩减为一个较窄的公司名单的过程。筛选可以用流行的数据服务如彭博、晨星、标普数据库、路透社，或股票投资者来进行。数据可以在实时在线或定期订阅服务中找到。某些筛选程序比其他的更好些。许多在线筛选程序只允许筛选有限比率子集最近一年的数据，而其他数据库允许根据各种比率对以往的数据进行筛选。

> **筛选实例**
>
> 为了说明一个筛选过程，我们将使用股票投资者数据库，该数据库包括市场指南的基本数据和机构经纪商估测系统 I/B/E/S 的盈利预测。数据见表4-3，旨在找到过去5年来有稳定的高净资产收益率，债务资本低于30%，且市盈率小于或等于15的股票。

表4-3 一个截至2011年12月22日价值投资筛选程序的例子

公司名称	市盈率	长期负债与总资本比率	股本回报率1	股本回报率2	股本回报率3	股本回报率4	股本回报率5
领先汽车配件公司	14.3	22.5	29.7	22.8	22.6	23.2	23.7
安泰保险	8.6	26.0	18.2	14.4	15.2	19.1	17.6
雪佛龙公司	7.5	9.7	19.3	11.7	29.2	25.6	26.0
哈门那公司	10.8	19.4	17.3	20.3	15.3	23.5	17.5
英特尔公司	10.1	4.0	25.2	10.8	12.9	17.5	13.8
美泰公司	13.8	26.5	26.2	22.5	17.0	25.1	26.1
微软公司	9.5	17.3	44.8	43.8	38.4	52.5	39.5
墨菲石油公司	9.9	10.3	10.3	12.3	30.7	16.7	17.0
力拓	5.8	18.6	27.9	15.1	16.2	34.0	44.8

此外，为保证时效性，每个公司的价值线排名必须为"1"。在这个例子中，为了进一步分析和估价，我们想找出持续盈利、具有较低的财务风险，并以相对于收益合理的价格销售的公司。通过把筛选限制在价值线排名最高的公司，我们已经包含了价值线分析师对这些公司相对于其行业同行和当前经济环境的评价。注意，这只是价值筛选的一个例子，其他例子可能包括其他因素和估值比率。

符合四个标准股票：

1. 价值线及时排名为"1"

2. 过去5年中，每年的净资产收益率≥10%

3. 长期债务与资本总额比率≤30%

4. 市盈率≤15

表4-3给出了符合我们所有筛选标准的公司。需要注意的是，在我们的筛选中我们没有指定任何行业标准，我们的目标是找到那些具有所需特性的公司，不论它属于什么行业。但我们考虑了相对于行业，同行公司价值线是如何看待公司的。筛选也可以用于自上而下的分析，以期在选定的行业中找到符合特定的基本标准的公司。

结 论

　　价值投资者进行股票分析的方法有很多。例如,他可能是一个公司产品的消费者,或可能读过公司最近的收益报告。这些情况下可能不足以确定所有潜在的投资机会和创建一个多样化的投资组合(然而,对于识别某些机会,它们确实有价值)。战略价值投资者需要一个严格的方法,把无数的投资机会缩小为一个供进一步分析和估值的子集。这里描述的两种方法,自上而下的分析和自下而上的分析,都是有用的、严格的。无论选择哪个的方法,重要的是分析包括整体经济、行业和公司因素。

第 5 章　公司分析

在商业世界里，后视镜总比挡风玻璃更清晰。

——沃伦·巴菲特

在上一章，我们讨论了两种选择公司的战略方法，用于进一步分析和评估公司。你是选择了自上而下还是自下而上的方法，在这个过程中一个关键的步骤是对这个公司的信息充分掌握。你需要了解业务和利润是如何产生的。你需要知道在业务运营中如何有效地管理公司，并且掌握如何有效地将公司会计利润转化为现金流。你还需要关注公司是如何向前维持经营，即是否能维持当前水平的经营活动，并且能否承担当前和未来的债务。本章着重分析一家公司的财务报表和其他报表信息，以此来评估以上所有这些临界点。在这个过程中，我们将向你展示如何在同行之间通过分析，有效地进行公司财务业绩和财务状况的比较。在缩小备选公司范围的数据库筛选中，比率通常是一个有效的分析工具，在这一章我们将做详细分析。

了解公司财务状况

公开上市交易的公司要提供财务报告，以便投资者评估管理层运营公司的状况。如果你是一个非公开上市公司且具有重要所有权地位的私人投资者，你也可以迫使该公司提供这样的财务报表（被适宜的会计事务所审计）。这些报表的初始用途是评价该公司的财务业绩和财务状况。财务状况有多个维度，但最主要的两个财务报表聚焦于损益表和现金流量表。另一方面，也可以通过资产负债表（有时也被称为财务状态或财务状况表）评估财务状况。

了解损益表

损益表也被称为利润表、经营情况表、盈亏账目表或者其他类似的名称。损益表显示了公司销售商品给顾客/客户所发生的收益和费用。表5-1显示了沃尔玛近期的损益表，除了管理者通常提供给的经典内容，我们还另外添加了附加信息。

第一列、第二列和第五列是管理者提供的损益表内容。大多数损益表提供近三年的财务数据，这样你就可以通过年度之间的数据，比较公司在不同的年度是如何运行的。为方便起见，我们将使用两个年度的数据。但是，我们将提供额外的一列，使得年度之间的对比数据更直观。例如，从管理者提供的初始损益表的原始数据可以看到：沃尔玛公司的收入已经从4050亿美元增加到4190亿美元，也就是说沃尔玛比上一年同期售出更多商品给顾客；同时我们也注意到，净收益（或利润）从144亿美元增加到164亿美元，说明沃尔玛比上一年同期产生的利润更高。但是，在它们的经营业务中，到底有多少利润的增加是由于直接销售更多的商品、控制成本抑或实现规模经济？

为了真正评估公司在创造利润方面的能力，我们需要排除"大小"这一因素。我们可以通过两种不同的途径计算每个损益表项目收入的同年度比例（分析师称之为垂直分析法），或者计算每个项目的同比变化（分析师称之为水平分析法）。让我们看看最近一个会计年度和其他会计年度的净利润占收入的比例（我们称之为净利润率）。截止到2011年1月31日这一会计年度，净利润率是3.9%。公司产生3.9%

的利润率表明，每100美元收入产生3.9美元的利润。净利润率越高，公司通过控制成本或实现规模经济的盈利能力就更好。前一年度净利润率为3.5%，所以沃尔玛在之后的年度做得更加出色，获得了更多利润，这不仅仅是通过增加产品的销售数量，还通过控制成本和从每100美元销售收入中创造更多利润。在沃尔玛折扣零售业务出了名的低利润率和行业经营处在一个非常困难的经济时期这一前提下，这是一个非常不错的收益。

同一个维度的另一种方法是检验收入与利润的同比变化。收入同比增长3.4%（4190亿美元对比4050亿美元），而净利润增长14.1%。以上事实告诉我们从一个不同的角度也证明了，沃尔玛利润增加远远超过了收入增加。你不需要用两种方法进行分析，因为每一种分析都会告诉你同样的事实。垂直分析通常足以判断发生了什么，通常能为你估算出公司的管理层讨论与分析（简称MD&A）部门，提供的财务报表以及所有变动的解释。管理层讨论与分析是你进行分析的起始。同比变化分析是有益的，但是，需要综合损益表与资产负债表的信息，我们将在接下来进一步讨论。

我们不希望停留在这一步，让我们看看底线（净利润），因为我们想了解增加利润率的动力所在。我们想要评估这是否会重复。我们可以通过仔细观察普通损益表中各列费用和小计，从而达到分析目的。

我们也应该花点时间考虑是什么原因导致了收入的增加。是公司在每个商店卖出更多的货物，还是它们开放更多的商店抑或涉及其他因素？管理层讨论与分析部门指出，美国门店销售额实际同比下降；换句话说，商店的收入实际上已经连续两年下降0.6%。增加的大部分收入来自开新店。事实上，该公司每平方米的存储空间较上年同期增加了3.4%。与美国其他商店类似，沃尔玛门店收入也下降，但是非美国本土沃尔玛门店的销售在有利汇率的影响下将这一下降抵消。

表 5-1 沃尔玛损益表（美元；金额数以百万计）

	截至 2011年1月31日	收益比率	同比变化	截至 2010年1月31日	收益比率
收入	418952	99.3%	3.4%	405132	99.3%
主营业务收入	2897	0.7%	(1.9%)	2953	0.7%
其他业务收入	421849	100.0%	3.4%	408085	100.0%
销售成本	315287	74.7%	3.6%	304444	74.6%
总利润	106562	25.3%	2.8%	103641	25.4%
销售及管理费用	81020	19.2%	1.7%	79639	19.5%
营业利润	25542	6.1%	6.4%	24002	5.9%
净利息费用	2004	0.5%	6.4%	1884	0.5%
税前净利润	23538	5.6%	6.4%	22118	5.4%
预提所得税	7579	1.8%	5.9%	7156	1.8%
持续经营收入	15959	3.8%	6.7%	14962	3.7%
未来终止经营业务收入	1034	0.2%	(1408.9%)	(79)	0.0%
综合净收入	16993	4.0%	14.2%	14883	3.6%
减去：非控制性权益收入	(604)	(0.1%)	17.7%	(513)	(0.1%)
沃尔玛净利	16389	3.9%	14.1%	14370	3.5%

现在让我们回过头来关注成本和利润。沃尔玛的销售成本占收入的比例从74.6%上升到了74.7%，这意味着该公司实际上涨价格比过去少。由于沃尔玛的毛利率略有下降，从25.4%下降至25.3%。这有些令人担忧，同时也不能帮助解释公司净利润率增加的原因。

让我们看一下沃尔玛的销售和管理费用。这些代表除了商品购买成本之外的费用，从字面上理解包括以下项目：为了销售零售商品所耗用的如租金费用、商店员工的工资费用、保险和零售商店的折旧项目。在此情况下，销售和管理费用占收入的比例从19.5%下降到19.2%，是显著减少的。你可能会挑剔，我们运用显著下滑的比例来描述这种震荡下降。请记住，这是下降收入的0.3%，而现在的收入是4190亿美元，代表着成本节约13亿美元！我们能非常好地解释利润率增加的原因。这种节省来自哪里呢？沃尔玛管理层讨论与分析部门提供的年度报告给出了解释。管理层指出，节省的费用来自公司组织结构在去年两方面变化的结果，即更高的劳动生产率和更低的员工奖励。虽然在降低成本方面这是有利的，但这同时也告诉我们，在未来这个费用不太可能会下降，甚至这些费用有可能会增加。

请注意，净利息支出和税收在收入中的比例，年度之间并没有多少改变。常见的共同比分析中允许你专注于重要的变化，同时你可以选择花更多时间进行探索分析。让我们转移注意力到已经停止经营的收入，这一部分在今年是正数，而去年是负数。此类项目代表公司退出特定范围业务。会计准则要求公司单独报告此类经营业务，你很清楚这在未来不见得会发生。数量报告包含的内容有：此项业务最后运营的结果以及出售或者关闭该业务部门的收益或损失。就沃尔玛的情况而言，你必须对这些项目做一些进一步的调查。管理层不会在其管理层讨论与分析部门讨论的主体部分进行声明，所以你需要从详细脚注的财务报表中得到以上内容。你会发现在最近财政年度的利润，实际上涉及2007年德国出售公司的业务。2011年的利润结合当年美国国税局的会计处理，凭借出售先前德国公司的操作可以减少亏损。虽然税收优惠是有利的，它显然不会在未来几年重复，而实际上是由于之前已实现的亏损所造成的。

因此，简而言之，公司的利润率从 3.5% 增加到 3.9%，主要是由于减少工资成本包括奖励和一次性税收优惠。如果我们退回至 2010 年停止营运业务而获得一次性税收优惠，利润将更加温和地增长，从 3.7% 至 3.8%。其余的降低工资和激励成本抵消了略高的销售成本。管理层似乎已经做了足够优秀的工作来控制成本。

专栏 5-1　应用：比较公司的盈利能力

共同比分析不仅在检验一个公司随时间变化的盈利能力时是有效的，在公司之间对比也很有效。数据表 5-2 中提供了沃尔玛和塔吉特公司的共同比分析。

表 5-2　沃尔玛和塔吉特公司共同比分析表

	沃尔玛 截至 2011 年 1 月 31 日	塔吉特 截至 2011 年 1 月 29 日
毛利率	25.3%	32.1%
营业毛利率	6.1%	7.8%
净利润率	3.9%	4.3%

在所有以上三个盈利能力目标的衡量中，塔吉特公司的目标执行得更好。该公司相较于沃尔玛取得了更高的毛利率，这表明塔吉特公司相较于沃尔玛能更多地标高价格。这并不值得大惊小怪，因为沃尔玛的业绩包括沃尔玛山姆会员运营成果，同时沃尔玛以廉价吸引顾客的美誉著称。同样，塔吉特的营业毛利率和净利润率也更高。从价值投资者的角度来看，这肯定不是全貌。高盈利能力，并不意味着一个更有利可图的投资。我们必须考虑其他因素，比如如何有效利用杠杆作用为公司股东创造利润（我们将在本章后半部分介绍），以及每个公司股票的相对估值。

理解现金流量表

利润是不错,但你无法支付给供应商、员工、债权人,或者所有者的红利,因为你需要货真价实的现金,那么另一个重要的角度,是观察该公司如何将会计利润转化为现金流。表5-3展示了沃尔玛的现金流量表。

现金流量表分为三个部分:

1. 经营活动现金流,也称营运现金流,是公司运营产生的相关项目,包括收集自顾客的现金收入、支付给雇主和供应商的现金支出、运营费用的现金支出以及其他相关项目等。

2. 投资活动现金流是为公司未来经营做准备的项目,包括购买长期使用设备的现金支出、公司收购的现金支出,或者支付其他长期投资的现金流,抑或出售此类项目的收入现金流。

3. 融资活动现金流是与公司现金收支有关的融资项目,包括发行或回购自己的股票所收到或者付出的现金收支、取得或者解除债务产生的现金流入流出,等等。

在国际上,会计准则各不相同,但通常,利息包含在经营部分,而分红都包含在融资部分。请注意,公司投资和融资部分显示的是实际现金流的收支,它们很容易理解。营运部门需要做出抉择的。大多数公司像沃尔玛一样提出该部分内容:它们从净收益开始,并进行调整,到达营运现金流(我们已经单独的添加了一类收入,目的是计算共同比率,并对单一项目进行了集中调整)。

表5-3 沃尔玛现金流量表（美元：金额数以百万计）

	截至 2011年1月31日	收益比率	截至 2010年1月31日	收益比率
收入（来自损益表）	418952	100.0%	405132	100.0%
经营活动产生的现金流				
合并净收入	16993	4.1%	14883	3.7%
来自终止经营业务亏损（收益）	(1034)	(0.2%)	79	0.0%
营业收益	15959	3.8%	14962	3.7%
将经营活动提供的净收入调整为净现流	7684	1.8%	11287	2.8%
经营活动产生的现金流净额	23643	5.6%	26249	6.5%
投资活动产生的现金流				
固定资产支出	(12699)	(3.0%)	(12184)	(3.0%)
固定资产清理	489	0.1%	1002	0.2%
投资和企业并购，净现金并购	(202)	0.0%	0	0.0%
其他投资活动	219	0.1%	(438)	(0.1%)
投资活动产生的现金流净额	(12193)	(2.9%)	(11620)	(2.9%)

融资活动产生的现金流				
短期借款净变动	503	0.1%	(1033)	(0.3%)
发行长期债券收益	11396	2.7%	5546	1.4%
长期债务支付	(4080)	(1.0%)	(6033)	(1.5%)
已付股利	(4437)	(1.1%)	(4217)	(1.0%)
购买公司股票	(14776)	(3.5%)	(7276)	(1.8%)
已赎回的非控股权益	0	0.0%	(436)	(0.1%)
支付资本租赁义务	(363)	(0.1%)	(346)	(0.1%)
其他筹资活动	(271)	(0.1%)	(396)	(0.1%)
用于融资活动的现金流净额	(12028)	(2.9%)	(14191)	(3.5%)
汇率对现金及等价物的影响	66	0.0%	194	0.0%
现金及现金等价物净增加额	(512)	(0.1%)	632	0.2%
年初现金及等价物	7907		7275	
年末现金及等价物	7395		7907	

我们没必要评价现金流量表的每一行内容，虽然有时对于投资和融资部分是有益的。当然，通常最好的选择是始于整体情况。什么是公司现金流的主要来源：经营、投资或融资活动。在理想的情况下，对于一个成熟的公司，你将会看到大多数来自经营活动的现金流，同时，该公司使用这些现金流，对未来投资（投资部分），并返回给资本投资者和债权人（融资部分）。这正是你研究沃尔玛的现金流量表时所看到的。沃尔玛从经营活动产生约250亿美元的现金流，并且在未来投资支出中花费大约一半，另一半有效地偿还投资者和债权人。

相对较新的或快速增长的公司，你可以看到公司经营是使用现金而不是生成现金。在这种情况下，它们可能会从投资者和债权人当中筹集资金以弥补现金流出。如果你要投资这样的公司，你需要相信它将在未来好转。许多价值投资者更喜欢选择以上公司，它们已经把这一困境解决，并产生足够维持自己营运的现金流。

检验净利润与营运现金流之间的关系，在营运部分也是有帮助的。在理想情况下，你希望看到营运现金流高于净利润。事实上，从长期来看，营运现金流应该超过净收入，这是由于非现金费用像折旧设备（记住现金支付设备属于投资部分）的存在。然而，在某一特定年份，营运现金流可以小于或大于净利润。举例来说，如果公司赊销商品给客户，公司将产生净收益，但当期从这些销售中没有现金流入。然而，如果你看到经营期现金流始终低于净收益，这时要更密切地关注细节就是必要的，说明该公司有可能仅仅处在一个增长阶段，也有可能是有来自客户的麻烦。

你可以更详细地检查投资部分，来确定公司投资的方向。在沃尔玛的案例中，因为它们开新店，绝大多数的财产和设备投资就是方向。一个比较小的金额用于公司收购。稍后我们将会看到，价值投资者的一个重要概念是净现金流，到底公司的运营可以获得多少现金用以支付给股东。一个简单的净现金流测度（我们将在第8章更广泛地讨论这一概念）是营业收入减去资本支出（购买房产和设备）。价值投资者希望看到公司产生净现金流，因为这样就表明，公司可以通过营运资金实现自身的增长，同时提给股东剩余的现金。这就是一个好的迹象，管理者避免不明智的投资，选择把多余的现金以分红或股票回购的形式返还给股东。以沃尔玛为例,该公司产生约110亿美元的净现金流。

最后,通过检验筹资现金流部分,我们可以看该公司在净现金流的花费情况。沃尔玛在多余的现金流的花费大部分集中于返回资金给股东,通过分红和在公开市场上回购自己股票的形式。对于价值投资者而言这是一个好的迹象:投资者通过股息收到现金流,公司可能会认为自己的股票被低估了。有趣的是,该公司还是一个净借款人。这是因为新发行债务超过已偿还债务,现金用以补充回购股票的净现金流。这很可能因为低利率环境。管理层认为,相较于成本他们这笔借入资金可以挣更多的钱,我们应该期待看到资产负债表上的债务比率也会有所增加。

简而言之,沃尔玛的现金流量表是一个价值投资者喜欢的类型。当然,我们仍然需要看股票价格在一个有吸引力的水平,它有可能是由于特殊的现金流原因,股票溢价出售。

理解资产负债表

公司的资产负债表显示一个特定时间点的财务状况,它列出了公司的资产(资源),如现金、赊销给客户的应收账款、存货、投资、财产、设备和无形资产(比如专利)。资产负债表也显示谁有权利要求得到公司的资源。有两种基本类型的权利:负债和所有者权益。股票代表所有者的权利:普通股股东,优先股股东和类似的投资者。负债是其他所有者的权利:供应商、银行、债券持有人和其他债权人。表5-4展示了沃尔玛的资产负债表。

在分析资产负债表时你需要寻找的主要项目是公司的流动性和偿付能力。流动性是公司偿付短期债务的能力,而偿债能力是公司偿付长期债务的能力。流动性可以通过公司的流动资产(那些预计将用尽,或在一年内转化为现金)和流动负债(债务需要满足一年期以内)之间的关系来测量。沃尔玛的流动资产少于流动负债。这对一些公司而言会带来很多麻烦,但在沃尔玛的案例中我们看到其非凡的经营性现金流。从本质上说,除了在资产负债表上的流动资产,沃尔玛有很强的盈利能力,因此该公司不太可能无法偿付当前债务。

表 5-4 沃尔玛资产负债表（美元：金额数以百万计）

资产	截至 2011年1月31日	资产比率	同比变化	截至 2010年1月31日	资产比率
流动资产					
现金	7395	4.1%	(6.48%)	7907	4.6%
应收账款	5089	2.8%	22.80%	4144	2.4%
存货	36318	20.1%	11.02%	32713	19.2%
预付账款及其他	2960	1.6%	(5.37%)	3128	1.8%
来自终止经营业务流动资产	131	0.1%	(6.43%)	140	0.1%
流动资产总额	51893	28.7%	8.04%	48032	28.2%
固定资产	148584	82.2%	7.79%	137848	80.9%
减：累计折旧	(43486)	(24.1%)	13.53%	(38304)	(22.5%)
融资租赁资产	5905	3.3%	4.16%	5669	3.3%
减：累计折旧	(3125)	(1.7%)	7.54%	(2906)	(1.7%)
商誉	16763	9.3%	3.95%	16126	9.5%
其他资产和递延费用	4129	2.3%	4.74%	3942	2.3%
资产总额	180663	100.0%	6.02%	170407	100.0%
流动负债					

项目					
短期借款	1031	0.6%	97.13%	523	0.3%
应付账款	33557	18.6%	10.20%	30451	17.9%
应计负债	18701	10.4%	(0.18%)	18734	11.0%
应付所得税/递延所得税负债	157	0.1%	(88.34%)	1347	0.8%
一年内到期长期负债	4655	2.6%	14.94%	4050	2.4%
一年内到期的租赁负债	336	0.2%	(2.89%)	346	0.2%
来自终止经营业务流动负债	47	0.0%	(48.91%)	92	0.1%
流动负债总额	58484	32.4%	5.29%	55543	32.6%
长期借款	40692	22.5%	22.45%	33231	19.5%
融资租赁长期负债	3150	1.7%	(0.63%)	3170	1.9%
递延所得税	6682	3.7%	21.31%	5508	3.2%
可赎回非控制性权益	408	0.2%	32.90%	307	0.2%
负债总额	109416	60.6%	11.92%	97759	57.4%
所有者权益					
普通股	3929	2.2%	(6.03%)	4181	2.5%
留存收益	63967	35.4%	(3.60%)	66357	38.9%
累积其它综合（亏损）收益	646	0.4%	(1022.86%)	(70)	0.0%
非控制性权益	2705	1.5%	24.08%	2180	1.3%
负债和权益总额	180663	100.0%	6.02%	170407	100.0%

在数量总额和占总资产比例之间,我们也可以看看流动资产的流动性。现金是流动性最强的流动资产,因为,在最终收到现金之前应收账款需要收集、存货需要出售。总的来说,沃尔玛的流动资产占资产的比例略有增加,但流动资产的增长很大程度上源自库存。

在偿付能力方面,我们可以看看沃尔玛为了购买资产相对于股权融资的债务使用范围。债务越多,公司使用的财务杠杆越大,同时公司的偿付能力越小。破产是公司拥有大量的债务或其他负债,而无法按时偿还如此庞大的数额。在某些情况下,负债可能超过资产(所有者权益在这种情况下将是负数)。一定的债务水平和负债也不错。事实上,我们将会在之后看到,明智地使用杠杆可以帮助公司为股东创造利润和现金流。对沃尔玛而言,流动负债占资产的比例并没有改变太多,但总负债相对于资产的比例增加了不少。总体而言,该公司的财务杠杆增加了,但它看起来并不是特别地令人担忧,因为它是对低利率环境的有目的反应。此外,沃尔玛稳定的运营足以支持温和的债务水平。随着时间的推移,公司资产约有略多于60%的来自负债,其他的来自所有者的投资。所有者的投资包括原始股票的购买,同时也有随时间延续而产生的尚未支付股息(留存收益),即净收益再投资。

比率分析

除了个别报表的共同比分析,比率分析在比较公司本身随时间(时间序列分析)的表现或其他公司在同一个时间点(横断面)的分析上,是非常有效的。事实上,共同比分析是比率分析的一种形式。财务状况或定位可以与前一周期相比,判断公司在过去做得更好还是更糟。这种类型的分析在识别有利或不利的趋势方面是有效的。此外,我们可以比较同一时期类似的公司或行业标准的比率,以此来估计公司在行业之间的运行情况。

一个几乎无限数量的比率,可以从各种财务报表和其他指标中计算得出。在这一章里,我们探讨的最常见的比率,可以归类为如图5-1所示。

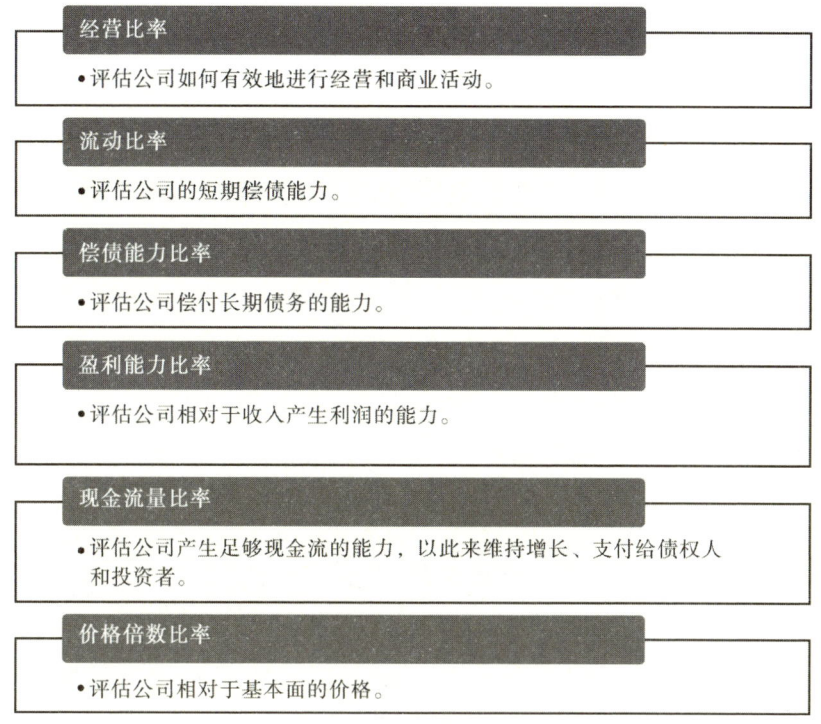

图 5-1　比率分析种类

前四类比率主要涉及公司投资、融资和盈利能力。第五类比率是另一种方法,通常被认为是价值投资者考虑的一个重要因素:营运现金流。第六类比率是指相对于潜在因素,上市公司的当前价值,这也是价值投资者需要考虑的关键。这些比率都是相关的,盈利能力较差和低效率的公司相对于同行交易时更低价。在本节中,我们检测每一类别的比率,然后探究这些比率是如何联系在一起的。我们选择了共同比率来代表每个类别。当然有许多变化的比率以及每个类别中使用的其他比率。你应该把这个列表作为有可能适用于公司的潜在比率的一个简单抽样。其他比率存在并被广泛使用,尤其是针对特定行业相关的比率。

经营比率

总体来讲，这些比率具有解释日常如何运营的功能，它们提供关于公司如何管理库存，如何从客户那里收集资金，以及如何有效地管理整体投资资产的信息。

库存管理。制造企业的库存有以下几类：原材料、在产品和产成品。零售业的库存，仅仅包括库存商品；但是，取决于公司的类型，也有可能必须管理成百上千不同类型的商品。库存管理比率提供了一种检查公司如何有效管理自己库存的方法。

这些比率包括以下：

$$存货周转率：\frac{销售的物料成本}{平均库存}$$

$$存货周转天数：\frac{365}{存货周转率}$$

第一个比率：存货周转率，结合损益表的一个项目（销货成本）和资产负债表的一个项目（总库存）。数字结果表示，在过去年度，存货被收购然后出售的次数。数字越大，意味着效率越高。你必须慎重考虑不同行业公司存货周转率的差异比较。例如，零售商的存货周转比率远远高于航空航天制造商。

请注意，对于这个比率，以及其他合并损益表和资产负债表项目，公式通常表明需使用资产负债表当中的平均数字。这反映了一个事实，那就是损益表里的数字衡量跨越了一段时间，而资产负债表里的数字衡量的是一个时间点的具体数据。对提供的多个时间点资产负债表数据进行平均，使得数据与损益表数据更有可比性，尤其是如果在整个报告周期内不同负债表里的数据存在重大差异时。通常，平均数的简单计算方法是期初和期末库存合计除以2。你通常会从在线服务或数据库获得比率数据。这些服务有时不使用此平均惯例。事实上，一些数据库使用与之不同的比率变化公式。这些数据来源是可以接受的，但你总是要意识到潜在的差异，并且注意有些企业的比率可能倾向于快速增长或缩小。

一个更容易解释的比率，存货周转天数的计算，需要用到存货周转率。存货周转天数这一比率说明，就平均而言，存货在出售之前被持有多少天。存货在使用或出售之前必须持有和储存的时间越长，存储成本也就越大，比如有可能腐败、被盗窃，或其他被破坏的情况，并且会增加更多的整体库存持有成本。一个较低数量的比率，意味着更高效的存货管理。

应收账款管理。营运现金产生于当存货出售之后，客户支付了所购商品时。这一比率的提出，旨在评价该公司管理收集应收账款的能力，包括两个相关比率：应收账款周转率和应收账款周转天数。

专栏5-2　应用：评估存货周转天数

以下表格给出近3年来沃尔玛和塔吉特公司的存货周转天数数据。

平均而言，沃尔玛一贯以来的库存周转天数水平低于塔吉特（约40天对比55到60天）。沃尔玛似乎比塔吉特在库存管理上更有效率，然而，这种差异是由两个行业的存货性质差异决定的。沃尔玛的食品项目占的比例更高，尤其是它的山姆会员店，这一周转更加快速。我们还应该持续关注趋势变化。在3年期间，沃尔玛提高了库存管理，周转天数比率稳步下降。另一方面，塔吉特，比率变化较大，它在最近几年的库存周转天数不断增加。

存货周转天数			
	2010年	2009年	2008年
沃尔玛	40.0	40.3	41.8
塔吉特	59.0	57.5	55.7

$$应收账款周转率:\frac{赊销收入净额}{应收账款平均余额}$$

$$应收账款周转天数:\frac{360}{应收账款周转率}$$

应收账款周转率表示,一年内赊销给客户并收回账款的次数。这个比率越高,说明这一时期赊销的商品越多。应收账款周转天数,表明从销售开始到回收现金平均需要的天数。周转率较高,说明赊销和收账之间的天数差距较小,减少了营运资金成本,而这说明收紧了客户的应收款项。

资产周转率。作为公司的所有者,你对企业如何有效使用它的所有投资资产会非常感兴趣。一个有帮助的比率是总资产周转率:

$$\frac{销售收入净额}{平均资产总额}$$

专栏 5-3 应用:评估应收账款周转天数

以下是沃尔玛和塔吉特近 3 年来的应收转款周转天数数据。沃尔玛能及时收集它的绝大多数销售额(以现金或信用卡),因此相对于销售几乎没有应收账款。另一方面,塔吉特收账时间从 35 天到 45 天。这一差异,说明当理解这一比率时,需要考虑到商业特征。请注意,塔吉特在过去的 3 年期间,已经提高了它的收账效率。

应收账款周转天数			
	2010 年	2009 年	2008 年
沃尔玛	4.0	3.6	3.4
塔吉特	35.5	42.0	45.3

这种测度方法，显示了公司在给定的资产总额水平下产生收益的效率如何。举例来说，1.0 的比率表明公司每 1 美元投资总额创造 1 美元的销售收入。一个较高的数据通常比一个较低的数据更好。此外，如果该比率有走低的趋势，这有可能表明，该公司正大举投资资产，尽管预期销售增长尚未形成，但是在不远的将来应该会实现。

专栏 5-4　应用：评估总资产周转率

以下是沃尔玛和塔吉特近 3 年来的总资产周转率数据。沃尔玛的投资资产在创造销售收入时是非常有效率的，它的总资产周转率为 2.4；也就是说，沃尔玛每 1 美元的资产投资，产生 2.4 美元的销售收入。塔吉特相对较低，每 1 美元的资产投入仅创造 1.5 美元的销售收入。这在很大程度上是因为相对于沃尔玛而言，塔吉特使用自己的信用卡业务，采取赊销方式并且其存货持有时间较长。这两家公司的比率一直相对稳定。

总资产周转率			
	2010 年	2009 年	2008 年
沃尔玛	2.4	2.4	2.5
塔吉特	1.5	1.5	1.5

流动比率

这类比率可以评估公司偿付其短期债务的能力。这组比率是基于流动资产和流动负债，因此反映短期经营的良好状况。这些比率，被短期资金需求的公司所首要关注。在经营比率之下讨论的一些比率，比如现金周期，同样也是对流动性的衡量。

流动比率和速动比率。这些比率的衡量使用资产负债表里的数字，它们描述的是特定日期的公司财务数据，因此，无须平均。

$$流动比率：\frac{流动资产}{流动负债}$$

该指标表明，在资产负债表日，公司目前拥有足够的资产，要么是现金或很容易兑换成现金的资产，足以在未来一年支付同期负债。

流动比率大于1，表明营运资本（定义为：流动资产减去流动负债）为正数。修正的流动比率包含这样一个事实前提，即并不是所有流动资产都很容易（或随时）变换为现金。这一修正的比率，即速动比率（也称为酸性测验比率），剔除了流动资产中流动能力最差的资产。典型的剔除存货和预付费用，而应收账款意味着根据合同的债权，客户已经从该公司购买了商品或服务，存货先行售出，而潜在的现金即将流入。预付费用将不会转换为现金，而是代表费用已经支付，因此，在这一期间不会有进一步的现金流入。分析师也可以删除任何其他特定的具备这些特征的流动资产。包含于典型比率里的流动资产包括：现金、短期（流通股本）投资、应收账款。

速动比率的公式如下：

$$\frac{现金 + 短期投资 + 应收账款}{流动负债}$$

与流动比率一样，如果这个比率大于1，表明有足够多的"速动"资产可以偿付明年到期的短期负债。

专栏 5-5 应用：评估流动比率

以下是沃尔玛和塔吉特近几年来的流动比率和速动比率数据。流动比率表明，沃尔玛以低于 1 美元的流动资产支付每 1 美元的流动负债，而塔吉特的流动资产是流动负债的 1.7 倍。两个公司的速动比率相比流动比率大大降低，因为每个公司都有大量的库存。然而，塔吉特仍然有足够的"快速"流动资产偿还流动负债，而沃尔玛则没有。这表明沃尔玛较高的风险，或者说较低的流动性。然而，沃尔玛具有经营业务的强劲现金流还有资金，都足以支付这些债务。

	流动比率				速动比率		
	2010 年	2009 年	2008 年		2010 年	2009 年	2008 年
沃尔玛	0.9	0.9	0.9	沃尔玛	0.2	0.2	0.2
塔吉特	1.7	1.6	1.7	塔吉特	0.8	0.8	0.9

偿债能力比率

这类比率可以用来评估公司支付其长期债务的能力。这一组比率也代表了在公司内部两种类型的长期融资的相对权重：债券和股票。当一个公司增加借入资本，这意味着它承诺偿还借款的本金并定期支付利息。未能支付的极端后果可能导致违约或者破产清算。当一个公司通过出售股权（股票）增加资本时，它通常没有这项义务，尽管可能有一个期望的定期分红（特别是在优先股的情况下）。

较高的债务水平意味着更高的风险和较低的偿付能力。然而，明智地使用借贷资本也是有利的。如果用于支持项目的借入资金将获得的收益大于借贷成本，就会为股东产生超额收益。现在，让我们关注这一比率，用以衡量公司的偿付能力水平，我们将在后面的章节重论借贷资金的有利之处。

负债比率。一个简单的负债比率可以从一张普通的资产负债表中通过总负债占总资产的比例计算得出：

$$\frac{负债总额}{资产总额}$$

这一比率用以衡量资产中利用负债融资的比例，也就是说，从外部融资。这个版本的比率相比纯粹债务还包括许多其他负债（如应付账款），这是一个全面的风险衡量公式。

总资产负债率。有几种不同的负债比率，反映了不同组成的债务和股权融资的相对权重。因为总负债包括许多项目，如应付账款和应计费用，有一部分不需要支付利息和营运资金，许多分析师以更精确的方式计算债务比率：它们只包括有息债务的分子和分母：

$$\frac{短期负债 + 长期负债}{短期负债 + 长期负债 + 股本}$$

短期债务有时被列为当前长期债务的一部分，也被看成是流动负债的一部分。

专栏 5-6 应用：评估偿付能力比率

以下是沃尔玛和塔吉特近几年来的负债比率和总资产债率比率数据。负债比率表明，沃尔玛的负债占总资产约60%（因此所有者权益占40%），而塔吉特的负债占总资产约2/3。如果只看有息债务，沃尔玛40%的资本来自债务，而塔吉特的资本来自债务的比例略高于50%。塔吉特的债务水平风险略高，但两家公司的债务水平相对于其他零售商是合理的。

负债比率			
	2010年	2009年	2008年
沃尔玛	60.6%	57.4%	59.0%
塔吉特	64.6%	65.5%	68.9%

总资产负债率			
	2010年	2009年	2008年
沃尔玛	41.2%	36.3%	38.6%
塔吉特	50.4%	52.3%	57.8%

保障倍数。另一种观察债务水平、衡量公司偿还债务能力的方式，是通过损益表计算保障倍数。公司如何保障其利息义务的测度，其中之一就是计算利息保障倍数，或者称为利息赚得倍数，计算如下：

$$\frac{息税前利润}{利息费用}$$

在计算这一指标时，净收益加上利息和税收，利息是可以抵扣税负的，因此计算时需要截止到息税前利润（EBIT）。这一比率小于1，表示利息费用已经把公司置于一个净亏损的位置。如果该比率等于1，表示有足够的税前收益支付利息。利息扣除将抵消税前收入和消除若干所得税，但是股权或者留存收益不会产生如此效果。理想情况下，这个比例将远远大于1，表明足够保障这些费用。因为利息通常是需要每年（或报告期内）支付的，利息保障程度指标可以衡量公司履行这些义务的能力。

保障倍数，基于损益表的数字，在进行预测时是很有帮助的，因为资产负债表不包含某些类型的义务，例如那些由租赁经营产生，需要在未来支付的义务。这些成本，如租金费用，反映在收益数字，提供一个更精确衡量资源产生和留存的方法。

可以计算将租赁费用并入的保障倍数：

$$\frac{息税前利润 + 租赁费用}{利息费用 + 租赁费用}$$

专栏 5-7 应用：评估利息保障倍数

以下是沃尔玛和塔吉特的利息保障倍数数据。这一比率表明，沃尔玛的税前利润弥补 12 倍利息——沃尔玛在定期支付利息上没有问题。塔吉特的比率较低，反映了其使用更高的债务融资比率。然而，塔吉特有足够多的倍数支付利息。塔吉特的利息保障倍数在 3 年内有所改善。

	利息保障倍数		
	2010 年	2009 年	2008 年
沃尔玛	12.7	12.7	12.0
塔吉特	6.9	5.8	5.1

盈利能力比率

盈利能力比率，也称为收益率，是价值投资者关注的关键区域。利润或收益的衡量可以对比公司的收入（如在本章早些时候使用的共同比分析），或者是基于对比公司的投资数额。

通用比率。净利润率的计算，也称为销售利润率，是一个通用的比率：

$$\frac{净利润}{净收入}$$

通用比率衡量财务报表中的每一项占销售收入的百分比。下面的盈利能力比率，能从损益表的垂直共同比分析中直接找到：

毛利率

营业利润率

税前利润率

净利润率

这些通用比率的分析在以前已阐释过。

收益率。衡量盈利能力的另一种方法，是计算公司相对于投资的收益。

盈利能力比率衡量指定投资的收益，包括资产收益率和所有者权益收益率。

资产收益率（ROA）衡量公司总投资所产生的收益。

$$\frac{净利润}{平均资产总额}$$

例如，一个公司总资产为 1000000 美元，产生净收益 65000 美元，那么资产收益率为 6.5%；也就是说，每 100 美元的投资额，该公司产生 6.50 美元净利润。显然，更高的收益率比低收益率更好。

既然净收益代表所有者权益产生的回报，另一个常用的收益测量是净资产收益率（ROE）。

$$\frac{净利润}{所有者权益平均额}$$

净资产收益率衡量相对于所有者提供资本产生的收益。例如，如果一个公司所有者权益总额为 500000 美元，净利润为 50000 美元，它的净资产收益率（ROE）为 10%，即所有者每 100 美元的投资，公司在年度内产生 10 美元的净利润。从概念上讲，这是股东的一个关键指标，虽然受到相当多的会计惯例影响。

专栏 5-8　应用：评估盈利能力比率

在下一页我们列出来沃尔玛和塔吉特的资产收益率和净资产收益率。沃尔玛的资产收益率在 3 年内一直增加，相当出色地达到 9.7%；也就是说，每 100 美元的投资额沃尔玛创造 9.70 美元的利润。塔吉特的资产收益率也在大幅增加，但落后于沃尔玛。就净资产收益率而言，塔吉特 18.9%，落后于沃尔玛的 23.6%，表明塔吉特为公司股东投资创造利润的能力低于沃尔玛。请注意，这两家公司的净资产收益率都在持续增加，但净资产收益率之间的差别并不至于像资产收益率之间那么的极端。这是由于塔吉特杠杆效用更大：它的借入资金更多，公司净资产收益与公司的杠杆大小相关。稍后我们将详细讨论这一概念。

资产收益率			
	2010年	2009年	2008年
沃尔玛	9.7%	8.9%	8.5%
塔吉特	6.6%	5.6%	5.0%

净资产收益率			
	2010年	2009年	2008年
沃尔玛	23.6%	21.3%	21.1%
塔吉特	18.9%	17.1%	15.3%

现金流量比率

近年来现金流量基准比率分析变得越来越普及。如果账面利润不错，员工、债权人、投资者更愿意得到现金。此外，一些公司在报告收益时，愿意采取积极（在会计意义上）的形式。现金流量比率监测能洞察公司收益质量。在本节中，我们将重点介绍一些以现金流为基础的有效比率。

测量公司的偿债能力，可以用营运现金流与负债比率：

$$\frac{CFO}{负债总额}$$

CFO是指营运现金流，源自现金流量表。这一比率代表一年的经营现金流占可以支付总负债的百分比。请记住，公司也可能用资产负债表上的资产支付债务。在计算这个比率时，也可以在分子上只考虑长期债务而不是总负债。

一个公司基于现金流的盈利能力，主要涉及能够计算出的销售额，而这相当于营运现金的保证金：

$$\frac{\text{营运现金流（CFO）}}{\text{销售总额}}$$

该比率反映营运现金流占收入的百分比。5%的比率表明公司从每100美元的销售额中，产生5美元的营运现金流。

此外，我们可以计算现金资产收益率为：

$$\frac{\text{营运现金流（CFO）}}{\text{平均资产总额}}$$

或者说，如果计算结果是10%，也就是表明每100美元的资产总额创造出10美元的营运现金流。

总之，上述比率评估公司产生现金流的能力。基于收益或者等价物来对比这些比率，也为我们提供了洞察公司收益质量的方法。例如，如果基于收益的比率显示强大的盈利能力，但基于现金流的比率显示无法产生现金流，这可能表明收益质量差。然而，它也可以表明是一个快速成长的公司，所以这个分析应该只是作为一个起点。如果收益和现金流量比率不同步，那你应该仔细看看公司使用的会计方法和估计方法。在之后的章节，我们将进一步解决这一问题。

另一种使用现金流分析收益质量的方法，是比较从经营活动中产生的现金流量净收益。为了实现这一比较，我们可以创建一个称为现金收益率指数的比率：

$$\frac{\text{营运现金流（CFO）}}{\text{净收益}}$$

在任何年度，这一比率可以高于或低于1。然而，从长远来看，这一比率应该超过1，这是因为非现金费用（主要是折旧）从净利润中扣除，但并不真正代表经营现金流出。事实上，应计折旧资产相关的现金流发生在资产取得时，被归为投资期现金流出。如果该比率始终低于 1 或一直下降，就表明收益质量存在潜在的问题，发生这种情况时须特别注意会计核算方法，本章后半部分将对此进行解释。

公司的营运现金流应该足以支付资本性支出。公司的营运现金流比率可以计算为：

$$\frac{营运现金流（CFO）}{资本性支出}$$

比率大于 1 表明净现金流量的存在：营运现金流超过所需提供的资本性支出资金。净现金流量是价值投资者衡量公司的关键指标。净现金流量可以用来支付债务和红利，也可以被用来通过股票回购向股东返还现金，或者被用来收购其他公司或资产。评估一个公司最常见的一种方法是，将未来预计获得的现金净流入折算成现值。公司创造的净现金流越多，公司越有价值。这是第 8 章的主题。

专栏 5-9　应用：评估以现金流为基础的比率

以下是近年来沃尔玛和塔吉特的现金流量比率数据。沃尔玛的现金流量比率在所有指标中较强。两家公司的净现金流比率强说明：它们产生足够多的营运现金流，完全能应对资本支出，留下足够的现金偿还债务、支付股利或回购股票。

基于现金流的比率：CFO/负债总额			
	2010 年	2009 年	2008 年
沃尔玛	21.6%	26.9%	24.0%
塔吉特	18.7%	20.2%	14.6%
基于现金流的比率：CFO/销售总额			
	2010 年	2009 年	2008 年
沃尔玛	5.6%	6.4%	5.7%
塔吉特	7.8%	9.0%	6.8%
基于现金流的比率：CFO/资产总额			
	2010 年	2009 年	2008 年
沃尔玛	13.5%	15.7%	14.2%
塔吉特	11.9%	13.3%	10.0%
基于现金流的比率：净流量现金或指数			
	2010 年	2009 年	2008 年
沃尔玛	1.9	2.2	2.0
塔吉特	2.5	3.4	1.2

价格倍数比率

这些比率通常被描述为价格或市场市盈率的倍数，它们在检验公司相对于同行和整体市场的估值时，也是非常有效的。一般来说，作为价值投资者，我们更愿意投资相对于其他类似公司而言股票便宜的公司。如果我们正在考虑的两家公司具有类似的盈利能力、现金流、流动性、偿付能力和效率，我们更愿意购买低价格倍数的。

市盈率。市盈率（P／E）被广泛用于衡量公司普通股的市场估值。

$$市盈率（P／E）=\frac{普通股每股市场价格}{普通股每年每股盈利}$$

高市盈率表明该公司被市场高估值，而低市盈率表明该公司价值没有被过度高估。低倍数可能表明，该公司股票价格便宜（价值股），如果该公司具有强劲的基本面因素（例如，盈利能力和财务状况）；低倍数也可能表明，该公司因为惨淡的未来前景而被适当估价。

标准普尔500指数的平均市盈率超过30，而这一中值在20世纪20年代，有些交易的股票市盈率倍数超过100或者更多。与之对比，在相当长的一段时期，平均值为10（特别比率为14到16）。许多人认为这些高倍数归功于"新经济"或高预期增长率的互联网公司，还有些人认为高倍数归功于"市场泡沫"类似郁金香热（荷兰郁金香泡沫发生在1637年，投资者愿意支付一年的薪水，就只为购买一棵郁金香球茎，因为他们希望以更高的价格出售给别人）。互联网泡沫以惊人的方式破裂。在2000年早期股票价格急剧下降，尽管一段时间之后，许多证券和整体市场的市盈率仍然高于长期平均水平。最近的市场危机，带来倍数接近长期历史水平。在后面的章节，我们将讨论合理市盈率的水平，考虑到市场利率水平、风险和公司成长前景因素。

市净率。市净率（P/B）是用每股价格除以每股净资产的账面价值。每股账面价值是普通股权益总额除以普通股股数。

$$市净率 = \frac{每股市价}{每股净资产}$$

高市净率表明，市场估价高于账面价值，企业有潜在的净资产。具有较强盈利能力和增长前景的公司，往往具有高市净率。公司的市净率可以说明公司的净资产收益率，也等于投资者要求的报酬率。公司不为股东创造任何价值，仅仅是出售潜在的净资产价值。市净率反映了股票的市场价值增长，超出了股东的投资和留存收益再投资。

股价与销售额比率。另一个常用的价格倍数，是股价与销售额比率，可以计算如下：

$$股价与销售额比率 = \frac{每股市价}{每股收入}$$

正如市盈率和市净率一样,这个比率衡量股票的市场相对估价。这个值与收入有关。当一个公司的收益微不足道甚至为负数时,这一比率会被使用。当应用这一比率来辨别证券进行投资时,必须高度警惕。一个公司的股价与销售额比率可能很低,同时未来收益前景和现金流都很糟糕。股价与销售额比率,应在公司其他比率(如活跃性、流动性、偿债能力和盈利能力)的背景下进行解读。

股价现金流比率。价格现金流量测度类似于市盈率,当我们希望评估公司以现金流而不是以盈利为基础时,可以使用。如果盈余质量遭到质疑时,这个比率有可能被采纳。举例来说,你认为公司为了让收益看起来更好,对会计假设进行了操纵。股价现金流比率有多个不同的变化形式。以上所述比率的分子是每股市价,而分母可以是每股营运现金流、每股净现金流量或者一些近似的现金流,如税息折旧及摊销前利润(EBITDA)。直接现金流的测量通常优于近似值,因为收益有可能深受其所选择的会计方法和假设的影响。

联合比率

普通股持有者的总体收益是经营盈利能力、效率、杠杆和税收的函数。比率之间的关系,反映了这些成分可以用代数关系与股权收益连接,这个过程通常叫作净资产收益率的分解。人们有时也称它为杜邦分析,因为该公司于20世纪20年代首次使用这种方法。在本节中,我们首先检测净资产收益率和资产收益率之间的关系以及杠杆效应,然后我们检测驱动净资产收益率的单个成分和市价价值之间的关系。

净资产收益率和杠杆效用

让我们看一个基础示例，检测净资产收益率、资产收益率和杠杆使用之间的关系。蔡斯物流公司，拥有总资产 1000000 美元，30% 的税率，息税前利润（EBIT）的资产收益率为 9%（每 100 美元的资产为公司创造 9 美元的息税前利润）。该公司出资 100% 股权资金，所以没有利息费用。蔡斯物流公司的经营业绩如下：

息税前利润	90000 美元（1000000 美元的 9%）
税收	27000 美元
净收益	63000 美元
资产收益率	6.3%
净资产收益率	6.3%

因为公司没有负债，它的资产收益率和净资产收益率相等。所有的资产都是股东出资。

如果我们引入杠杆的例子会发生什么？假设公司提供的产品或服务几乎无条件的满足需求，公司可以在税前基础上，以每年 8% 的利率借入资金。公司以原有资产和息税前利润（EBIT）资产收益率为 9% 持续经营，那么其销售额会扩张。假定蔡斯物流公司借入 1000000 美元资金，那么总资产达到 2000000 美元。蔡斯物流公司的经营业绩如下：

息税前利润	180000 美元
利息	80000 美元
税前收益	100000 美元
税收	30000 美元

净收益	70000 美元
资产收益率	3.5%
净资产收益率	7%

请注意，虽然公司的息税前利润（EBIT）资产收益率稳定维持在9%，该公司的扣除息税后的资产收益率已经下降到3.5%，这反映了利息费用对税后收益的影响。虽说该公司扣除息税后的资产收益率下降了，但是净资产收益率增加了。这代表了杠杆的正效用。公司能够在税前以8%的成本借入资金，同时将这些资金投入到商业经营中获得9%的税前利润。这个增值归股东，导致净资产收益率增加到7%（从6.3%）。

当然，杠杆也存在负效用。如果公司的借入资金成本高于预期的商业收益率，那么价值和净资产收益率会下降。例如，除了借入资金的税前成本是10%，所有其他方面与上述假设相同，总资产2000000美元，借入资金占50%，股权占50%，那么财务业绩如下：

息税前利润	180000 美元
利息	100000 美元
税前收益	80000 美元
税收	24000 美元
净收益	56000 美元
资产收益率	2.8%
净资产收益率	5.6%

在这种情况下，相对于不存在借入资金时，资产收益率和净资产收益率都下降。

净资产收益率、资产收益率和杠杆之间的关系可以表示如下：

净资产收益率＝资产收益率×杠杆系数

或者：

$$\frac{\text{净利润}}{\text{所有者权益平均额}} = \frac{\text{净利润}}{\text{平均资产总额}} \times \frac{\text{平均资产总额}}{\text{所有者权益平均额}}$$

杠杆系数等于1说明没有使用杠杆，资产完全来源于股权融资。上述蔡斯物流公司的杠杆系数是2.0，因此，净资产收益率是资产收益率的2倍。

通过将净资产收益率分解为两个成分——资产收益率和杠杆系数，人们很容易看到杠杆的正效用因素。但是请记住，杠杆系数对资产收益率也有影响。附加的杠杆导致额外的利息费用，导致资产收益率的降低。当借贷成本低于息税前利润资产收益率时，杠杆是有益的；另一方面，当借贷成本高于息税前利润资产收益率时，杠杆是有害的。这就是通常把杠杆称为一把双刃剑的原因。

我们也可以使用代数关系将资产收益率分解为两部分——利润率和资产周转率（后者有时被称为效率）。

公式结果如下：

$$\text{资产收益率} = \text{利润率} \times \text{资产周转率}$$

或者：

$$\frac{\text{净利润}}{\text{平均资产总额}} = \frac{\text{净利润}}{\text{销售收入}} \times \frac{\text{销售收入}}{\text{平均资产总额}}$$

从这个分解我们可以看到，资产收益率是公司盈利能力及其效率的函数。公式通过提高盈利能力、提高效率，或两者兼而有之，来提高资产收益率。

应用之前的比率关系，通过分解，得出影响净资产收益率的潜在因素有三个成分。净资产收益率是利润率、资产周转率和杠杆的乘积：

$$\text{净资产收益率} = \text{利润率} \times \text{资产周转率} \times \text{杠杆系数}$$

或者：

$$\frac{净利润}{平均资产总额} = \frac{净利润}{销售收入} \times \frac{销售收入}{平均资产总额} \times \frac{平均资产总额}{所有者权益平均额}$$

第一个因素，利润率，表明每1美元的销售收入占留存在企业（或向股东分配）业务当中的比例。第二个因素，资产周转率，表明总资产自运营过程中创造多少收入。第三个因素，杠杆系数，表明公司通过使用债务，超过股东自身投资的程度。辨别这些突出因素，在公司的经营模式中可以尝试运用，从而提高股本收益率。通过增加销售收入，将增加资产周转率，但会减少利润率，除非销量增长的同时净收入也增长。降低成本也会增加净收益，从而增加盈利能力。能够改善运营因素有收入、成本、提高公司的核心业务流程。净资产收益率的改善，可以通过利用更多的债务（假设借贷成本相对于业务收益率更优惠）进行融资。

净资产收益率可以加入（营业）利润率，进行进一步的分解：

净资产收益率 = 税负 × 融资比率 × 营业利润率 × 资产周转率 × 杠杆系数

或者：

$$\frac{净利润}{平均资产总额} = \frac{净收入}{销售收入} \times \frac{销售收入}{税前利润} \times \frac{税前利润}{息税前利润} \times \frac{销售收入}{平均资产总额} \times \frac{平均资产总额}{所有者权益平均额}$$

从这个分解我们可以看到，主要有5个因素影响净资产收益率：税负、融资比率、运营盈利能力、资产周转率和杠杆系数。从一定时期内的表现和与同行企业的对比两个方面，通过这一分解，使你能够检测出哪些因素推动净资产收益率。

专栏 5-10 应用：评估净资产收益率

为什么从 2008 年到 2010 年这 3 年内，沃尔玛的净资产收益率从 21.1%增加到 23.6%？是该公司更高的销售利润率，更有效率，还是使用更多的杠杆？下面显示了沃尔玛净资产收益率 5 个因素分解，有助于了解其走势。从 2008 年到 2009 年，沃尔玛的效率（周转率）和杠杆系数略有下降，但其营业利润率从 5.6%增加到 5.9%，它的增长更多抵消了这种下降趋势。因此，净资产收益率有小幅增加。

从 2009 年到 2010 年净资产收益率有更大的增加，来自两个因素：营业利润率增加到 6.1%，低税率（税后公司保持在 72%，这意味着在 2010 年有 28%的平均税率，而 2008 年和 2009 年的平均税率为 33%）。

沃尔玛净资产收益率分解					
净资产收益率	税负	融资比率	营业利润率	周转率	杠杆系数
2010 年	23.6%	0.72	0.92	6.1%	2.4	2.4
2009 年	21.3%	0.67	0.92	5.9%	2.4	2.4
2008 年	21.1%	0.67	0.92	5.6%	2.5	2.5

公司玩的会计游戏

管理者具有在结果记录上的自由裁量权，事实上对公司的业绩评估和财务状况都有重大影响。虽然企业有必须遵循的会计准则（国际财务报告准则和美国公认会计准则，用以决定证券的发行和出售），这些标准允许在报告中有一些自由裁量权，并且相当多的估计和假设也是必需的。例如，一个公司为工厂购买机器，成本 500000 美元，估计它在正常使用情况下，能持续用 5 年，每周用 5 天，据此可以估计机器每年价值下降 100000 美元，并在每年损益表上用这个数量记录折旧费。一个肆无忌惮的经理可能谎称机器折旧的年限将会持续 10 年，每年减少折旧费用到只有 50000 美元。为什么允许管理者拥有自由裁量权？两家公司购得同一台机器有可能以不同的方式使用它：一个可能两班倒每周使用 6 天，另一个可能只是偶尔用一下。管理者自由裁量权选择假设要与其特定环境相匹配。

在很多地区，在会计准则上允许管理者使用适当的自由裁量权。一些经理也会简单地忽略实际的标准，做出偏离现实的报告结果。法务会计是一个复杂的主题，超出了本书的范围，但是我们现在应该考虑一些警报信号。这些信号的存在并不意味着公司犯罪欺诈，但它们的意思是你需要谨慎处理，或者需要直接克制住投资的决定。

◆ 积极的收入确认

应收账款的增长速度远远超过销售额。公司在收入取得之前应进行记录，或者有可能大大放松了它的赊销政策。

正的、净利润增长，但持续负的营运现金流。这可能仅仅是一个新的初创公司在使用赊销方式，但随着公司的进一步成熟，营运现金流应该赶上净收入。营运现金流最终必须支付给债权人和投资者。提防那些在多个周期，从来没有产生营运现金流或现金流突然转为负数的公司。

收入来自重新评估的资产，而不是正常的销售业务。公司不能简单地通过重新评估资产创造收益。

◆ 理解费用

比同行公司使用更长的折旧及摊销期。在财务报表脚注，列出了公司采用的会计方法和假设。对于这些项目，将公司与行业中的其他公司进行比较。比行业规范更激进的会计处理可能是潜在问题的信号。

费用推迟到未来。在资产负债表上的脚注上寻找不同寻常的资产，标示出一部分支出被推迟到未来几年；或者是在损益表里作为分期支付费用。

库存增长速度远远超过收入？在损益表中夸大库存是低估费用的一个方法，这也可能表明存货销售的问题，也有可能有降低账面价值的潜在风险，如果库存过时。

◆ 夸大财务状况

公司有没有使用不记录在资产负债表和相关负债项目下的重大资产？通过使用特殊目的实体，一个公司可以保持资产与负债脱离资产负债表，使其资产收益率和债务比率更好看。在资产负债表上的不统一项目里寻找特殊目的实体。随着安然公司对其丰富运用，金融世界开始对特殊目的实体变得熟知。

◆ 关联方交易

公司从事任何关联方交易：操纵交易或有家庭成员吗？这些交易应在代理声明中披露，你应该评估在股东支付费用的前提下，它们是否令管理者受益。

财务报表之外

除了财务报表和相关的附注，你还应该读懂每一个由公司发布的报告，包括委托书、招股说明书、季度报告、业绩公告、其他证券交易委员会公示，等等，甚至应该听一听分析师的电话会议，这些文件和电话会议不仅包含可能会影响你对公司看法的掘金信息，它们也会让你深刻洞察管理部门的质量。委托书和其他证券交易委员公示会，将提供背景信息和管理部门报酬。如果管理层已经组成一段时间并预计持续维持，那么他们过去的表现，有可能是管理质量的良好指示。如果管理团队是新组织的，那么你应该调查它们在之前公司的业绩表现,以此推断团队成员在当前公司可能经营得如何。你想让他们的薪酬与你的利益结成同盟,但不要超过水平之外。股权绝对是一个结盟的好选择。股票期权也不错,但有使用限制:在极端情况下,让管理层无需承担任何成本和责任的过度股票期权,会鼓励他们在经营中采取冒险行为。最后,当你聆听电话会议或管理者陈述时,你可以领略到的管理质量:它们对公司即将面临的优势和劣势两方面进行坦率分析,还是它们过分强调优点,避免回答棘手的问题?

结 论

　　进行战略价值投资意味着以好的价格购买优秀的公司。全面了解公司过去的表现和当前的财务状况是必要的,分析财务报表及相关信息,还可以帮助你了解驱动公司业绩的主要因素。在这本书的第二篇,我们将阐述价值投资策略的第二方面:什么时候优秀的公司会以好价格出售?

第二篇　衡量价值

第6章 价值的概念

> 我们认为所谓的"价值投资"根本就是废话，若是所投入的资金不是为了换取相对应的价值的话，那还算是投资吗？
>
> **——沃伦·巴菲特，1992年，致伯克希尔-哈撒韦公司股东的信**

对一个人来说是垃圾，对另一个人来说可能是财宝。这是一个古老的格言，虽然把垃圾与财富截然对立有点极端，但需要指出的是，并不是每个人对"价值"的理解都是一样的。价值有许多不同的衡量标准，我们可以用常用术语说明。

本章探讨在价值评估过程中价值的含义。我们讨论在不同的度量法中绝对价值意味着什么。通常，财经新闻记者不指定其潜在的假设，就到处滥用"内在价值"或"真实价值"这些术语。理解绝对价值不同衡量指标，可以为相对价值的衡量提供一个基准。我们将阐明一些流行的金融数据提供商衡量价值的方法，并介绍绝对价值和相对价值估值模型。

读完本章后，对这些被反复提及的不同术语你会有更多的了解，对用于评估股票内在价值的不同估值模型会有更好的理解，并能理解专家们讨论的"价值股"到底是什么意思。

估值过程

估值过程包括5个重要步骤，每一步都以前一步为基础，如果你跳过一步，那你所做的不是真正的价值投资，你是在玩一个猜谜游戏。有深远影响的《权益资产估值》概述了以下5个步骤：

1. 了解行业和公司
2. 预测公司业绩
3. 选择正确的估值模型
4. 将预测转换为估值输入
5. 应用和解释的估值模型

我们依次处理每一个步骤。

了解行业和公司

毫无疑问，一个正确的分析必须以了解公司的运作环境为基础，它涉及仔细审查影响行业发展的竞争力、行业盈利能力的关键因素、竞争优势的来源，它还涉及熟悉关键行业指标。第4章做了深入讨论，并提供了这种分析的例子。

分析师还想了解和剖析公司历史财务表现的因素。例如，如果股本回报率很高，是因为资产的有效利用、良好的利润率，还是财务杠杆的放大效应？这需要了解财务报表和公司提供给投资者信息的完整性、真实性，同时了解该公司管理的优势和劣势。第5章的讨论是一个理解公司的路线图。

预测公司业绩

了解行业和公司是对事物目前的状况进行评估，预测公司业绩从根本上说是前瞻性的。这两项工作都以对过去的认识为基础，虽然估值过程的前两个步骤根本不同,但我们都应该把它们放在历史背景中来分析。

我们需要一步一步地分析,并将其应用于分析模型中,也就是说,根据我们对公司和行业的理解,预测其在未来几年的销售、费用、盈利、股息和融资需求。我们发现,对战略价值投资者来说,将对行业和公司的了解转化为对公司业绩的具体的预测,是估值过程中最具挑战性的一部分,因为它涉及把主观分析转化为客观分析。

预测公司业绩的方法一般分为自上而下和自下而上两类。以销售预测为例,一个采用自上而下方法的价值投资者,将使用宏观经济数据从整体上来估计一个行业未来销售量和销售价格的发展前景,在一个行业中的单位销售和销售价格。战略价值投资者可能基于这些行业预测估计一个公司的市场份额和相对价格。

与此相反,自下而上的方法将从更小的单位和公司建立销售预测。例如,分析师可能根据制造能力的预期增长,预测制造商的销售额,或根据预期开张或关闭零售点的数量,预测零售商的销售额。详尽的预测分析经常包含了这两种方法的要素。例如,分析师可能会使用自下而上的方法来构建跨越不同产品线的整体销售预测,而每个产品线中的预测,也可以用自上而下预测构成。

选择正确的估值模型

没有哪一种估值方法是适用于所有公司的,战略价值投资者选择需要最适合于特定的情况估值方法。第7章到第10章将讨论一系列的绝对估值模型,在那里利用模型可以得出一个特定证券基于基本面的价值评估。绝对值模型包括股利贴现模型、自由现金流模型、以资产为基础的模型和剩余收益模型。第11章会讨论相对估值模型,在那里股票的价值是相对于其他证券或市场价值来确定的。相对估值模型包括市盈率、市净率、市销率、股价现金流比率以及股价息税前利润比的方法。

最佳的模型需要与被估价公司的特征、数据可用性和数据质量一致。例如，股利贴现模型，适合于公用事业和其他有稳定的或稳定增长股利的公司，而不适合不分红的公司，如一些科技公司或新成立的公司。

科技公司和新成立的公司也可能在相当长的预测期内自由现金流是负值，使得自由现金流模型难以应用。在这种情况下，剩余收益的方法可能是更合适的，因为它是从目前的账面价值开始，专注于一家公司赚取超过其资本成本的收入能力，其结果是它不太重视对公司超出一个明确的预测范围的终端价值的估计，这往往在大多数其他估值模型中极受重视。我们将在第 13 章中详细讨论模型的选择。

将预测转换为估值输入

从表面上看，将预测转换为估值输入似乎只是把第二步得到的预测简单塞进第三步的模型里。例如，我们可以通过将我们的增长率假设应用到目前的销售水平，来预测若干年的售罄率。销售预测成为重要的估值投入。然后，我们可以把利润率、股息支付率等预测用于预测收益、现金流量和红利。然而，重要的是认识到，即使是最好的预测也具有固有的不确定性，而且也不是所有的预测都是平等的。老练的分析师谦逊地承认这一点并用敏感性分析来解释它。

敏感性分析衡量我们最终的价值估计在输入的假设中怎样变化。如果假设的一个小变化，如销售增长，引起了价值估计的巨大变化，那么估值模型对销售增长是非常敏感的。这告诉你要特别关注影响销售增长的因素。相比之下，其他假设，如利息费用，可能对价值估计的影响要小得多。因此，你应该少花点时间思考债务成本，多花点时间思考销售驱动。

专栏 6-1 销售增长和利息费用

你对拉姆齐有限公司销售增长的基线预测值是 10%，你对利息费用的基线预测值为 5%。你的估值模型表明，拉姆齐的内在价值是每股 50 美元。假设你要调整你的销售预估，以反映销售增长的可能性可能只有 9%，而不是 10%。你把你的利息费用的预测调整到 5.5% 而不是 5%。两种方案都比基线预测值差 10%，产生的结果如表 6-1 所示：

表 6-1 拉姆齐有限公司敏感性分析实例

	销售增长	利息费用
新的假设	9%	5.5%
新的内在价值的估值	$42	$49
内在价值变化率	-16%	-2%
假设变化率	-10%	-10%
弹性系数（%Δ价值/ %Δ假设）	1.6	0.2

在这种情况下，你的价值估计对销售增长的变化比对利息费用的变化更敏感。我们通过计算弹性系数来衡量这种敏感性，弹性系数是一个假设变化引起的价值变化的百分比除以这个特定假设变化的百分比。销售增长具有 1.6 的弹性系数，而利息费用仅具有 0.2 的弹性系数。这意味着，销售额每 1% 的变化导致内在价值 1.6% 的变化，利息费用每 1% 的变化仅导致内在价值 0.2% 的变化。因此，你会特别关注推动销售增长的因素，而不是影响利息费用的因素。

需要注意的是，这种解释假定的销售增长和利息费用同样不稳定，也就是说，与利息费用可能改变 10% 一样，销售增长也可能改变 10%。如果销售增长比利息费用有更大的波动或更低的确定性，那么你往往更强调输入而不是仅限于建议的弹性。

了解价值估计对不同的输入有多敏感，有助于你适度保守地预测基准线并提供必要的误差余量。

应用和解释估值模型

从某种意义上说，应用该模型是相对简单的。如果某证券的市场价格低于其内在价值，并且有足够的安全边际，这代表一个充满希望的投资机会。然而，战略价值投资者至少应该记住两个细微差别：首先，安全边际的大小不是一个固定值，这取决于你对模型的输入有多自信，以及估值对这些输入的变化有多敏感——你对主要价值驱动因素越不自信，内在价值对那些输入越敏感，对安全边际的需求就越大。其次，所有的投资决策都应在你整体投资组合的范围内加以考虑，而不是孤立的。把一系列单独考虑时很看好的投资组合在一起，却可能组成了一个非常不正规和不必要的冒险投资组合。例如，由埃克森美孚、雪佛龙和英国石油组成的投资组合使投资者容易受到油价下跌的影响。在其他条件相同的情况下，对于多元化程度较低的投资组合，战略价值投资者需要一个更大的安全边际。

假如一个投资者决定增加黄金、铜和其他大宗商品的投资来丰富石油股票的投资组合，这些新增产品弱化了石油价格下跌对投资的组合的影响。然而，石油、黄金、铜等大宗商品在很大程度上受到同样的宏观经济因素的影响，如通货膨胀和美元的价值。通胀预期的下降或美元的升值，可能会损害这一投资组合。因此，在整体投资组合范围内而不是在一个独立的基础上考虑风险是很重要的。

绝对价值测度

到目前为止，我们已经区分了内在价值和价格。但价值是因人而异的，取决于资产被怎样配置或可能被怎样配置。例如，如果一个公司将要

第6章 价值的概念

解散，会有一个价值；如果它要继续运营，则会有另一个价值；如果公司陷入财务困境，其清算价值可能会大相径庭，清算价值是资产被单独出售时（往往是被迫的）能获得的价值。

公平的市场价值与清算价值类似，因为它代表着如果资产被出售公司可以得到的价值。然而不同的是，公平市场价值是自愿买方和自愿卖方之间的交易价格，没有哪一方是被胁迫或迫于财务困境而进行交易。此外，通常将资产捆绑在一起出售比单独出售更有价值。例如，在制造过程中，一台提供原材料的磨粉机可能在地理上紧邻一台生产设备。如果运输成本占了原材料成本的很大一部分，那么磨粉机与生产设备组合在一起可能比单独处理更有价值。从卖方的角度来看，公平的市场价值可能反映将相关资产组合在一起的协同作用，不认为资产是单独出售。相同的资产对不同的投资者可能有不同的价值。我们使用投资价值这一术语来表示来自买方视角的价值，它也反映了协同效应和情境因素。

重置价值也是一个基于买方视角的概念，然而，它只考虑更新成本，通常忽略了潜在的协同效应。我们将在第9章更详细地讨论投资价值和重置价值的复杂关系以及与它们的测量相关的挑战。在大多数情况下，我们要独立确定一个投资的内在价值，与公司的市场价格报价无关。对大多数证券我们可以用绝对估值模型做到这一点。绝对估值模型包括现金流折现（DCF）模型。在DCF模型中，未来现金流是一个预测值，公司目前的内在价值是用我们做出投资所要求的回报率把那些未来现金流折现到今天得到的。现金流折现模型包括股利贴现模型，在该模型中预测的现金流是投资者收到的股利。现金流折现模型还包括预测公司的整体现金流并将其折现以确定收购者可能支付给公司的价值的模型。这些模型将在第7章和第8章中分别讨论。

另一个绝对估值模型是通过对公司基础资产的估值来估算公司作为一个整体价值的方法，这种方法通常考虑陷入困境或类似的情况，在这种情况下，公司破产变卖可能比继续经营更有价值。基于资产的方法将在第9章中讨论。

对于一些公司来说，预测现金流很困难，比制造企业或零售商更复杂，最主要的例子是从存款人（储户）或被保险人那里收集现金将之用于投资以期日后赚取额外利润的金融机构。适合这类公司的方法是另一个绝对估值模型——剩余收益模型。在剩余收益模型中，评估的进行是基于收益而非现金流。剩余收益模型将在第10章中讨论。

相对价值测度

苹果公司的股票因为它以每股 500 美元的价格交易就贵吗？美国铝业公司的股票因为它以每股 9 美元交易就便宜吗？事实上，根据我们迄今为止所拥有的信息，我们还不知道答案。如果苹果公司的股票每股能使投资者获得的一份超过 500 美元的资产或者预期收益水平很高，比如说每股 50 美元，那么苹果公司的股票就很便宜。如果美国铝业公司的股票每股只能使投资者获得相对较少的资产或者预期收益水平很低，比如说每股 0.25 美元，那么美国铝业公司的股票就很昂贵。

苹果公司和美国铝业公司都可以通过流通股数量增加一倍把他们的股票价格削减一半，但这将使每股享有的资产和收益也减少一半。股东会有两倍的股份，并且不会受到影响。因此，分析师往往使用如收益、现金流、股息和净资产等指标评估股票价格。绝对价值的计量用美元表示。相对价值衡量市场价值时与基本价值有关，它可以用以下讨论的一些方法来表示，这样，就可以确定一个公司相对于其他公司或整个市场的估值。例如，一家公司在交易时市盈率较之风险和增长前景类似的同行公司可能比较低，那它似乎有一个更好的价值。

市盈率

也许最常见的相对价值衡量指标,是我们在第 4 章介绍过的市盈率(P/E),它代表了投资者愿意为每一美元的收益支付的金额。正如我们将看到的市盈率是一个不稳定的数值,因为其分子和分母都会随着时间的推移而显著变化,而且它们往往不会一起变化。

当评论员在消费者新闻与商业频道谈论市盈率时,准确地理解它们的意思是很重要的。分子通常是很直接的,就是每股股票的市场价格,而作为分母的每股收益,可以采取几种形式。最常用的市盈率是基于过去 12 个月(TTM)的收益计算的,这被称为历史市盈率(trailing P/E)。另外,市盈率还可以根据未来 12 个月的预期收益来计算,这被称为远期市盈率或预测市盈率(forward P/E)。当然,预期收益比历史收益更主观,更有争议。所以,在有预见性盈利的情况下要相当谨慎。

因为收益从一个季度(或年)到下一个季度(或年)可能会有大幅的波动,分析师通常计算标准化市盈率。为了平稳周期性波动,他们用最近的完整业务周期中的平均收益作为分母,一些分析师还会根据特殊项目对收益进行调整。

最重要的一点是,看到市盈率时,你要明白它是如何计算出来的。此外,当专家们把它和市场或该行业的其他股票作比较时,他们要进行同类比较,并要以相同的方式计算用作参考点的基准比率。例如,把孟山都的远期市盈率和市场或该行业的历史市盈率作比较没有任何意义,尽管这会让孟山都股票看起来更有吸引力。

战略价值投资者要理解什么是高市盈率,什么是低市盈率。表 6-2 所示为基于截至 2011 年 6 月过去 12 个月收益的历史市盈率,当时在纽交所(NYSE)上市股票市盈率的中位数为 17.39,百分比成绩第 25 位的相对便宜股票的市盈率为 13.21,百分比成绩第 5 位的深度价值股票市盈率几乎只有一半的水平。相对而言,成长型股票的市盈率可能会非常高。百分比成绩第 75 位股票的市盈率超过 25,百分比成绩第 95 位的高速成长型股票市盈率在 75 以上,这要远远高于中位数。

百分比上部这些异常的高市盈率扭曲了整体市场的平均市盈率。市盈率中位数(或第 50 个百分位的数值)受极端值的影响较小。一些股票的市盈率是如此之高,所以最好看一下市盈率的中位数,而不是平均市盈率。图 6-1 显示了从 1951 年到 2011 年的市盈率,从中可以看出一些市盈率与其他大多数市盈率相比有多高。高市盈率与中位数的差值比低市盈率与中位数的差值要大得多。

表 6-2 2013 年 6 月纽交所上市股票市盈率

百分比成绩	市盈率
第 5 位	6.80
第 25 位	12.02
第 50 位	16.37
第 75 位	23.31
第 95 位	78.13

资料来源:根据肯尼斯·弗兰奇数据库的数据计算

图 6-1 也说明,市盈率高或低的定义随时间推移差异很大,市盈率在第 95 个百分位的股票尤其不稳定。因此,相对价值的度量涉及不断变化的目标,需要将它们放置在当前的市场条件下。大体上你可以看到,市盈率在 20 世纪 70 年代出现了暴跌,虽然它们自 1951 年以来普遍增长了。

第6章 价值的概念

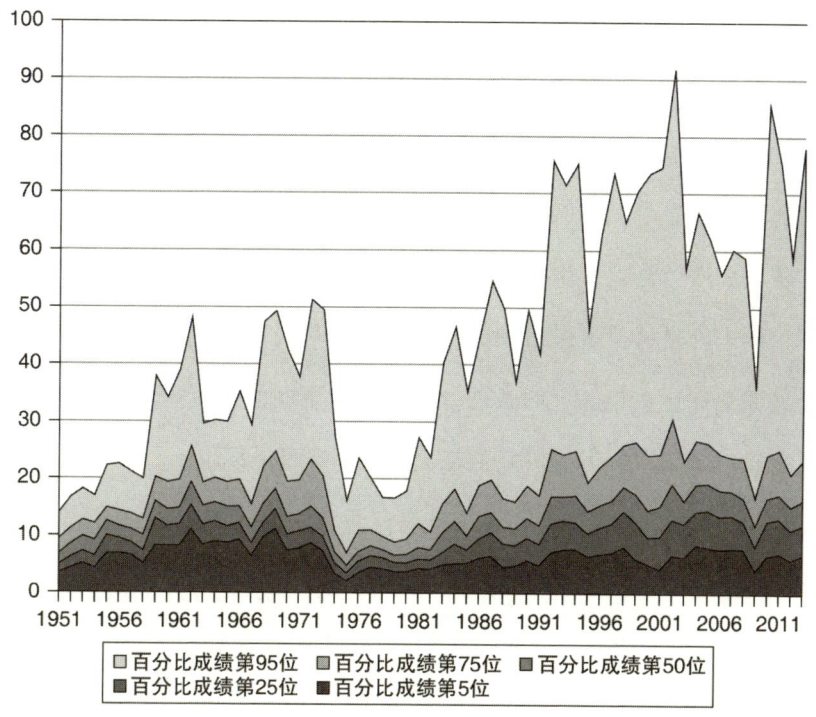

资料来源：尤金·法玛和肯尼斯·弗兰奇数据库

图6-1 1951年至2013年纽约证券交易所百分比成绩不同排名上市股票的市盈率

汇编这些数据的尤金·法玛和肯尼斯·弗兰奇，把市盈率在较低的30%的股票定义为价值型股票，把市盈率在较高的30%的股票定义为成长型股票，把两个变点之间的股票定义为混合型股票或普通型股票。虽然法玛和弗兰奇根据这些变点对所有股票进行了分类，但为了消除那些打算在纽交所交易的规模小、流动性差的股票的干扰，这些变点本身只由纽交所上市的股票决定。

伊博森/晨星用市盈率衡量价值略有不同。伊博森/晨星不是按照由纽交所上市的股票确定的变点对所有股票分类，而是计算所有股票的流动性得分，并把那些跌入谷底的 25% 从分析中剔除。然后，他们根据十个因素把剩余的流动性股票分为价值型、成长型两类，这十个因素一半是基于历史性的因素（例如，过去 12 个月盈利增长），另一半是基于前瞻性的因素（一年预期盈利）。除市盈率外，他们还结合其他因素，如市账率、股价现金流比率、股息率，我们将在下面详细讨论。

法玛和弗兰奇以及伊博森/晨星使用这些分类方案创建了价值和增长指标，用来衡量价值型股票和成长型股票的一般性能。我们在第 2 章讨论了一些股票在这些指标上的表现。运用这些不同的指标衡量股票价值，通常产生相似的结果，但有时它们也会表现得非常不同。

例如，在 2000 年，看到在股市崩盘时，法玛-弗兰奇大盘增长指数下降了 13%，但伊博森指数下跌了 22%，一个巨大的 9% 的差异。同样，法玛-弗兰奇大盘价值指数增加了近 6%，而伊博森指数却下跌了 3%，也有 9% 的差异。小盘价值指数差异更是超过了 23%！这里的主要观点（也是本章的主题）是没有一个单一的、统一的方法来衡量价值。价值投资者应该了解这些差异，并进行必要的调整。判断应基于多种因素而不是依赖于单一因素。

不同行业的平均市盈率及其他相对价值衡量指标是有区别的。例如，计算机软件行业股票的市盈率通常比公用事业股票的市盈率高得多，因为它们的增长前景普遍比较乐观。因此，大多数分析师在看市盈率和其他相对价值的衡量指标时是与同一行业比较，而不是与整个市场的其他股票比较，其理念是，直接竞争对手和同行业的其他股票更具可比性。

因此，当我们了解一只股票与其他股票相比怎么样或随时间推移如何变化时，市盈率具有重要意义。我们将会在本章后面部分看到一些例子。

表6-3 2000年的年回报率

	大盘股		小盘股	
	成长型	价值型	成长型	价值型
法玛-弗兰奇	-13.63	5.80	-24.15	-0.80
伊博森	-22.01	-3.00	-22.60	22.69

市账率

相对价值的下一个最常见的衡量指标，是市账率。当用市场价值和账面价值来表示股票价值时，该比率被称为市账率（P/B）。

账面价值是资产负债表上记录的股东权益、优先股、递延税以及任何投资抵减的会计账面价值总和。市账率反映了每股的市场价格与资产负债表中每股的会计价值的关系。

账面价值通常比收益更稳定，所以，市账率比市盈率更不易受到统计噪声的影响。此外，账面价值不太可能是负值。例如，2011年12月，在纽交所（NYSE）上市的1242只股票中有202只报告收益为负。2009年，有超过1/3的纽交所上市股票报告收益为负。分母为负数使得比值无法正确解释而失效。因此，市账率比市盈率更有优势。

虽然账面价值比收益更稳定，更有可能是正值，但它是一个非常粗糙的价值衡量指标。表6-3所示为2011年6月纽交所上市股票的市账率。市账率中值为1.73，这就意味着投资者愿意为1美元的账面价值支付1.73美元。价值型股票可以只相当于账面价值的一小部分的价格进行交易，而成长型股票则可以高于账面价值几倍的价格进行交易。与市盈率一样，市账率可以比中值高出很多，这可能会影响平均值计算的准确性。因此，正如市盈率一样，分析师通常更注重市账率中值。

表 6-3　2013 年 6 月纽约证券交易所上市股票的市账率

百分比成绩	市账率
第 5 位	0.61
第 5 位	1.06
第 50 位	1.65
第 75 位	2.73
第 95 位	7.04

资料来源：根据肯尼斯·弗兰奇数据库的数据计算

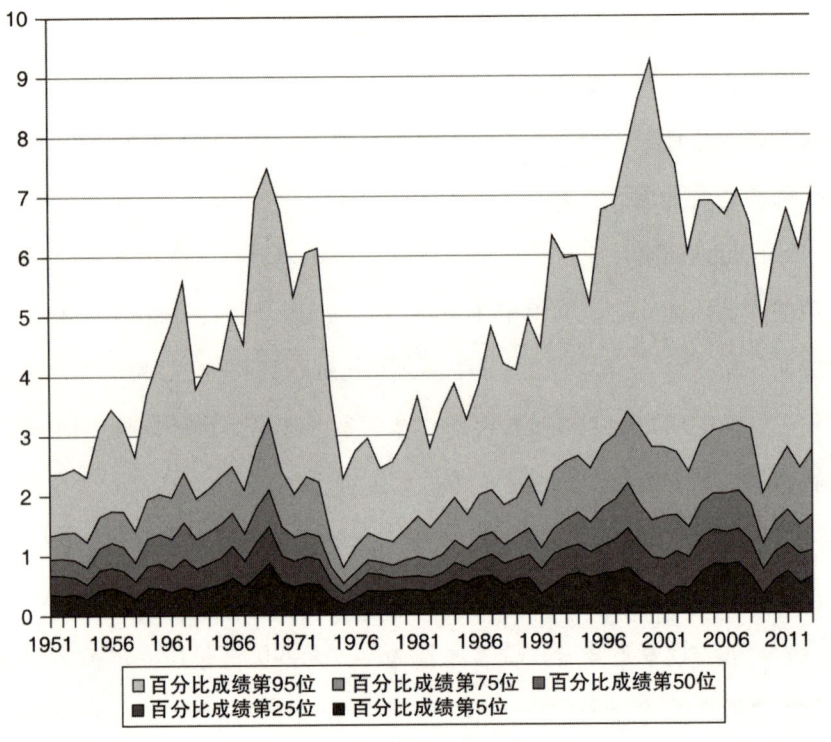

资料来源：尤金·法玛和肯尼斯·弗兰奇数据库

图 6-2　1951 年至 2013 年纽约证券交易所百分比成绩不同排名上市股票的市账率

图 6-2 显示了市账率如何随时间变化。与市盈率一样，市账率自 20

世纪 50 年代普遍增长，在 20 世纪 70 年代初和 20 世纪 90 年代末出现飙升。法玛和弗兰奇把那些市账率在较低的 30% 的股票定义为价值型股票，把那些市账率在较高的 30% 的股票定义为成长型股票。根据市账率把某只股票划分为价值型还是成长型，需要知道与之相比的其他股票是在哪里交易的。与市盈率一样，市账率估值方法需要对照一些潜在的基本因素及其他股票来看价格。

我们前面提到，法玛和弗兰奇用各种指标把股票分为了价值型和成长型，然而，必须强调的一点是，他们更重视市账率，因为他们认为在预测未来回报时市账率能比其他指标做得更好。与之相反，伊博森/晨星更看重市盈率。尽管我们相信了解多种估值指标有助于分析师对投资机会有一个更全面的把握，但我们更重视市净率，因为长期以来，它一向具有更强的预测性。

股价现金流比率

我们以前曾经提到，市盈率是一个易受干扰的价值衡量指标，因为收益可随时间的推移大幅波动。市盈率的另一个缺点是受不同会计处理方法的制约。最终，投资者对其作为股东有权享有的现金流感兴趣。股价现金流比率旨在消除可能由可选择的会计惯例或潜在的盈余操纵造成的扭曲。

表 6-4 所示为 2011 年 6 月纽约证券交易所股票的股价现金流比率。图 6-3 显示了从 1951 年到 2013 年，这些变点随着时间的推移如何变化。由于收益和现金流往往随着时间的推移而紧密相关，这些数据和趋势与市盈率相似。具体来说，股票交易中值约为现金流的 12 倍。第 5 个百分位的深度价值股票交易价格不到中值的一半，约为现金流的 5 倍。高成长型股票交易价格可以超过现金流的 40 倍。

由于一些股票交易价格远高于中值，市场的平均股价现金流比率往往会扭曲偏高。因此，一个比较好衡量、较少受极端数值影响的股价现金流比率的指标，是中值而不是平均值。与市盈率一样，股价现金流比率在 20 世纪 70 年代出现暴跌，从那时起随着利率的下降一直在稳步增长。法玛和弗兰奇再次把那些股价现金流比率在较低的 30% 的股票定义为价值型股票，把那些股价现金流比率在较高的 30% 的股票定义为成长型股票。

表 6-4　2013 年 6 月纽约证券交易所上市股票的股价现金流比率

百分比成绩	股价现金流比率
第 5 位	4.82
第 25 位	8.01
第 50 位	11.68
第 75 位	16.56
第 95 位	46.95

资料来源：根据肯尼斯·弗兰奇数据库的数据计算

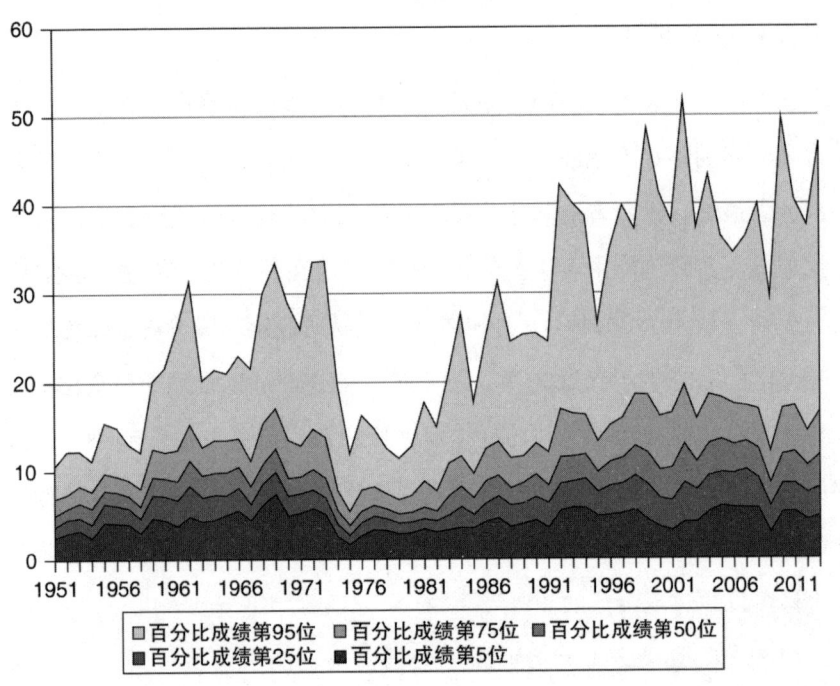

资料来源：尤金·法玛和肯尼斯·弗兰奇数据库

图 6-3　1951 年至 2013 年纽约证券交易所百分比成绩不同排名上市股票的

股价现金流比率

股息收益率

股利比收益或现金流稳定得多。大多数支付股利的公司希望随着时间的推移逐步增加股利支付。公司很少减少股利支付，因为这被市场解读为公司遇到财务困难的强烈信号。因此，许多分析师将股息收益率视为价值指标，因为它突出了价格的变化，同时消除了大部分与盈利和现金流变化相关的噪声。然而，股息收益率在很大程度上是一个粗略的衡量标准，因为决定股利政策的是管理，而不是市场。尽管如此，它仍然是战略价值投资者工具包中的一个重要的工具。

不同于到目前为止我们已经讨论过的相对价值的衡量指标，股息收益率把市场价值做分母而不是分子，它用年度股息除以当前市场价格来计算，通常表示为 D／P。表 6-5 所示为 2011 年 6 月纽约证券交易所上市股票的股息收益率。当时的股息收益率中值略高于 1.5%。百分比成绩排名第 95 位以上的几只股票，股息收益率在 6% 以上，这些被认为是深度价值型股票。

表 6-5　2013 年 6 月纽约证券交易所上市股票的股息收益率

百分比成绩	股息收益率
第 5 位	0.31
第 25 位	1.19
第 50 位	2.03
第 75 位	3.31
第 95 位	8.43

资料来源：根据肯尼斯·弗兰奇数据库的数据计算

经典的交易策略，即道氏理论，是买入一些在道琼斯工业平均指数中股息收益率最高的股票。随着股票价格的升高，股息收益率降低，该策略指导投资者卖出这些收益率下降的股票,买入那些未来股息收益率最高的股票。

图6-4显示了过去60多年的股息收益率。在这段时间股息收益率普遍下降。企业不是向投资者支付收益,而是越来越多地把那些收益重新投入到他们的业务中。这种趋势是好还是坏,取决于收益被怎样投资。如果管理层有前景广阔的和获利性的投资机会,投资者会希望他们放弃派发股息,把收益投资到有前途的增长机会,将之转化为未来的资本收益。但是,如果管理层已经用完了大部分的获利性投资机会,那么投资者拿到股利要好得多,以免被管理层浪费。

如果我们这次使用股息收益率作为价值或增长的晴雨表,法玛和弗兰奇会把那些股息收益率在较高的30%的股票定义为价值型股票,把那些股息收益率在较低的30%的股票定义为成长型股票。

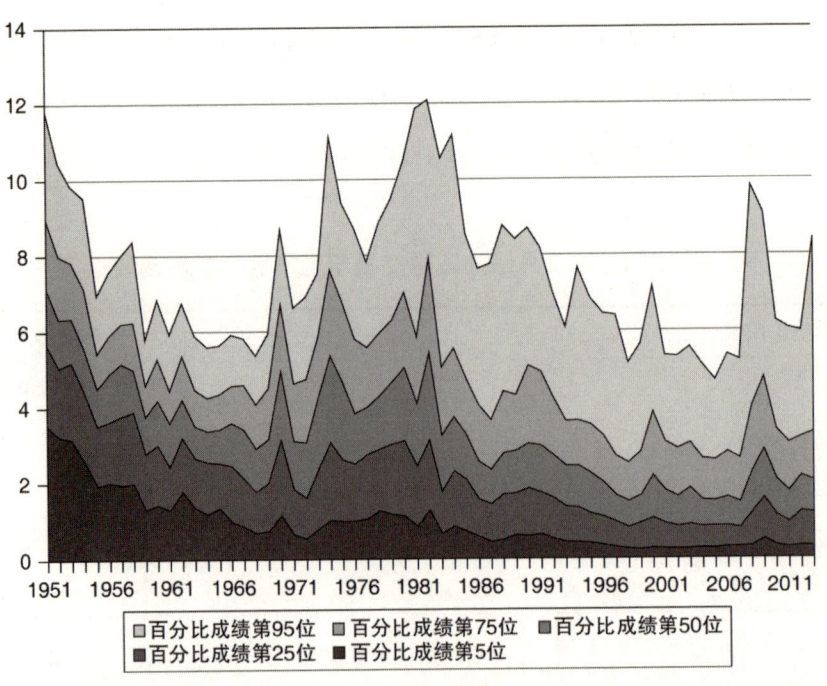

资料来源:尤金·法玛和肯尼斯·弗兰奇数据库

图6-4 1951年至2013年纽约证券交易所百分比成绩不同排名上市股票的股息收益率

第6章 价值的概念

相对价值的其他衡量指标

相对价值指标（或市值倍数）列表是相当长的。虽然市盈率、市账率、股价现金流比率、股息收益率是最重要的，其他几个也值得一提。例如，分析师通常使用市销率来消除可能影响收益的失真。在某些情况下，会计制度在如何处理开支方面提供了大量的自由裁量权，这些可供选择的处理方法会影响收益的准确性。例如，基于股票性质的补偿（股票薪酬）往往不列支，尽管事实上它是一个由现有股东承担的真实的经济成本。同样，先入先出（FIFO）的库存会计惯例与后进先出（LIFO）相比，可以降低商品销售成本。

市销率不受这些会计选择的影响，并能提供一个更可靠的跨企业比较，也就是说，它是可以通过积极的收入确认政策控制销售数字。20世纪90年代末的互联网泡沫提供了大量公司收入确认可疑的例子，为排除额外开支而只关注销售额没有考虑到利润的重要意义。尽管如此，市销率是一个有用的工具，在和其他市值倍数结合使用时，可以提供更多的视角。

股价与息税前收益比旨在表示股票相对于营业收入或息税前收益（EBIT）的价值。通过剔除利息和税收的影响，息税前收益重点关注与当前业务相关的收益。

一个相关的数字是营运现金流，即不计利息、税收、折旧、摊销的预估收益，特别是从收益数据中除去折旧和摊销等非现金费用，生成一个现金流指标——营运现金流。营运现金流集中于来自持续经营业务的现金流，排除了与投资和筹资活动相关的现金流的影响。仅仅着眼于现金流，可以消除由加大资本性支出或股票发行造成的扭曲。

这些市值倍数每一个都有优点和缺点，单独把任何一个指标（市值倍数）作为判断价值股和成长股或作为内在价值估计的决定性指标，都是不明智的。我们将在第11章更全面地研究使用相对估值模型进行投资决策和估计内在价值，但就目前而言，了解这些比率可帮助我们判断一只特定股票更趋于是一个价值型股票还是成长型股票。下面有把相对估值的所有指标综合在一起的例子。

专栏6-2 施乐：价值股还是成长股？

施乐公司股票是一个在价值型与成长型之间转换的有趣案例。图6-5显示的是放置在按法玛和弗兰奇百分数划分的价值分类中的施乐公司的相对估值。有趣的是，在21世纪最初几年中，尽管施乐公司股票其他倍数仍保持正常水平，但市盈率却非常高，这表明在此期间收益非常低迷。

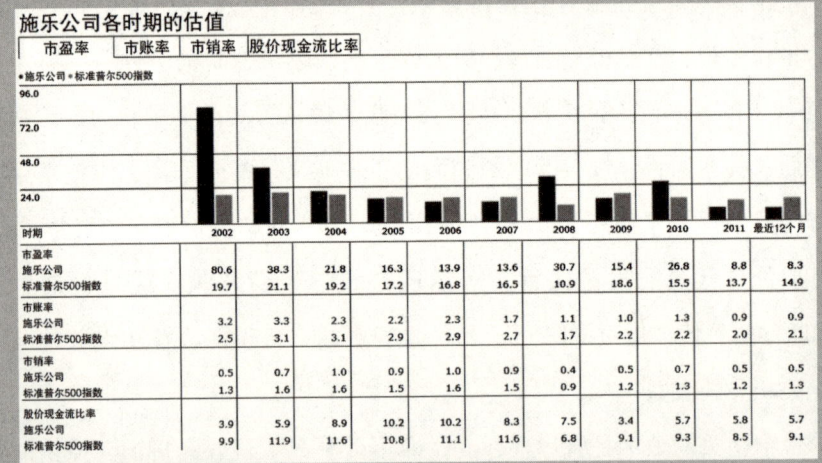

资料来源：晨星网

图6-5 施乐公司的相对估值

施乐公司新近的市账率和市销率也低于标普500指数的平均水平，按照法玛和弗兰奇的分类体系，其市账率把它牢牢地放在价值型股票的版图中；同样，它的高于平均值的股息收益率也使它逐渐向价值型靠近，尽管它还没有达到百分比成绩排名第70位。从整体上看，大多数投资者会把施乐公司归为价值型股票。

战略价值投资者可以通过施乐公司与行业（而不是市场）平均值及过去5年平均值的比较，进一步验证这一点（见图6-6）。在这里，它的市值倍数低于业界同行，它的股息收益率高于业界同行，此外，它的所有倍数均低于平均水平，而股息收益率高于5年平均水平。

估值	华尔街估值			
施乐公司目前的估值				
	施乐公司	行业平均值	标准普尔500指数	施乐公司5年平均值
市盈率	8.3	11.2	14.9	19.1
市账率	0.9	1.4	2.1	1.2
市销率	0.5	0.7	1.3	0.6
股价现金流比率	5.7	6.7	9.1	5.0
股息收益率	2.2	1.1	2.2	1.6

数据为2012年9月21日数据，股价现金流比率用的是3年间的平均值。

施乐公司未来的估值			
	施乐公司	行业平均值	标准普尔500指数
远期市盈率	6.6	—	14.1
市盈率与增长比率	6.9	—	
累积每股盈利等于股价所需时间	5.5	—	

数据为2012年9月21日数据。

资料来源：晨星网

图6-6 施乐公司估值与行业平均值比较及其在不同时期估值自我比较

专栏6-3 谷歌：价值股还是成长股？

图6-7所示为晨星网（Morningstar.com）报道的谷歌公司的相对估值。

早在2004年，谷歌显然是一个成长型股票，它的市盈率超过100，市账率为18，市销率和股价现金流比率远高于标普500指数的平均值，也没有支付股利。随着时间的推移，这些估值比率急剧下降，虽然它们仍然比标普500指数的平均值高得多，但它们更符合平均水平。

由于倍数压缩，谷歌作为一个成长股不再像2004年那样明显，不过它仍然是一个成长型的股票。2011年的市盈率为21.7，接近于法玛和弗兰奇将股票划分为成长型股票的百分比成绩排名第70位（见表6-2）。同样，17.3的股价现金流比率也非常接近百分比成绩排名第70位这一成长型股票变点（见表6-4）。此外，3.6的市账率超过了法玛和弗兰奇将股票划分为成长型的百分比成绩排名第70位，市销率也远远高于市场的规范。

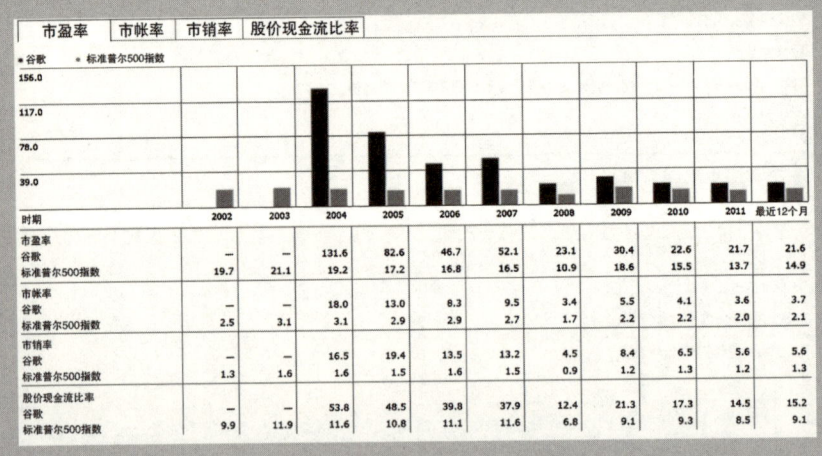

资料来源：晨星网

图6-7 谷歌公司的相对估值

总而言之，尽管谷歌的估值倍数压缩了，但它仍然是一个成长型股票。值得注意的是，尽管自2004年以来谷歌的市盈率大幅下降，股价却正好相反。由于收益、账面价值和销售额的增长比倍数下降更快，谷歌的股价从每股132美元上升到每股897美元，这是一个很不错的业绩。

结 论

不存在一个单一的、权威性的价值衡量方法，似乎每个人都有不同的价值概念。这就是投资的艺术的一部分。在这一章中，我们表明价值的概念可以有几个维度：如重置价值、市场价值、清算价值。同样，区分价值型股票和成长型股票也不是一个简单的事情，它需要通过各种不同的指标来判断。然而，指标指向同一个方向，可以使战略价值投资者对估价充满信心。接下来的章节将更详细地介绍各种绝对和相对估值方法，附带使用这些模型计算内在价值的例子。

第 7 章　股利贴现模型

> 股票市场充满了这样的人：知道任何事物的价格，但对价值一无所知。
>
> ——菲利普·费雪

价值投资的核心是应用财务模型确定投资的内在价值，如果内在价值大大高于市场价格，你就应该持有。对于怎样获得回报，投资者通常要理性很多。例如，不像汽车拥有者，相对于缺乏想象的家庭汽车，驾驶一辆昂贵的运动汽车能获得一种精神上的满足。就持有 IBM 的股份还是持有苹果的股份而言，典型的投资者是不关心的，考虑到一项投资的风险后，投资者通常会选择那些能够提供最高预期回报的投资。本章提供的模型，本质上都是基于数学的理性模型。

这一章不会退化为复杂的公式和多如牛毛的希腊符号，了解本章需要的定量能力是不超过高中水平以上数学的专业知识。虽然乍看之下，对于有数学恐惧症的读者这些公式可能看起来有点令人生畏，但是实际上计算非常简单明了。在投资管理领域的一个不能忍受的问题是过于复杂，本质上这些问题只是一个非常简单的想法：你要以少于它"值得的价值"去购买你想买的东西，"保持简单，傻瓜化"是我们遵循的口头禅。

本章将提出一个非常基本的估值模型（和这个模型的变体），此模型建立在现值或现金流折现的概念上。这些基本的模型被一些专业的投资者使用，它们是形成全世界的本科生和研究生商业项目所教的估值模型的基础，也是特许金融分析师（CFA）项目的基础。

你会发现，这个基础模型是相当简单的。模型的应用促进了一些投资者的成功，也导致其他投资者的挣扎并做出令人遗憾的决定，不管是理论上还是实际中，该模型都是可靠的，但是一个可靠的模型输入了糟糕的估计值，就应了一句古老的谚语，"进来时是垃圾，出去时也是垃圾"。

现值

投资概念的核心是财务的最基本的概念：现值。简单地说，现值是一种基本原则，即今天收到的 1 美元要多于明天收到的 1 美元，同样，明天收到的 1 美元要多于两天后收到的 1 美元，原理就是今天收到的 1 美元能够被投资以赚取利息，因此会比后一天收到的 1 美元要多。在数学上，在未来的某一时刻（比方说从现在开始一年后）收到的一定量的货币的现在价值是——假如相应的利率是 r：

$$现值 = \frac{终值}{(1+r)}$$

因此，如果相应的利率是 3%，一年后的今天收到的 1 美元的现值是：

$$现值 = \frac{\$1}{1+0.03} = \$0.9709$$

这意味着，如果相应的利率是 3%，一个投资者今天收到 0.9709 美元或者一年后的今天收到 1 美元应该是没有什么不同。这个简单的想法是所有现金流贴现模型的基础。

进一步外推此概念，两年后收到的 1 美元的价值是用两个时期贴现：

$$现值 = \frac{终值_2}{(1+r)^2} = \frac{\$1}{1.03^2} = \frac{\$1}{1.0609} = \$0.9426$$

假如那 1 美元是从今天开始 10 年才被收到，现值是：

$$现值 = \frac{终值_{10}}{(1+r)^{10}} = \frac{\$1}{(1.03)^{10}} = \frac{\$1}{1.3439} = \$0.7441$$

因此，在未来的某时点 n 收到的一笔总付金额的现值的一般公式为：

$$现值 = \frac{终值_n}{(1+r)^n}$$

专栏 7-1　一段历史上的奇闻轶事

现值的概念可以追溯到欧文·费雪和他的开创性的著作《利息率》（1907年）和《利息理论》（1930年）。尽管费雪被认为是投资历史中的巨人之一，但是他预测市场活动的能力却不尽如人意：在 1929 年股市崩盘前不到一周时，费雪声称美国经济会在一个"永久高原"之上。但是不要让他预测能力的缺乏混淆你对现值概念有效性的判断。借用高尔夫的说法，我们将给费雪"附加一击"（给予第二次机会）。

现值的关键概念是一旦未来收到的美元被贴现成现在的价值，它们就能加到一起以决定一系列未来现金流的值。金融专业人员会说，把手头的美元和未来某一时点收到的美元加到一起，和把美元和欧元加到一起没什么不同；你当然能把美元和欧元加到一起，但是你必须首先把它们转化成同一种货币。

以其最基本的形式，任何投资（股票、债券、实物投资等）的价值就是所有现金流的终值贴现回到现在的时点（转化成现值的形式）。任何投资的价值的一般公式为：

$$现值 = \frac{现金流_1}{(1+r)^1} + \frac{现金流_2}{(1+r)^2} + \cdots + \frac{现金流_n}{(1+r)^n}$$

注意，这些现金流可以是股利、债券的利息支付、不动产投资的租金，或者任何其他的投资支出。正如你将会看到的，估值模型是很简单的。投资的艺术在于既要估算未来现金流的数量，又要估算合适的利率（或者贴现率）。

专栏7-2　应用："新经济"的警告

如果有人试图让你相信有一个新的范式，现值不再重要了，你就应该尽可能快地跑远。在20世纪90年代后期互联网泡沫期间，这样的事情确实发生了，当时一些市场权威声称要开发新的指标，比如"点击率"或者"眼球效应"，去评估所谓的"新经济"中的公司。这些公司实际上不赚钱，它们正在消耗资金，然而投资者建立在这些公司会变革经济和创造新的商业模式的期望上，收购这些公司的股票。本文的作者之一在20世纪90年代晚期的一组分析师的介绍当中遇到了这种见解，罗伯特·约翰逊正向一群投资专业人员（这些人可不是一群不成熟的投资者）陈述CFA项目，这时，一个听众明显是CFA项目中讲解的传统估值模型的怀疑论者说，"这些传统的估值模型过时了，因为它们不能解释像价值美国和宠物网这样的公司的估值"。约翰逊回应称，"也许市场给某些公司提供的估值是得不到保证的，并且我们正在见证资产评估当中的泡沫"。不久之后，纳斯达克崩盘了，指数远低于20世纪90年代晚期有泡沫的估值水平。可以这样说，所有的投资估值模型都和现值有关。

因此，对于支付投资者50美元的年利息和三年后到期一次支付1000

美元的债券，如果相应的利率（贴现率）是 7%，则得到的现值为：

$$现值 = \frac{\$50}{(1.07)} + \frac{\$50}{(1.07)^2} + \frac{\$50}{(1.07)^3} + \frac{\$1000}{(1.07)^3} = \$947.51$$

同样，对于每年付给投资者 3 美元股利和预计 3 年后以 50 美元卖出的股票，如果相应的贴现率是 7%，得到的现值为：

$$现值 = \frac{\$3}{(1.07)} + \frac{\$3}{(1.07)^2} + \frac{\$3}{(1.07)^3} + \frac{\$50}{(1.07)^3} = \$48.69$$

从理论上说，这确实是已获得的一款非常复杂的贴现现金流模型。现在，显然公司一般都是按季度支付股利，而多数的债券每半年支付利息。但是假设年度付款并不会使模型无效。记住，这些模型是为了提供价值的近似值。通常，当模型变得更为复杂时，它们会给使用者精确的错觉。价值投资者在寻找用 50 美元购买价值 80 美元东西，或者用 20 美元购买价值 40 美元东西的机会。

戈登固定增长股利贴现模型

投资者从每股股票的持有当中收到的唯一的现金流是股利支付（D）加上投资者在持有期末出售股票的资金。对于永久投资者而言，一系列的股利支付是付给投资者的唯一的现金流，这样，每股股票的价值等于：

$$股票价值 = \frac{D_1}{(1+r)^1} + \frac{D_2}{(1+r)^2} + \cdots + \frac{D_n}{(1+r)^n}$$

其中，D_n 是给定时期的股利。上面的公式有一个无穷的时期项，似乎不可能应用，但是如果我们做一个简化的假设，即股利的增长率是恒定的，该方程简化成以下：

$$股票价值 = \frac{D_0(1+g)}{r-g}$$

在这个模型中，g 是股利的增长率。这个公式被称为戈登固定增长股利模型，或者戈登模型（以麦伦·戈登教授命名，他在 1959 年最先发表该模型）。这是应用最广泛的股票估值模型，在全世界的商学院以及 CFA 项目中讲授。

应用这个模型，看看去年一整年的股利是多少，并且提供两个变量的估计：①适当的贴现率（或利率）；②未来股利的增长率。在专栏 7-3 中，我们用该公式估计通用电气股票的价值。

专栏 7-3　应用：戈登固定增长股利模型下通用股票的价值

数据：

当前（2012）股利 = \$ 0.7

适当的利率或贴现率 = 11%

未来股利增长率 = 7%

$$通用股票的价值 = \frac{D_0(1+g)}{r-g} = \frac{\$0.70 \times 1.07}{0.11-0.07} = \$18.73$$

因此，如果适当的贴现率为 11%，股利增长率为一个常数 7%，那么戈登固定增长股利模型认为，通用股票的价值为 18.73 美元，是一个公平的估值。

但是要注意估值对选择输入变量的敏感性。如果我们假设一个略高的股利增长率 8%，并保持适当的贴现率仍为 11%，通用股票的估值就为 25.20 美元。

同样的道理，如果我们假设一个 12% 的适当的贴现率，并保持股利增长率为 7%，那么，通用股票的估值为 14.98 美元。这个例子说明，对投资者而言，实施敏感性分析是一个好的想法，该敏感性分析实质上是改变输入量以确定估值对于输入变量微小变化的敏感性。模型的数学计算是简单的，资产评估的艺术性在于估计输入量。

两阶段股利增长模型

在大多数情况下，假设股利有固定的增长率似乎是不切实际的。对于大多数公司而言，一个更切实际的假设是，股利在短期内为一个"异常"的增长率，其后的长期内为"正常"的增长率。正如第4章所述，在行业生命周期的讨论中，行业和公司通常经历四个不同阶段的增长：幼稚期、成长期、成熟期和衰退期。在幼稚期，公司可能不会公开交易，因此现金流贴现模型一般不适用于新创立阶段或风险投资阶段的公司。然而，一旦公司进入增长阶段或者成熟期，该模型就完全适用了。

两个阶段股利增长模型理论上和固定增长模型是一致的，即每股股票的价值等于所有未来股利贴现值的总和，但我们可以把未来的股利看成两个独立的现金流：①在非正常成长期的股利现值；②在正常增长期的股利现值。

如果我们假设一家公司在3年里将有较高的股利增长率，然后股利增长率恢复到一个正常的长期利率，我们可以用下面的公式估算这家公司股票的价值：

股票价值=非正常增长期间的股利现值+正常增长期间的股利现值

在异常增长3年的情况下，公式变为：

$$股票价值=\frac{D_1}{(1+r)^1}+\frac{D_2}{(1+r)^2}+\frac{D_3}{(1+r)^3}+从第4年以后所有股利的现值$$

由于三年后股利被假定为以固定的速度增长，在那时我们可以用戈登固定增长模型来计算股票的价值，换句话说，在时点3时股票的价值等于：

$$股票价值 = \frac{D_3(1+g)}{r-g}$$

但请记住,在时点 3 的股票价值是针对时点 3 未来美元价值而言的,我们需要把这个值折成现值才能把它和前三年的股利现值相加。

如下所示:

$$股票价值 = \frac{D_1}{(1+r)^1} + \frac{D_2}{(1+r)^2} + \frac{D_3}{(1+r)^3} + \frac{第三年的股票价值}{(1+r)^3}$$

或者

$$股票价值 = \frac{D_1}{(1+r)^1} + \frac{D_2}{(1+r)^2} + \frac{D_3}{(1+r)^3} + \frac{\frac{D_3(1+g)}{r-g}}{(1+r)^3}$$

这个公式看起来混乱,但是计算非常简单。要运用两阶段股利贴现模型,简单地看最后一个完整年度的股利支付是多少,并提供三个变量的估计:①适当的贴现率(或利率);②近期股利的未来增长率;③股利的长期增长率。在专栏 7-4 中我们可以应用此公式估计通用电气普通股股票的价值。

专栏 7-4　应用:两阶段股利增长模型下通用电气股票的价值

数据:

当前(2012)股利 = $ 0.70

适当的利率或贴现率 = 11%

1 至 3 年的未来股利增长率 = 12%

3 年后未来股利的增长率 = 7%

$$\text{通用电气股票的价值} = \frac{D_1}{(1+r)^1} + \frac{D_2}{(1+r)^2} + \frac{D_3}{(1+r)^3} + \frac{\frac{D_3(1+g)}{r-g}}{(1+r)^3}$$

$$\text{通用电气股票的价值} = \frac{\$0.70 \times (1.12)}{(1.11)} + \frac{\$0.70 \times (1.12)^2}{(1.11)^2} +$$

$$\frac{\$0.70 \times (1.12)^3}{(1.11)^3} + \frac{\frac{\$0.70 \times (1.12)^3 \times (1.07)}{(0.11-0.07)}}{(1.11)^3}$$

通用电气股票的价值 = \$0.71 + \$0.71 + \$0.72 + \$19.23 = \$21.37

这样，如果适当的贴现率为11%，并且前三年的股利增长率为12%和三年后股利增长率为常数7%，两级增长模型得出通用股票的合理的股价是21.37美元。

此外，我们要注意股票的估值对选择的输入值的敏感性。如果我们假设一个略高的股利增长率8%，适当的贴现率为11%，并假设前三年增长率为12%，估值为28.03美元。

同样，如果假设适当的贴现率为11%，并且保持前三年12%和其后7%的未来股利增长率，那么估值为17.08美元。

还是那句话，模型的数学运算是相当简单的，资产评估的艺术性在于输入变量的估计。

与两年的或者5年的异常增长期相比，3年的异常增长期并没有什么神奇，该模型可以修改，以适应任何股利增长模式。我们可以用Excel表格考虑不同长度的异常增长时期，改变贴现率和股利增长率。做这些敏感性分析有助于分析者认识估计值对输入值的变化的敏感性，也有助于价值投资者确定任何拟议投资的安全边际。如果我们在确定现金流时过度乐观，或者如果我们低估投资的风险和应用的贴现率太低，一个较大的安全边际允许我们有一些缓冲。

这种特殊的估值模型显然只能用于评估支付股利公司的价值。3M、联合科技、江森自控、雅培制药和可口可乐，都是多年不间断支付股利的例子，这些公司非常适用于此模型的参数。许多最大的和最成功的公司不能用股利贴现模型估值，像伯克希尔-哈撒韦、直播电视公司、易趣、谷歌和亚马逊网这些公司不支付股利，不能适用股利贴现模型，它们是基于收入、基于资产或者是净现金流的模型的应用对象，这些将在其他章节详述。然而，到2013年3月中旬为止，标准普尔500指数中，只有仅仅90只股票没有支付股利，这证明基于股利模型的广泛适用性。在作者写这本书的时候，道琼斯工业指数中的全部30只股票支付股利，并且全部可以应用股利贴现模型估值，这进一步说明了模型的广泛应用性。在第12章，我们将进一步探讨怎么选用适当的估值模型。

后面部分我们将集中于股利现金流的估计，然后把注意力转向麻烦的"适当"的贴现率。

现金流的估计

尽管贴现现金流模型可能是数学计算上简单，但是对于一些公司来讲，估计一定程度准确性的未来股利，还是相当具有挑战性。分析师很少直接估计未来股利，最经常的是估计每股收益，并假定一个固定的股利支付比率（每股股利/每股收益）以获得股利的估计值。如果假设股利支付比率是常数，那么收益增长率和每股股利增长率是一样的。然而，对那些一贯支付股利和一贯增加股利支付的公司，投资者可以验证股利支付的历史，并且可以推断将来也会支付股利，也可以推断股利增长率。

再者，正如上节所述，股利和收益通常不会永远以一个固定的比率增长。估计收入和股利的增长率，特别是提前很多年估计，充满了危险，并且时间越远，估计越不准确。由于现值的考量，近期的现金流通常代表公司价值更大的部分，从这一事实我们能得到一些安慰。

在这一节中，我们将描述一种估计强生公司股利增长率的方法（见专栏 7-5），该公司是固定增长股利模型很好的例子，因为它连续增加每年股利很长一段时间。事实上，2012 年是强生公司第 50 个连续增长股利支付的年份。图 7-1 显示了自 1997 年以来强生公司支付股利的历史。

专栏 7-5 应用：用固定增长股利模型估值强生公司

数据：

当前（2012）股利 = \$ 2.4

固定股利增长率 = 8.17%

适当的利率（贴现率）= 12%

$$股票的价值 = \frac{D_0(1+g)}{r-g} = \frac{\$2.40 \times (1.0817)}{0.12 - 0.817} = \$67.78$$

这与 2013 年 3 月中旬的市场价格每股 75 美元相比较。

应用股利增长模型并把你对强生公司未来前景的评估与市场评估进行比较，可以得出用市场价格算出的增长率。例如，每股市场价格 75 美元的股票的增长率等于：

$$g = r - \frac{D_0(1+g)}{市场价值} = 0.12 - \frac{\$2.40 \times (1.0817)}{\$75} = 8.54\%$$

这个表达式中的第二项叫预期股利收益率。隐含的增长率等于贴现率减去预期股利收益率。在这种情况下，每股 75 美元的市场价格意味着其他投资者认为股利增长率为 8.54%，而你的估计是 8.17%。未来股利增长率看起来好像差异不大，但是它将会导致价值估计的相当大的差异。

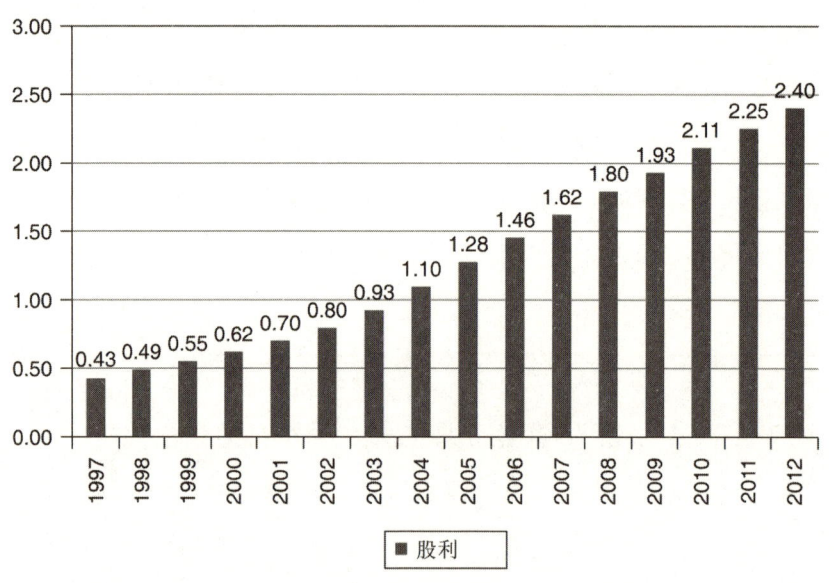

资料来源：美国证券交易委员会提交文件

图 7-1 1997 年以来强生公司年度股利历史

用固定增长股利模型估值强生公司，需要一个股利增长的估计值和适当的利率。如图 7-1 所示，当前的（2012 年末）股利为 2.4 美元，要计算过去 5 年股利的历史增长率，我们需要简单计算复合年增长率，即从时点 0 时股利 1.62 美元到时点 5（5 年后）股利为 2.40 美元的复合增长率。计算得出增长率为 8.17%。你也许会问，为什么不追溯到 1997 年算出 15 年的增长率？要知道，对于强生公司，15 年的年度股利复合增长率为 12.15%，这个增长率未必会持续存在。因此，假定股利增长率为 8.17%，适当的贴现率为 12%，对于强生公司来说应用固定增长股利模型，股票价值为 67.78 美元。如专栏 7-5 所示，在 2013 年 3 月中旬时，强生公司以每股 75 美元多一点的价格销售，固定股利增长模型表明此时股票价值轻微高估。当然，对于以每股 75 美元的价格购买股票的价值投资者而言，没有安全边际。

第 7 章　股利贴现模型

让我们在长期可持续增长率上多花一点时间。通过再投资盈利,一个公司能增长多少?从第 5 章得知,对投资者而言一个全面的衡量指标为股本回报率(ROE,净利润除以平均股东权益)。如果一个公司没有支付股利,而是把所有的收益再投资,其权益将以相同数量增长。所以,如果股本回报率为 15%,账面价值也将以 15%增长,假如一个公司的利润被用于增加下一年的销售收入,那么收益应增长 15%;如果公司把所有的盈利用于支付股利,那么账面价值就将不会增长,收入或股利也不会。收入的长期可持续增长率的一个度量为:

收入的长期可持续增长率 = 股本回报率×(1 - 股利支付率)

因此,如果股本回报率为 15%,股利支付率为 60%,收入的长期可持续增长率将为 6%。

专栏 7-6　应用:强生公司长期可持续增长率

强生公司近年来股本回报率如下:

2008 年	30.2%
2009 年	26.4%
2010 年	24.9%
2011 年	17.0%
2012 年	17.8%

强生公司过去一直是每年支付大约 62%的收益作为股利。近年来较低的股本回报率归因于急剧的经济衰退。另一方面,早些年的强劲的股本回报率明显是不可持续的。如果我们估计强生公司能维持 20%的股本回报率,并支付 60%的收益作为股利,那么收入和股利的长期可持续增长率将会为 8%。

投资者不必估计自己的股利增长率,有很多收益和股利增长率的来源可供投资者获得,表7-1提供了强生公司2012年3月中旬的一组股利和收益增长估计值。

表 7-1　强生公司收益或股利增长率

来源	估计的增长率	收益或股利和时期
雅虎财经	6.35%	未来5年的收益
价值在线	6.50%	未来7年的股利
汤森路透	6.4%	长期可持续增长率(5年)
扎克斯投资研究公司	6.22%	未来5年的收益

个人也不必束缚于固定增长股利模型,假如你预测接下来3年股利增长率为12.15%(强生公司的15年复合增长率),并且假定其后股利增长率会降到8%,我们就能用两阶段增长模型估计强生公司当前的股票价值,如专栏7-7所示。

专栏 7-7　应用:两阶段股利增长模型下强生公司普通股价值

数据:

当前(2012)股利= $ 2.4

前3年股利增长率=12.15%

第4年及以后的股利增长率=8%

适当的贴现率=12%

$$价值 = \frac{D_1}{(1+r)^1} + \frac{D_2}{(1+r)^2} + \frac{D_3}{(1+r)^3} + \frac{\frac{D_3(1+g)}{(r-g)}}{(1+r)^3}$$

$$价值 = \frac{\$2.40 \times (1.1215)}{(1.12)^1} + \frac{\$2.40 \times (1.1215)^2}{(1.12)^2} + \frac{\$2.40 \times (1.1215)^3}{(1.12)^3}$$

$$+ \frac{\frac{\$2.40 \times (1.1215)^3 \times (1.08)}{(0.12 - 0.08)}}{(1.12)^3} = \$72.28$$

在这种情况下,两阶段股利增长模型产生的估值略高于固定增长股利模型;然而,随着市场估值略高于每股 75 美元,该模型表明股票价格适当。

适当贴现率的估计

为了应用股利贴现模型,要估计的最重要的输入值之一就是适当的贴现率或者利率。很显然,它是一种利率,但是它被称为贴现率,因为它用于将未来美元转化(贴现)为今天的美元。我们不能对特定点的所有投资确定一种贴现率,除此以外,所有证券的贴现率都将随市场条件的变化而变化。具体而言,贴现率会根据几种情况而变化,包括市场上其他投资的回报(或收益)以及被分析股利流的感知风险。基本原理为股利流的风险越高,贴现率越高;其他投资比如无风险美国政府债券的收益越高,贴现率应该越高。

基本的原则是,贴现率应该既考虑货币的时间价值(一年后收到的 1 美元价值上多于今天的 1 美元),也要考虑美元的风险;换句话说,如果我们确定一年后确实会收到 1 美元,那么与不确定收到 1 美元相比,我们可以用一个较低的贴现率,并且不确定水平越高,我们用的贴现率应该越高。

尽管最近在债务上限危机的喧嚣中美国债务评级降级和债务违约的可

能性提高，但是美国政府的债务仍被认为是最无风险的投资，债务偿还被美国政府完全信用保证，因此当在金融上谈到无风险利率时，我们一般指的是美国政府证券的收益；然而，我们必须承认，包括美国政府证券在内，没有投资是真正无风险的。

当我们计算贴现率时，我们始于无风险利率，然后加上一种风险溢价，该风险溢价考虑或补偿投资者某种特殊投资的风险。确定风险溢价的一种最普通的方法，就是使用资本资产定价模型（CAPM），资本资产定价模型于1964年由诺贝尔奖得主和斯坦福大学教授威廉·夏普发明，该模型建立在诺贝尔奖得主哈利·马科维茨的开创性的现代投资组合理论基础之上。资本资产定价模型指出，适当的贴现率（或所需的投资回报率）可以被下面的公式确定：

$r = r_{rf} + \beta (r_m - r_{rf})$

其中：

r_{rf} = 无风险利率

β = 贝塔系数（基于股票波动性上的与市场相关的特定证券的风险度量）

r_m = 市场回报率（或者一种广泛的市场指数的回报率）

即使用CAPM模型确定贴现率的估计值，专业投资者对输入的具体值也有不同的意见。有些人选用历史值，而其他人用他们自己估计的现值。我们想知道未来与市场相关的证券风险，但那是不能确切知道的。上面公式括号中的术语（$r_m - r_{rf}$）被称为市场风险溢价。许多分析师用长期历史平均值，而不是试图估计当前的市场风险溢价。例如，从1926年到2010年，标准普尔指数中大型公司股票的平均年回报率为11.9%，而美国政府长期债券的平均回报率为5.9%，因此一个合理的长期风险溢价的估计值为6.0%：平均而言，投资普通股的多元化指数的投资者每年获得的收益，要比把钱投在美国国库券的投资者的收益多出6%。看专栏7-8。

专栏7-8 伊博森指数系列：年总回报率统计概要，1926年—2010年

	算数平均回报率	标准差
大公司股票	11.9%	20.4%
政府长期债券	5.9%	9.5%
美国国库券	3.7%	3.1%
通货膨胀率	3.1%	4.2%

当然没有要求使用历史市场风险溢价，一些专业投资者选择提供他们相信的市场风险溢价的估计值。专业人士广泛不同意适当的前瞻性股票风险溢价。根据19个专业投资者的调查，自2001年开始，股票风险溢价估计值介于0%到7%之间，平均股票风险溢价估计为3.7%。实际上，专业投资者的调查夸大了这段时间的股票风险溢价，因为，从2001年到2011年，标准普尔10年期的复合收益率大约为2.7%。一旦你减去了无风险利率，股票风险溢价几乎为0。

即使某一分析师使用历史市场风险溢价，很有可能他也将在CAPM方程中使用当前的无风险利率值。要找到无风险利率，分析师只需看看政府长期债券的当前收益率，截至2013年3月中旬，30年期美国国债的收益率约为 3.2%。

市场风险溢价很可能会随着时间而改变。高风险债券和政府债券收益率之间的区别，会在普遍恐慌的市场危机期间急剧增加，在 2008 年和 2009 年金融危机最严重的时候就是这种情况。在牛市，违约风险溢价会很低，随着投资者"动物精神"潮涨潮落，投资者可以把这次变量估计值加入到计算中，或者也可以选择假设这种变量不随时间而变动。这种方法有助于坚持一个恒定的投资原则，这个原则把战略价值投资者从"市场先生"的情绪冲动中独立出来。

我们有了计算贴现率的所有变量，除了 β，或者投资的 β 系数。β 系数是一个风险度量，通过比较特定投资和市场指数比方说标准普尔 500 指数的回报率计算得出。市场 β 系数是 1.0。β 系数大于 1.0 的投资，其风险就比市场要高。β 系数小于 1.0 的股票就比市场的风险要低。平均而言，当市场上涨时，β 系数大于 1.0 的股票上涨超过市场；同样，当市场下跌时，β 系数大于 1.0 的股票比市场下跌得更多。

更进一步，如果投资风险越高（一个较大的 β 值），投资者要求回报率越高是合理的。这样，在 CAPM 方程中看到的，随着 β 值的提高，适当贴现率也提高，并且随着适当贴现率的提高，现金流的现值会降低。对于特定时点的所有股票，当你用 CAPM 公式去计算贴现率时，无风险利率和市场风险溢价将会是一样的，不同的是股票之间的 β 估计值。

β 有很多来源，包括雅虎财经、晨星公司、价值在线公司和标准普尔，其中最受大家欢迎的之一就是雅虎财经。对相同的股票你会得到非常不同的 β 估计，这取决于你的来源。它也可以有很大的不同，这和用于估计 β 的时间区间、市场代理和回报率区间相关。实际上，一些数据供应商，比如彭博资讯，用数据平滑技术平衡极端结果。如果这产生了问题，你也许要取不止一种来源的平均值。专栏 7-9 列出了 2013 年 3 月中旬很多知名证券的雅虎财经 β 估计值。

专栏 7-9 应用：雅虎财经的 β 估计值和由此产生的贴现率

	β
3M	1.07
苹果	0.74
伯克希尔-哈撒韦	0.25
波音	1.07
可口可乐	0.38
埃克森石油公司	0.86
通用电气	1.47
强生公司	0.45
辉瑞公司	0.74

因此，对于通用电气而言，用于股利贴现模型的适当的贴现率为：

$r = r_{rf} + \beta (r_m - r_{rf}) = 3.2\% + 1.47 \times (6.0\%) = 12.02\% \approx 12\%$

强生公司的贴现率为：

$r = r_{rf} + \beta (r_m - r_{rf}) = 3.2\% + 0.45 \times (6.0\%) = 5.9\% \approx 6\%$

其他的都相等，预期强生公司的现金流的现值会比通用电气同样现金流的现值要高，因为强生公司现金流风险较低。

资本资产定价模型和 β 值远不够完美，它们建立在很多假设上，比如投资者的理性行为假设。见识过最近市场泡沫和崩溃的人能认识到，贪婪和恐惧通常比理性更能统治市场。此外，尽管我们很想知道的是未来证券的风险，该风险有很多组成部分（金融风险、商业风险、规模因素、购买力风险等），而 β 是一个单因素，不可能捕获未来的所有这些风险。专业投资者使用其他的多因素模型，但不是使事情更复杂，而是使它们更简单。

组合法是用于评估被收购私营企业的价值的一种方法，它起始于无风险利率，然后加上其他的回报率得到一个基于风险因素的回报率总额。

无风险利率	补偿货币使用的数额，实际包括通货膨胀率。
加上：股票风险溢价	该额度指投资者购买股票而不是进行无风险投资应该获得的额外回报，这是一种市场整体（一般对于大盘股）溢价。这个值能用历史比较（例如前面探讨的6%）或者前瞻性预测来确定。
加上：规模溢价	小盘股通常被认为比大盘股风险大，相应地，随着时间的推移，它们比大盘股表现出较高的历史回报。从历史上看，中盘股有一个大约1%的长期风险溢价，小盘股约2%，微型股约为4%。
加上：特定溢价	根据对个别股票的判断确定。例如，如果一个公司相对于其他公司有更高杠杆率，你可能会多加一点；如果公司无流动资金或是非公开的，你可能要为这种非流动性加上一个较大的溢价。

这些因素会给你投资所需的回报率（预期回报率或贴现率）。正如你从表当中看到的，虽然有历史数据，你至少可以部分依赖这些数据，但是也需要有大量的判断。作为一个价值投资者，你想要仅购买具有足够的安全边际的证券，所以一般来说，最好是保守地假设和宁可高估具体的风险溢价。

专栏 7-10 应用：米奇汗姆租赁公司所需回报率

米奇汗姆租赁公司为陆上和海上的地质勘探提供测震设备，它的市场估值约为 2 亿美元（微型股），下表提供了投资米奇汗姆租赁公司所需回报率的一个估计：

无风险利率	3.2%
+股票风险溢价	6.0%
+规模溢价	4.0%
+在一个周期行业中的公司的特定溢价，判断确定为	3.0%
总所需回报率	16.2%

这些模型应该给你一些思考，如何确定你和其他投资者从投资证券中获得的回报率。然而，最终，你是投资者（并且我们希望你是一个价值投资者），因此，你应该使用一个期望的回报率（贴现率），通过补偿你的风险使你快乐，尽管它超越了这些模型；更进一步，如果你觉得一般的大盘股预计只会提供 7% 的回报率，（大约 3% 的无风险利率和 4% 的股票风险溢价），那么自然应该用更高的回报率以确保足够的安全边际，对于某些人而言，这可能意味着 10% 或者 15%。

沃伦·巴菲特会做什么

沃伦·巴菲特多次被人提问，在评估投资中使用哪种贴现率，他不是以使用 CAPM 模型而得名的，而是采用更简单的模型。在 20 世纪 90 年代后期的年度股东会议上，巴菲特陈述道，他通常使用长期美国国债利率（那时 7% 左右）获得一个初步的价值，但随后将只购买大幅低于这个值的公司的股票。例如，他曾经说相对于7%的国债利率，他可能喜欢看到至少10%的贴现率，贴现率与国债利率的距离是一个函数，该函数表明对未来现金流估计的确定性，并决定持有公司的舒适度。

结 论

这几种股利贴现模型都属于专业人士分析的标准套餐，事实上，它们通常是学生接触本科商业课程学习评估时的第一套模型。虽然这些模型可以被修改，以适应几乎所有模式的未来预期股利增长率，然而它们都是建立在一个前提下：展望未来股利流价值，该公司确实是被恰当估值的。有些公司根本无法通过这种方法进行估值，那就使用自由现金流模型、剩余收益模型或基于资产的模型，以获得内在价值的估计。

战略价值投资者必须认识到，估值的准确性是模型输入精度的直接函数。由于假定股利增长率或要求的回报率的差异，不同的投资者采用同样的模型却得出完全不同的内在价值的估计。事实上，一个价值投资者可以运用模型并确定证券被低估，并从应用相同的模型且确定它是被高估的另一个价值型投资者手中买入该证券。这就是投资市场发挥功能的实质，也是投资者之所以如此着迷的原因所在。

第8章 自由现金流模型

> 最重要的，是要把股票看作对于企业的一小片所有权，以企业的竞争优势来判断内在的价值。要寻找未来折现的现金流比你支付的股价高的机会。只有当你赢的概率更大的时候才去下赌注。
>
> ——查理·芒格

第7章介绍了股利贴现模型，一种基于预计未来现金流的现值为证券估值的模型。股利贴现模型用于对向投资者支付大量股利的公司进行估值，但对不支付股利的公司或对那些在股利支付方面存在巨大差异的公司，我们又该对它们如何估值呢？例如，在2012年会计年度，苹果公司有470亿美元的净收入却只支付25亿美元的股利，股利分配率为不到6%。与苹果公司相比，强生公司在2012年会计年度有108亿美元净收入，股利支付为66亿美元。你肯定会用股利贴现模型估值苹果公司，但很显然，根据产生现金流的能力而不是支付股利的能力估值，苹果的估值会更好。事实上，一些分析师已经批评苹果公司的巨额现金贮藏。另一方面，强生公司的特点是支付大比例的收入作为股利，因此，股利贴现模型似乎完全适用该公司的估值。

估计所有未来股利的现值，是确定证券价值的一种方式。后面的章节将向你展示如何使用基于资产的模型，并根据资产负债表上的资产对公司估值。本章的重点是自由现金流模型，该模型说明了怎样基于公司持续的现金产生能力得到估值。本章介绍的模型适用于估值各种各样的公司：包括支付股利的公司和不支付股利的公司。在第 5 章中，我们介绍了在比率分析背景下自由现金流的概念，本章表明，除了提供相对估值的方法外，你可以通过对自由现金流的分析，估计公司的内在价值。具体来说，一个公司的价值可以通过计算公司未来所有自由现金流的现值来估算。同样，我们可以通过计算属于股东的未来现金流的现值，来估计公司每股普通股的价值，不管在过去几年，这些现金流是否支付给股东。

在下面的章节中，我们将介绍自由现金流的概念，并展示如何基于公司自由现金流（FCFF）和股权自由现金流（FCFE）为公司估值。与股利不同，公司自由现金流和股权自由现金流不能从公开发布的财务报表当中简单地找到可用的指标。自由现金流模型要求你提供若干变量的估计，与上一章介绍的较简单的股利贴现模型相比涉及更多的计算。

什么是自由现金流

自由现金流不是一个正式的会计概念，因此不同的人有时定义也不同。在最简单的形式中，自由现金流是营运现金流（源于营运活动产生的现金流或 CFO）为任何需要的资本支出支付后剩下的金额，它可以被设定为：

$$自由现金流 = CFO - 资本性支出$$

为了估值目的计算自由现金流时，我们必须要更精确。有两个与估值相关的自由现金流的定义：公司自由现金流和股权自由现金流。下面我们要区分两个概念，并展示怎么用这两个概念估计每股股票的价值。

公司自由现金流公司是公司支付了所有营业费用（包括税收）、进行了必需的固定资产与营运资产投资后，可以向所有投资者分派的税后现金流量。公司自由现金流为：

公司自由现金流（FCFF）= CFO+利息支付×（1-税率）-资本支出

公司的资本供给者包括普通股股东、优先股股东和债券持有者。简单来说，不管现在还是将来，公司自由现金流是除了资本供给者外的任何人的已经得到支付和得到承诺在保证公司正常运转的必要投资之后剩余的可获得的现金流。

这和经营一个家庭类似。家庭现金流是支付所有的日常支出（食品、抵押贷款、天然气等）之后剩下的部分，但是要维持一个家庭，一个人必须要定期花钱维修和保养，否则，家庭的价值将会降低。想想这样一种情况，房主不对房子进行日常保养——刷漆、替换火炉和家具，房子的价值就会受到侵蚀。同样的方法，所有营运现金流不能慷慨支付给债权人，现金流的一部分必须花在维持和改善业务上。

公司必须替换机器设备，投资于新的物业、厂房和设备，投资于研发，以保持长期生存下去，并使长期运营自由现金流最大化。我们也需要对上述公司自由现金流提出一个警告，即在多数情况下，此方程是在美国的会计标准下应用，为了得到营运现金流，在现金流量表上的利息支出被扣除掉了；因为公司自由现金流是所有资本供给者（包括债权人）可获得的自由现金流，并且利息已经支付给债权人，因此当计算自由现金流时，需要把它加回来（税后）。按照国际财务报告准则，公司被允许在营运现金流中或者融资现金流中显示利息支出。如果一个公司用国际财务报告准则，并且选择从融资现金流中扣除利息支出，那么就不必进行利息调整，公式就变成了：

公司自由现金流（FCFF）= 营运现金流（CFO）-资本支出

当我们试图对一个公司的普通股进行估值时，我们必须认识到，所有的自由现金流并不归于股东,还有其他的资本供给者,也就是,债权人——也必须要被支付。当对股权估值时,我们只对属于股东的财产的那部分自由现金流感兴趣。股权自由现金流是在扣除营业费用、利息和本金,并且固定资本的必要支出已经支付后剩余的可用于公司普通股股东的现金流。股权自由现金流公式为:

股权自由现金流(FCFE)= CFO-资本支出+债权人的净借入

在第 5 章我们明白,公开交易公司需要在现金流量表中报告营运现金流,但是正如你在上面两公式中看到的,需要调整营运现金流来得到公司自由现金流和股权自由现金流。

计算过去几年的 FCFF 和 FCFE 不困难,需要做的是得到现金流量表以获得必需的输入量。然而,预测未来几年的 FCFF 和 FCFE 更为困难,并且需要几个简单的假设。你会发现使用电子表格模型会使处理更易管理。除此之外,当你使用电子表格模型时,你可以通过改变变量输入,进行敏感性分析。我们将会在这一章的后面部分展示如何预测自由现金流。

专栏 8-1　应用:计算沃尔玛的 FCFF 和 FCFE

参考表 5-2 的沃尔玛的现金流量表。截至 2011 年 1 月 31 日数据如下(金额单位为百万美元):

营运现金流	$ 23643
财产和设备支付	($ 12699)
处置财产和设备收益	$ 489
投资和企业兼并,净额	($ 202)
短期借款	503
长期借款	11396
长期债务支付	($ 4080)
融资租赁负债支付	($ 363)

从补充披露当中可以确定,沃尔玛支付了 $2163 利息给债权人,且有平均 32% 的税率。

沃尔玛的公司自由现金流(FCFF)计算为:

营运现金流	$23643
加:税后利息($2163×0.68)	1471
减:财产和设备支付	($12699)
加:处置财产和设备收益	$489
减:投资和企业兼并净额	($202)
等于:公司自由现金流(FCFF)	$12702

注意,我们包括企业投资的资本支出以及财产和设备中的净投资,当计算过去的 FCFF 时这是适当的,但是当预测将来的 FCFF 时,如果可能的话,我们一般只是分别预测财产和设备的净投资和考虑潜在兼并额。

股权自由现金流(FCFE)计算为:

营运现金流	$23643
减:财产和设备支付	($12699)
加:处置财产和设备收益	$489
减:投资和企业兼并净额	($202)
减:短期借款	503
加:长期借款	11396
减:长期债务支付	($4080)
减:融资租赁负债支付	($363)
等于:股权自由现金流(FCFE)	$18687

请注意,从历史的角度来看,在计算 FCFE 中包括了债权人的借款,这也许看起来古怪,因为这意味着借款能增加 FCFE,进而也能在某种程度增加公司价值。我们不使用历史 FCFE 估值,我们想要预测将来的平均 FCFE,其中包括借款范围内支付资本支出的部分,该部分借款无需股东偿还,但将来对这部分借款的偿还将使 FCFE 减少。

公司自由现金流模型

公司自由现金流（FCFF）模型将公司的价值估测为未来公司自由现金流估计值的现值，该现值以名为加权平均资本成本（WACC）的贴现率贴现公司未来现金流估计值而成。下面一节我们将展示怎样计算加权平均资本成本。因此，用 FCFF 模型得出的公司的市场价值为：

$$公司价值 = \frac{FCFF_1}{(1+WACC)^1} + \frac{FCFF_2}{(1+WACC)^2} + \cdots + \frac{FCFF_n}{(1+WACC)^n} + \cdots$$

这个方程是不是看起来熟悉？该方程和前面章节中讲过的基本股利估值模型在形式上是一样的。公式的唯一差异是这里的分子是自由现金流估计（而在股利模型里现金流是估计的股利），并且这里的分母为 WACC 的贴现系数（而在股利模型中，分母是通过公司股权的风险确定的贴现率）。

作为潜在的股东，我们最终感兴趣的是股权的市场价值而不是公司的市场价值。因为 FCFF 模型包含所有资本供给者（无论债权人还是股东）可获得的现金流，因此股权市场价值约等于公司市场价值减去债务市场价值：

$$股权价值 = 公司价值 - 债务价值$$

为确定每股价值，只需将股权价值除以流通股的数量。

确定加权平均资本成本

简单而言，加权平均资本成本（WACC）为公司资本供给者的总体平均回报率。我们假设有两种资本供给者：债权人和股东。然而，加权平均资本成本框架可以很容易地扩展到包括优先股股东。

WACC 的公式是简单的,债务成本和股权成本分别通过用公司资本结构中的债务额和股权额简单加权得到。债务额和股权额通过各自的市场价值而不是账面价值确定,WACC 公式为:

$$\text{WACC} = \frac{\text{MVD}}{\text{MVD}+\text{MVE}} k_d + \frac{\text{MVE}}{\text{MVD}+\text{MVE}} k_e$$

其中:MVD 为债务市场价值

MVE 为股权市场价值

k_d 为税后债务成本

k_e 为股权成本

在许多司法管辖区,最引人注目的是美国,允许公司从收入中扣除利息净支出计算所欠税款,而付给股东(特别是优先股股东)的股利支出不能享受这样的税收优惠待遇。这样,我们说公司债务有避税作用——实际上,通过等同于税率的因素降低债务融资成本。公司税前债务成本可以用公司的长期债务的到期收益率近似计算,如果有几种债务还未偿付,可以用债务到期收益率的某种平均值。记住,WACC 是价值估值模型的一个输入值,并且包括几个简单的假设。没有必要得出精确的估计,价值投资者的目标是确认市场上显著低估的投资。

假如税前债务资本成本为 6%,且税率为 30%,则税后债务成本为:

税后债务成本=税前债务成本×(1-税率)= 6%×(1-0.3)= 4.2%

股权成本能够用很多方法计算得出,包括资本资产定价模型和第 7 章描述的组合法。专栏 8-2 给出了沃尔玛的加权平均资本成本的估计。

专栏 8-2 应用：至 2013 年 3 月中旬沃尔玛加权平均资本成本的估计

沃尔玛债务的平均到期收益率	= 3.5%
所得税率	= 32%
债务市场价值	= 542.3 亿美元
股权市场价值	= 2551.43 亿美元
沃尔玛股权的贝塔系数	= 0.41（源自雅虎财经网）
市场风险溢价	= 6.0%
无风险利率	= 3.2%

首先，计算税后债务资本成本：

税后债务资本成本 = 税前成本 × (1−税率) = 3.5% × (1−0.32) = 2.38%

其次，计算股权资本成本：

股权成本 = $r_{rf} + \beta (r_m - r_{rf})$ = 3.2% + 0.41 × (6%) = 5.66%

则加权平均资本成本（WACC）估计为：

$$WACC = \frac{MVD}{MVD+MVE}k_d + \frac{MVE}{MVD+MVE}k_e$$

$$= \frac{542.3}{542.3+2551.43} \times (2.38\%) + \frac{2551.43}{542.3+2551.43} \times (5.66\%) = 5.09\%$$

对于一个公司而言，这是一个非常低的资本成本估计，之所以估计值低是由三个因素造成的：

1. 沃尔玛信用风险很低，因此其债券的到期收益率很低；
2. 该估计是在很低的利率环境下做出的；
3. 沃尔玛的 β 系数远小于市场的 β 系数。

我们不认为这是长期可持续的 WACC。在你的估值模型中，你应该使用股权成本的期望回报率，例如，如果基于你对沃尔玛的了解，你感觉将会获得 8% 的回报率，那么你应该在模型中用该回报率，而不要用某财务模型表明的回报率。使用一个高的回报率是保守的，因为它将会导致一个较低的内在价值，这个内在价值会使你失去一些边际投资机会。用 8% 作为沃尔玛的股权成本将会产生 7% 的 WACC。

第8章 自由现金流模型

预测公司自由现金流

所有的估值模型都需要投资者对公司有彻底的理解，这一章中介绍的自由现金流模型也不例外，它们需要详细分析公司的财务报表。这一节展示如何进行公司自由现金流（FCFF）的估计。

尽管能够直接从现金流量表中计算历史自由现金流，你可能不想简单推断这些数字，去年的营运现金流是去年收入、利润率、应收账款回收、购买库存等的函数。在预测中，我们有一定的灵活性以调整这些参数，因此我们使用了一个模型预测收入、营业利润、营运现金流，并最终预测公司的自由现金流。

收入

税前营业利润（在利息支出前）

减：税收

税后营业利润（在利息支出前）

加：折旧及摊销

减：额外的流动资金

营运现金流（不包括利息支出）

减：资本支出

估计公司自由现金流

基于你认为将来发生的不同情况，比如较高或较低的利润率，较高或较低的税收，较高或较低的资本支出，该模型给予了一定的灵活性以改变输入量。

专栏:8-3　应用:预测沃尔玛 FCFF

你想计算明年沃尔玛 FCFF 的预测值(假设现在是 2013 年 4 月上旬),你要收集专栏 8-1 中提供的沃尔玛的历史数据,以帮你评估预测 FCFF 合理的输入量。请注意,沃尔玛 2013 会计年度结束于 2013 年 1 月 31 日。我们将使用 469162 百万美元作为基期的收入,预测 2014 年 1 月 31 日的 FCFF。估计此模型的输入量为:

输入量		
基期销售额	469162	最近 12 个月
销售增长率	4.00%	我们对未来的估计
营业利润率	5.90%	我们对未来的估计
折旧及摊销(占收入比率)	1.8%	我们对未来的估计
其他的流动资金投资(占增加收入的百分比)	4.0%	我们对未来的估计
资本支出(占收入比率)	2.90%	我们对未来的估计
税率	32%	我们对未来的估计

这里展示的未来估计是根据历史信息,当前经济状况和税收状况,以及我们认为未来持有沃尔玛股票的情况做出的判断。与历史均值相比,也许这会使你不安,但是判断是必要的:你不能假设过去将延续到未来。估值既是一门科学更是一门艺术。

根据这些输入量我们可以预测将来的收入、营运收入、营运现金流和公司自由现金流如下:

以百万美元为单位	预测值
收入	487928
税前营业利润(利息支出前)	28788
减：税收	(9212)
税后营业利润(利息支出前)	19576
加：折旧及摊销	8783
减：其他流动资金	(751)
经营性现金流(不包括利息支出)	27608
减：资本支出	(14150)
FCFF 估计	13458

因此，我们预计下一会计年度的公司自由现金流为 13458 百万美元。正如下一节所示，我们可以使用这个估计值估算公司的价值。乐观主义者倾向于低估必要的资本支出，以支撑一个合理的增长率；消极主义者也许为将来的增长高估必要的资本支出。重要的是要认识到两者之间的联系，并且认识到估测高未来增长（这将增加未来自由现金流）和低资本支出（这也将增加未来自由现金流）是互相矛盾的。下一节我们将看到增长的重要性。

表 8-1　沃尔玛财务报表数据节选

单位百万美元	来源	2013 年	2012 年	2011 年	2010 年	2009 年
收入	损益表	469162	446950	421849	408085	404254
营业利润	损益表	27801	26558	25542	24002	22767
折旧和摊销	现金流量表	8501	8130	7641	7157	6739
流动资本投资						
应收账款(增加)或减少	现金流量表	(614)	(796)	(733)	297	(101)

存货(增加)或减少	现金流量表	(2459)	(3727)	(3205)	2213	(220)
应付账款增加或(减少)	现金流量表	1061	2687	2676	1052	(410)
应计负债增加或(减少)	现金流量表	1252	59	(433)	1348	2036
总流动资本调整后净利润		(760)	(1777)	(1695)	4910	1305
资本支出(净)	现金流量表	12366	12930	12210	11182	10785
税率	脚注或计算所得	31.0%	32.6%	32.2%	32.4%	34.2%
收入增加(百分比)	计算所得	5.0%	6.0%	3.4%	0.9%	
收入增加(美元)	计算所得	22212	25101	13764	3831	
营业利润率	营业利润或营业收入	5.9%	5.9%	6.1%	5.9%	5.6%
折旧和摊销占收入比例	从以上计算所得	1.8%	1.8%	1.8%	1.8%	1.7%
其他流动资本投资	减总流动资本调整	3.4%	7.1%	12.3%	(128.2%)	
资本支出占收入比例	从已上计算得出	2.6%	2.9%	2.9%	2.7%	2.7%

使用公司自由现金流模型估值

如同股利贴现模型,假设一个固定的未来增长率持续到永远,我们就可以使用 FCFF 模型,该模型下的公司估值公式为:

$$公司价值 = \frac{FCFF_1}{WACC - g}$$

在该模型中,我们通过加权平均资本成本减去未来增长率贴现下一年的 FCFF(注意我们已经在分子当中预测到下一年的 FCFF,因此不需要像

第 7 章的股利贴现模型做的那样按照 g 增长），得数即为公司的价值（债务加上权益），因此我们需要减去债务的价值以得出股权价值：

$$股权价值 = 公司价值 - 债务价值$$

最后，如果要求每股价值，我们只需把估计的股权价值除以流通在外的股票数量即可。

专栏 8-4　应用：使用预测的 FCFF 估值

我们将使用我们估计的 2014 年沃尔玛 FCFF 预测值 134.58 亿美元，7% 的 WACC 估计值，并且假设沃尔玛将继续每年 3% 的增长率。

$$公司价值 = \frac{\$134.58 亿}{0.07 - 0.03} = \$3360 亿$$

沃尔玛当前有大约 540 亿美元债务，因此股权价值约为 2820 亿美元。沃尔玛流通在外股份数为 33.4 亿股，这意味着每股股权价值为 84.43 美元。

在撰写本文时，沃尔玛正在以大约每股 76 美元进行交易，我们的计算大约为 10% 的贴现率时的内在价值。当前的市场价格只是所计算内在价值的一个中度的贴现，不足以吸引大部分投资者的注意。此贴现率是本杰明·格雷厄姆强调的"安全边际"，也是沃伦·巴菲特和塞思·卡拉曼采用的"安全边际"。

多阶段公司自由现金流模型

以上介绍的模型是一个单阶段模型，即假设增长率为常数，并且每年所有的输入量相同，而多阶段模型允许你改变某些年的输入量，即使有时不得不简化并假设未来是常量。在多阶段模型中，你明确预测很多年的FCFF，然后采用固定增长公式确定终值，这和第7章讲述的多阶段股利贴现模型类似。最经常地，投资者预测未来五年，但是你也可以预测你熟悉的未来很多年，由于预测涉及估算未来和预测超过五年的不断变化的经济环境，因此该预测是有问题的，并且可能不值得额外努力。

我们使用和前述 FCFF 模型同样的方法，但是如果需要的话，我们可以允许调整个别输入值。

> **专栏 8-5　应用：多阶段 FCFF 估值模型**
>
> 表 8-2 给出了沃尔玛多级 FCFF 的输入值和模型，在这个多阶段模型中，如果你想的话，可以分别调整每年的每一个输入值。除了假设未来五年营业利润率被压缩并从 5.9% 降低到 5.5% 之外，我们已经使大部分输入值和前面讲的单级模型相同。请注意，在前五年收入仍按 4% 增长，但是之后将以 3% 增长，我们以此估测终值。
>
> 对于一至五年，我们将预测出每一年的 FCFF 并以 WACC 将它们贴现到今天。第一年贴现一年，第二年贴现两年，等等，终值代表的是第五年年终的公司价值。通过预测第六年的 FCFF，然后应用单阶段固定增长模型确定第六年年末的公司价值，之后将该值以 WACC 的贴现率贴现五年。此模型会得出沃尔玛内在价值为大约每股 81 美元，略低于单阶段模型的值，这是由降低的营业利润率导致的。

公司自由现金流模型非常灵活。对于沃尔玛公司而言，我们使用其当前的资本结构——大概 17.5% 债务和 82.5% 的股权。然而，我们也能改变模型中其资本结构的假设。例如，如果你认为沃尔玛是一个有吸引力的收购对象，并且收购方将采用不同的资本结构（比如更多的债务），那么你可以简单地改变这样的假设。出于这个原因，FCFF 模型通常用于并购和杠杆收购,以确定目标公司合理的价格。

表 8-2 公司自由现金流贴现模型

沃尔玛公司	2013 年 4 月 5 日					
输入	第一年	第二年	第三年	第四年	第五年	终值
销售增长率	4.00%	4.00%	4.00%	4.00%	4.00%	3.00%
营业利润率	5.90%	5.80%	5.70%	5.60%	5.50%	5.50%
折旧和摊销(占收入百分比)	1.80%	1.80%	1.80%	1.80%	1.80%	1.80%
其他流动资本投资(增加收入的百分比)	4.00%	4.00%	4.00%	4.00%	4.00%	4.00%
资本支出(收入百分比)	2.90%	2.90%	2.90%	2.90%	2.90%	2.90%
税率	32.00%	32.00%	32.00%	32.00%	32.00%	32.00%
基期销售额—TTM 或第一阶段增长的预计调整	469162					
债务成本	3.00%					
股权成本	8.00%					
债务总和	54230					
非营业资产	0					
每股现价	76.39					
流通股股数	3340					
计算如下						
股权市场价值	255143					
债务比例	17.53%					
股权比例	82.47%					
加权平均资本成本(计算不输入)	6.96%					
销售额	487928	507446	527743	548853	570807	587932
税前营业利润	28788	29432	30081	30736	31394	32336
税收	(9212)	(9418)	(9626)	(9835)	(10046)	(10348)
税后营业利润	19576	20014	20455	20900	21348	21989
加:折旧及摊销	8783	9134	9499	9879	10275	10583

减:其他流动资本	（751）	（781）	（812）	（844）	（878）	（685）
营运现金流	27608	28367	29143	29935	30745	31886
减:资本支出	（14150）	（14716）	（15305）	（15917）	（16553）	（17050）
估计自由现金流	13458	13651	13838	14019	14191	14836
终值						375105
现值	12583	11933	11310	10713	10139	268005
公司价值总和	324683					
加:非营业资产	0					
减:负债	（54230）					
股权价值	270453					
当前每股内在价值	80.97					

在表8-2中，我们为沃尔玛留了空格，该表展示的模型的另一个特征是，公司有显著的非营业资产提供额外价值的可能性。例如，如果公司积累了大量现金（比如苹果公司），或者积累了大量的非营业目的投资，那么这些能加入模型中并且将会增加估计值。

预测股权自由现金流

我们能使用相似的步骤预测股权自由现金流。以预测收入和营运现金流开始，然后调整资本支出，税后利息费用和借款净额：

收入
税前营业利润（在利息费用前）
减：税收
税后营业利润（在利息费用前）
加：折旧及摊销
减：其他流动资本
营运现金流（不包括利息费用）
减：资本性支出
加：借款净额（资本支出倍数%债务）
减：税后利息费用
估计的公司自由现金流

专栏 8-6　应用：2014 年沃尔玛 FCFE 预测

使用与之前类似的假设，加上关于由债务融资的资本支出比例和每年多少利息费用的假设，我们预测沃尔玛的 FCFE 为：

输入值	
基期销售额	469162
销售增长率	4.00%
营业利润率	5.90%
折旧及摊销（占收入的比例）	1.80%
其他流动资本投资（占收入增长的比例）	4.00%
资本支出（占收入的比例）	2.90%
税率	32%
资本结构中债务的百分比	17.50%
利息费用占收入的百分比	0.50%
预测	
收入	487928
税前营业利润（在利息费用之前）	28788
减：税收	(9212)
税后营业利润（在利息费用之前）	19576
加：折旧及摊销	8783
减：其他流动资本	(751)
营运现金流（不包括利息费用）	27608
减：资本支出	(14150)
加：借款净额	2476
减：税后利息费用	(1659)
估计股权自由现金流	14275

相对于 FCFF 的预测，股权自由现金流的预测有两个额外要素：支撑资本支出（减去股权持有者现金流）的借款总额和为节省税款支付给债权人的利息总额（流向债权人）。最后，我们预测沃尔玛的 FCFE 为 142.75 亿美元。

使用股权自由现金流估值

股权自由现金流估值模型和股利贴现模型非常类似,既然这样,下一年的股权自由现金流的预测,是以股权投资者预期回报减去股权现金流的预期增长率进行贴现而得到的:

$$股权价值 = \frac{FCFE_1}{r-g}$$

与第 7 章讲述的股利贴现模型唯一的不同,是我们用总股权现金流代替每股股利,为了得出每股内在价值,把总股权价值除以流通在外的股份数量。

专栏 8-7　应用:用预测的 FCFE 估值

沃尔玛 FCFF 预测值为 142.75 亿美元,预期回报率为 8%(对基于风险评估的股权投资者而言),且未来增长率为 3%,则总股权价值预计为:

$$股权价值 = \frac{142.75 \text{亿美元}}{0.08 - 0.03} = 2855 \text{亿美元}$$

流通在外股份数量为 33.4 亿股,沃尔玛每股内在价值为 85.50 美元。请注意,这和我们用单一阶段 FCFF 模型的计算结果很接近——只要我们坚持我们的假设,结果就应该这样。这又一次表明沃尔玛目前以内在价值的微小折扣交易。

多阶段股权自由现金流

单一阶段模型易于使用,但是如果增长和其他输入在未来几年中不固定,该模型会缺乏灵活性。我们能够为多阶段股权自由现金流模型创建一个电子表格,正如之前的 FCFF 模型一样,我们可以在电子表格里调整前期每年的输入量。与 FCFF 模型类似,多阶段股权自由现金流模型涉及预测确切的年数,并且随后要应用单阶段模型计算该期间末的终值,然后把所有的公司自由现金流贴现到现在,得出今天美元的内在价值。输入量和 FCFF 模型中的类似,外加所需预计支付的利息数量方面的信息。

> **专栏 8-8 应用:基于多阶段股权自由现金流沃尔玛公司的估值**
>
> 表 8-3 给出了沃尔玛公司多阶段股权自由现金流模型和输入值。正如我们之前介绍的多阶段公司自由现金流一样,我们设定了同样的输入值,除了加入一项利息费用支出之外,因为这项费用是流向债权人而不是股东的,在确定股权自由现金流时必须减去。我们确定知道债务比率将是 17.5% 还是 17.53% 吗?许多分析师堕入精密的幻觉,因此忽略了他们的目标是确定价值的粗略估计这样一种事实。我们得出内在价值的目的,是当我们以目前的价格做出这种投资时,获得一个安全边际的理念。
>
> 表 8-3 展示的股权自由现金流模型得出沃尔玛的内在价值为每股大约 82 美元,由于营业利润率的降低,这个价格略低于单一阶段模型的价格,并且接近于多阶段公司自由现金流模型得出的价格。在当前市场价格为 76.39 美元的情况下,我们的安全边际仅为 7%。

和公司自由现金流模型一样，多阶段股权自由现金流模型也非常灵活。对于沃尔玛公司而言，我们使用当前的资本结构：17.5%的债务和82.5%的股权。然而，为了估值的目的我们能改变资本结构，并且能改变每年的其他输入值；我们能缩短模型预测少一些年份，或者如果我们有能力预测更长期间，也可以延长模型。和FCFF模型一样，我们也能合并一些重要的非营业资产，这些资产能产生其他的价值。

表8-3 股权自由现金流贴现模型

沃尔玛公司	2013年4月5日					
输入	第1年	第2年	第3年	第4年	第5年	终值
销售增长率	4.00%	4.00%	4.00%	4.00%	4.00%	3.00%
营业利润率	5.90%	5.80%	5.70%	5.60%	5.50%	5.50%
折旧和摊销（占收入百分比）	1.80%	1.80%	1.80%	1.80%	1.80%	1.80%
其他流动资本投资（增加收入的百分比）	4.00%	4.00%	4.00%	4.00%	4.00%	4.00%
资本支出（收入百分比）	2.90%	2.90%	2.90%	2.90%	2.90%	2.90%
税率	32.00%	32.00%	32.00%	32.00%	32.00%	32.00%
基期销售额—TTM或第一阶段增长的预计调整	469162					
债务比例	17.53%					
利息支出占收入的百分比	0.5%					
股权成本	8.00%					
非营业资产	0					
流通股股数	3340.00					
销售额	487928	507446	527743	548853	570807	587932
税前营业利润	28788	29432	30081	30736	31394	32336
税收	(9212)	(9418)	(9626)	(9835)	(10046)	(10348)
税后营业利润	19576	20014		20900	21348	21989

加:折旧及摊销	8783	9134	20455	9879	10275	10583
减:其他流动资本	(751)	(781)	9499	(844)	(878)	(685)
营运现金流	27608	28367	(812)	29935	30745	31886
减:资本支出	(14150)	(14716)	29143	(15917)	(16553)	(17050)
加:净借入(资本支出倍数%债务)	2476		(15305)	2785	2897	2984
减:税后利息费用	(1659)	2575		(1866)	(1941)	(1999)
估计自由现金流	14275	(1725)	2678	14938	15147	15821
终值		14501	(1794)			316424
现值	13218			10980	10309	215353
公司总价值	273979	12432	14722			
加:非营业资产	0					
股权价值	273979		11687			
当前每股内在价值	82.03					

应用自由现金流模型估值

你应该用哪个模型？公司自由现金流模型还是股权自由现金流模型，有一些明确的指导准则。如果你认为资本结构将会保持相对稳定，并且借款可以稳定支撑资本支出，那么股权自由现金流模型会很有效。然而，如果借款和还款年年变化，那么，事实上股权自由现金流模型会随时间波动很大，并且预测可能不精确（但是估值可能不会偏离太多）。资本结构变化的情况下，比如在杠杆收购中，公司自由现金流模型会很有效。实际上，我们认为公司股权现金流模型能用于大多数情况，这使其成为一个非常安全的赌注。然而，你应该通过任何一个模型得出相似的结论，不同模型之间估计的安全边际可能差异不会很大。

你可能觉得公司在报告收入中过于积极，因此想要下调假定的利润。过去是好的开端，但是随后你不得不看趋势，看当前经济状况和产业及公司商业模式的变化。一些公司有很大差异的商业模式，这些商业模式对估值有很大的影响。例如，大多数公司需要投资与营运资本（存货、应收账款，等等），我们认为这就是沃尔玛公司的情况，尽管在一些年里（2009年和 2010 年）营运资本确实产生了现金。另外，戴尔公司这样的公司有一种从客户处快速回收货款的商业模式，一旦下单，戴尔只需组装电脑即可。这种商业模式使戴尔比其他同类公司持有的存货较低，除此以外，戴尔采用自己的时间支付供应商货款（应付账款），结果，他们从营运资金持续产生现金，我们在模型中把这个作为增生现金流的负投资。

结 论

当股利很少或者不存在时，或者不可靠时，自由现金流模型提供了一种估计内在价值的方法。对于战略投资者而言，这些模型也代表一种有益的准则，因为，这些模型需要分析师仔细考虑影响销售、利润、资本支出和未来增长的因素，因此这些模型是了解公司的良好结构机制。

第 9 章　资产基础法

> 我们认为，本杰明·格雷厄姆强烈强调的安全边际原则是投资成功的基石。
>
> ——沃伦·巴菲特，1992 年，致伯克希尔–哈撒韦股东的信

在前面的章节中，我们主要集中在产生和提高公司收益和现金流的能力上，而公司收益和现金流是估值的主要元素。大部分投资者之所以购买股票，是因为他们认为这些投资将会产生大量的未来现金流和收益。除了产生收益和现金流的能力以外，也有其他原因值得战略价值投资者考虑购买或卖空公司股票。一些企业也许是好的投资，因为公司持有的净资产（资产减去负债），不管什么原因，被市场低估或者错估，对这些公司股票的购买主要是基于被低估的公司资产价值。

在模棱两可情况下，资产基础法有时能提供清晰性和客观性的优势。估计未来现金流可能是有巨大不确定性的主观过程。然而，假设一家公司以低于其资产负债表上的现金净额（即该现金减去当前债务和其他借款）的价值交易，理论上，购买者可以购买这个公司偿还债务，然后在变现资产负债表上的其他资产前还有钱剩下。虽然这种情况很少，并且战略价值投资者想要更深入地分析管理质量，或有负债和表外负债，这种情况确实会发生，并且为战略价值投资做出令人信服的理由。

你如何估值一个金矿的股票？据称，马克·吐温曾经说过，"一个金矿是一个骗子所拥有的土地上的一个洞"。对于那些没有定义良好的现金流的公司或者没有好的未来现金流的估计的公司，特别是很难预测将来商品价格的公司，应用标准的现金流贴现模型是很困难的。一个采矿公司的价值确实是今天地面上自然资源的价值减去开采这些资源的成本，因此资产基础法通常被用于估值自然资源类公司。例如，一家石油公司，比如埃克森美孚或者国家石油公司，可以基于被探明的石油储量的价值减去开采成本进行估值。

类似地，一家木材公司，比如惠好公司，可以基于它所控制的木板数量估值。但是，尽管如此，投资者必须认识到木材公司所控制的土地的潜在用途。土地的潜在价值应该予以考虑，包括可以增加土地价值又不妨碍木材管理的狩猎权和采矿权。除此之外，该土地可能还有开发价值。这样，考虑木材公司的分析师也许需要两种价值来源：木材价值和不动产价值。这些要素的任何一个价值不会系统运动，因此也许不会被市场先生正确识别。

为自然资源公司估值会变得相当复杂，当认定公司控制的资产数量和价值有分歧时，公司的市场价格波动会很大。早在 2011 年 6 月，浑水公司的卡森·布洛克发布了一篇关于嘉汉林业公司负面的研究报告，紧随其后，该公司（中国领先的商业人工林运营商之一）的股票暴跌。报告声称嘉汉林业夸大了木材的持有量，并且认为嘉汉林业是一个"伴随着大量盗窃"的"数十亿美元的旁氏骗局"。通过在次级抵押贷款市场对赌而出名的对冲基金经理约翰·鲍尔森与前美国国际集团首席执行官莫里斯·汉克，由于投资嘉汉林业而遭受重大损失。随着该研究报告的发布，嘉汉林业的股票下跌了 80%，并于 2012 年 3 月申请破产。鲍尔森损失了大约 7.2 亿美元！

在本章中，我们将要学习基于账面价值、重置成本和总分估值法的资产基础法。我们也将看到一种特殊的价值投资，该价值投资确认公司以如此低资产价值贴现，以至于为战略价值投资者留出非常大的安全边际。当公司被以低于当前净资产减去长期债务的价格购买时，这些深度投资价值情况就会存在。本质上，投资者能够免费拥有长期资产（厂房、设备、土地等）。

也许你会奇怪，这样的低估怎么会存在于市场当中，市场价格不是很多买者和卖者根据最近最好的信息做出的行为而得出的吗？在华尔街的公司和对冲基金不是有大量的分析师研究出很多复杂的模型吗？的确如此，但是低估（事实上是错估）公司价值确实存在并且存在了很多年，这种情况证明了市场并不是唯一专注于数量，并且也不是完全理性的，投资者的情绪和心理在市场价格的无效中起了很大的作用。资产基础法能帮助我们识别财富存在于哪里的情况。

账面价值

正如第 4 章的介绍，账面价值被计算为公司净资产（资产负债净额）的资产负债表的值。大部分资产以历史成本减去折旧和减值准备的一些调整后列入资产负债表，而某些资产是以市场公允价值列入资产负债表。账面价值不包括无形资产比如商标和知识产权的价值，也许还包括它们的购入成本。账面价值对一些行业更有意义。一般而言，相比于服务业或者大部分价值在品牌、专利权或者知识产权上的行业，账面价值更适用于银行业。

每股账面价值简单地用公司净资产总价值除以流通在外的股份总数。在许多投资回报的学术研究中，具有较低的市盈率和有相对较高的账面市值比率的公司是价值投资的代名词。当我们验证成长型股票的价值表现时，价值型股票的代表是某些低市盈率和高账面市值比率的股票组合。记载这样明显的无效率市场的研究，开始出现于 20 世纪 80 年代中期的金融文献当中，时至今日各种各样的所谓的账面市价比率效应还仍然在反复出版。

当我们考核账面市价比率时,没有经验准则。投资者在考察公司市价账面率时,考虑市场环境是明智的。如图9-1所示,标准普尔500指数的市价账面比率绝对水平随时间有很大的变化。从2000年到2011年的12年间,标准普尔500指数的市价账面比率从2000年早期的高位5.0,回落到2009年早期的低位1.75。这些水平清晰地反映了当时流行的市场情绪。5.0的高度与2000年3月互联网投机泡沫高度一致,此时纳斯达克指数在盘中一度超过5132点的高峰,这个点位再没有达到过;而1.75的低值出现于2009年早期金融危机期间。过去12年间的从高到低的市价账面比率相差2.85倍的水平,表明市场情绪如何影响估值水平。

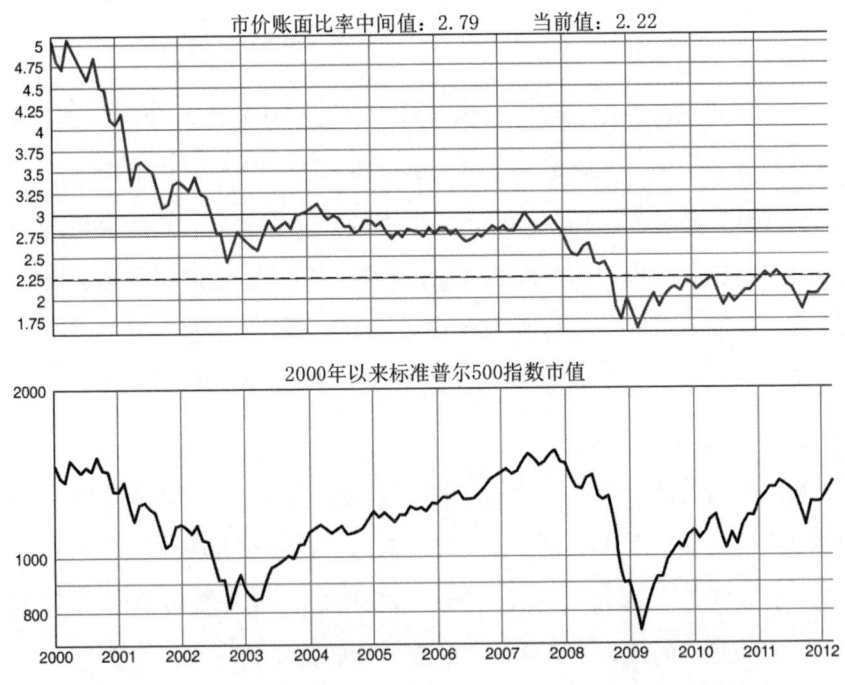

图9-1　2000年以来标准普尔500指数的市价账面比率

第9章 资产基础法

我们在第6章当中详细探讨了市价账面比率，其他的绝对值或相对值的测量，它们如何计算，并且如何用它们从成长型股票当中辨别价值股。这里，我们主要探讨怎样使用它们估测内在价值。

账面市价比率效应的证据

高账面市价比率股票胜过低账面市价比率股票的证据非常普遍。从罗森博格、里德和拉斯坦开始，许多研究表明，在控制许多其他变量（特别是风险）之后，具有较高账面市价比率的公司好于低账面市价比率的公司，其中最广为引用的文献研究，为尤金·法玛博士所写，该学者发明了有效市场假说。在题为《股票期望回报的交叉效应》的开创性论文中，法玛和弗兰奇发现证据，表明在一致性基础上高账面市价比率公司跑赢低账面市价比率的公司，这些发现经受住了时间的检验。

账面市价比率效应的证据不只限于美国股权市场。法玛和弗兰奇发现，从1975年到1995年超过21年的时间内，按照账面市价比率排序，在全球13个主要发达市场中有12个价值股跑赢成长股。高低账面市价比率股票的全球投资组合的平均回报率的差异，为令人印象深刻的每年7.68%。正如你预期的一样，研究者已经验证了账面市价比率效应是否存在于新兴市场中：用1982年到1999年的数据，从32个新兴市场当中选取近3000家公司的研究发现，高账面市价比率股票胜过低账面市价比率的股票每年大约10%。因此，账面市价比率效应看来似乎流行于全球投资环境。

为什么账面市价比效应会存在

账面市价比率为投资者提供了什么样的见解？由于以下两个原因，股票也许会具有高账面市价比率。第一，这些股票被市场低估或者被忽视。第二，这些股票的未来前景也许不好，它们也许有充分理由按照高账面市价比率销售，比如未来的增长前景不佳或者不适当的管理。通常，对于既定公司，很难识别两个解释哪个正确。有研究者认为，这种"价值溢价"的出现，是由于市场系统性低估有问题型股票和高估成长型股票导致的。实质上，投资者的行为偏见既高估了问题型公司的麻烦，也高估了增长型公司的未来前景。当回归均值发生时，即市场认识到本身的错误时，问题型股票的价值会有相对较高的收益率，成长型股票有相对较低的回报率。

在"事情不总是像我们看到的那样"案例中，据最近的账面市价比率效应的验证一本书的其中一个作者，会同另外两个研究人员，发现账面市价比率效应随经济环境而不同。研究表明，在美联储扩张性政策期间，规模效应和账面市价比率效应均会盛行。特别是，当利率环境为下降的特点时，这些效应是唯一显著的（在经济或者统计意义上）。

利用账面市价比率效应："自上而下"或者"自下而上"

正如在第4章讨论的，战略价值投资者可以采用自上而下的角度或者自下而上的角度，这可以结合账面价值考虑。

自下而上的投资者将开始于个别公司层面，并且基于市价账面比率值对特定数据库中所有公司进行筛选。例如，表9-1显示出，按照账面市价比率排列的，在纽约证券交易所、美国证券交易所和纳斯达克股票交易所数据库中的前20只股票。

正如你看到的，表中有一些相当高的账面市价比率。虽然有行业差异，但是你会注意到20只股票当中有8只是面向金融行业的，这是账面市价比率（BV/MV）作为筛选工具的一个关键要素，你会发现某些行业高度集中，用财务为导向的企业是相当普遍的。只是简单基于账面市价比率进行投资的投资者将会发现，他的投资组合集中于少数几个行业。这样的战略是很危险的，因为这些行业中的许多公司都会有非常高的关联性收益。

表 9-1 账面市价比率最高的前 20 只股票

股票代码	公司名称	行业	账面市价比率	市净率
HCMLY	霍尔西姆公司	建筑原材料	15.16	0.07
DWRI	触手可及设计公司	家具装修	10.07	0.10
BCDS	BCD 半导体公司	半导体	9.39	0.11
KLMR	荷兰皇家航空公司	航空	8.90	0.11
XAND	Xanadoo 公司	计算机服务	8.07	0.12
OSG	海外油轮公司	水路运输	5.45	0.18
AORE	美国海外集团有限公司	保险(财产和意外)	5.42	0.18
SVIN	Scheid 葡萄园公司	农作物	5.03	0.20
AFLYY	法航荷航集团	航空	4.87	0.21
GNK	Genco 航运贸易有限公司	水路运输	4.64	0.22
WCSTF	威斯卡特工业公司	汽车及卡车零部件	4.17	0.24
RAS	RAIT 金融信托公司	不动产经营	4.02	0.25
DFR	CIFC 集团	投资服务	3.88	0.26
GNW	Genworth 金融公司	保险(人寿)	3.69	0.28
AKPB	阿拉斯加太平洋银行	地区银行	3.58	0.28
MCPH	中部地区资本控股	储蓄贷款/储蓄银行	3.55	0.28
FAVS	第一航空服务公司	航空与国防	3.53	0.28
FFKT	农民资本银行集团	地区银行	3.49	0.29
AEG	全球保险集团	保险(人寿)	3.43	0.29
SRNN	南方银行公司	储蓄及贷款/储蓄银行	3.36	0.30

资料来源：美国个人投资者协会，股票投资者的专业数据库，2012 年 2 月 28 日

通过查看道琼斯工业平均数指数的所有 30 只股票按照从高到低排序表（表 9-2），账面市价比率对产业的影响会得到强化。正如从该表所看到的，在道琼斯工业平均指数中最高账面市价比率的行业是金融方向的公司：前 7 个中的 4 个是金融公司，代表了道琼斯平均指数中的所有金融公司。正如所料，知识产权和品牌是重要资产（如微软、可口可乐、麦当劳

和 IBM）的公司，其账面价值比率相对较低。

表 9-2　至 2012 年 2 月 28 日，道琼斯工业平均指数 30 只成份股的账面市价比率和市净率

股票代码	公司名称	行业	账面市价比率	市净率
BAC	美国银行	货币中心银行	2.61	0.38
AA	美国铝业公司	金属矿业开采	1.24	0.81
JPM	摩根大通	货币中心银行	1.21	0.83
TRV	旅行者保险公司	财产保险和意外保险	1.04	0.96
HPQ	惠普公司	计算机硬件	0.74	1.35
T	美国电话电报公司	通信服务	0.59	1.69
GE	通用电气	消费者金融服务	0.57	1.75
PFE	辉瑞公司	医药	0.56	1.79
CVX	雪佛龙公司	油气勘探	0.56	1.79
KFT	卡夫食品	食品加工	0.55	1.82
DIS	迪士尼公司	广播与有线电视	0.50	2.00
MRK	默克公司	生物制药	0.47	2.13
CSCO	思科系统公司	通信设备	0.46	2.17
XOM	埃克森美孚公司	油气勘探	0.37	2.70
WMT	沃尔玛公司	零售	0.35	2.86
INTC	英特尔公司	半导体组件	0.34	2.94
PG	宝洁公司	个人及家庭用品	0.34	2.94
JNJ	强生公司	生物制药	0.34	2.94
VZ	弗莱森电信公司	通信服务	0.33	3.03
AXP	美国运通公司	地区银行	0.31	3.23
UTX	联合科技公司	航空与国防	0.29	3.45
HD	家得宝公司	零售（家居装饰）	0.25	4.00
MMM	3M 公司	建筑用品及装饰	0.25	4.00
MFST	微软公司	软件和编程	0.24	4.17

KO	可口可乐公司	饮料类(不含酒精)	0.20	5.00
CAT	卡特彼勒股份有限公司	建筑及农业机械	0.17	5.88
MCD	麦当劳公司	饭店	0.13	7.69
IBM	国际商业机器有限公司	计算机服务	0.09	11.11
BA	波音公司	航空和国防	0.06	16.67

资料来源：美国个人投资者协会，股票投资者的专业数据库，2012年2月28日

"自上而下法"的投资者会研究经济和具体行业的前景，以确定潜在的投资机会。举个例子，假设经济处于衰退期，通过自上而下法分析，随着消费者可支配收入的提高，战略价值投资者预计经济将强劲复苏，通常专业零售商将受益于这样的经济形势。在这一刻，通过判断行业中（见表9-3）以相对较高的账面市价比倍数销售的零售商，自上而下的价值投资者会从转向投资专业零售业而受益；换句话说，自上而下的投资者不会考察所有的公司，确定哪一个公司以有吸引力的账面市价比倍数销售，这个投资者会首先确定行业，然后基于账面市价比率，比较该行业中的公司。

表9-3 至2012年2月28日，专业零售商的账面市价比率（最小价格为每股5美元）

股票代码	公司名称	账面市价比率	市净率
TA	美国旅游中心有限责任公司	2.18	0.46
BBW	熊熊工作室	1.34	0.75
BKS	巴诺书店股份有限公司	1.08	0.93
UNTD	联合在线股份有限公司	1.02	0.98
IEP	伊坎企业	1.00	1.00
HZO	阿兹慕	1.00	1.00
WMAR	西海公司	0.96	1.04
HVT	哈弗蒂家具公司	0.93	1.08

BGFV	五大体育用品公司	0.82	1.22
GPI	第一汽车集团	0.71	1.41
PBY	佩普男孩	0.64	1.56
PERF	彭福马尼亚控股	0.63	1.59
KAR	汽车拍卖公司	0.61	1.64
LAD	氧化锂汽车有限公司	0.58	1.72
SAH	索尼克汽车公司	0.58	1.72
PAG	潘世奇汽车集团有限公司	0.52	1.92
SIG	Signet 珠宝有限公司	0.52	1.92
AUTCF	中国国际汽车有限公司	0.50	2.00
CAB	坎贝拉股份有限公司	0.48	2.08
TGT	塔吉特公司	0.43	2.33
ARCI	美国家电回收中心股份有限公司	0.43	2.33
AN	全美汽车租赁公司	0.40	2.50
CRMT	美国汽车超市股份有限公司	0.40	2.50
ABG	阿斯伯里汽车集团	0.40	2.50
KMX	车美仕股份有限公司	0.39	2.56
KIRK	柯克兰股份有限公司	0.37	2.70
COST	好事多仓储公司	0.33	3.03
DG	达乐公司	0.32	3.13
BID	苏富比	0.32	3.13
DKS	迪克斯体育用品有限公司	0.29	3.45
TIF	蒂芙尼	0.28	3.57
BBBY	万能卫浴公司	0.27	3.70
UGP	超粒子	0.27	3.70
ORLY	奥莱利汽车股份有限公司	0.26	3.85
BIG	大卖场股份有限公司	0.26	3.85
PIR	1号码头进口股份有限公司	0.21	4.76
CPWM	成本加成股份有限公司	0.20	5.00
TRS	TriMas 集团	0.20	5.00
PETM	聪明宠物公司	0.19	5.26

PSMT	普尔斯马特股份有限公司	0.19	5.26
FDO	家庭美元百货股份有限公司	0.18	5.56
FIBB	希伯特体育公司	0.15	6.67
AAP	领先汽车零件公司	0.14	7.14
WINA	Winmark 公司	0.10	10.00
ULTA	艾尔塔美发化妆香水商店	0.10	10.00
NILE	蓝色尼罗河公司	0.07	14.29
MFRM	床垫控股公司	0.00	773.75

在纽约证券交易所、美国证券交易所和纳斯达克市场中的所有公司中，有48个股票最小价格为每股5美元的专业零售商。正如你所看到的，在专业零售行业中，账面市价比率很宽泛，但是高端产业的比率远不及市场上见到的整体比率。这是可以预料到的，因为在专业零售商的价值中的很大部分是品牌名称。账面市价比率的范围从美国旅游中心的高点2.18，到床垫控股公司的低值0.0，专业零售商行业账面市价比率中位数为0.40，这个范围将为投资者提供潜在的公司进一步调查研究。表9-3中的账面市价比率也只是一个参考而已，在考虑任何投资之前，进一步的调查研究是必要的。

战略价值投资者能够使用市净率（或者任何相对估值指标）估计内在价值。例如，假设其他基本面分析（如管理评估、对财务报表和附注的仔细审查），让你对美国旅游中心（股票代码TA）更感兴趣。2012年2月28日，TA以每股5.21美元进行交易，且其账面价值为每股11.33美元，计算得出其市净率为0.46。专业零售商市净率的中位数为2.50。如果我们认为TA的市净率将从专业零售商中的最低值增加到中位数值，并且认为其每股账面价值仍为大约每股11.33美元，那么我们会估计出其内在价值将为每股28.25美元。至2013年3月22日，TA以每股9.55美元进行交易，尽管这个值不等于28.55美元，也意味着很好的83%的收益率。其价格增长的部分原因是市净率增长到了 0.79。在这个案例中，价格增长不是通过增加收益或者价值本身驱动的，而是通过市场分配给这些指标的倍数增加驱动的。尽管这说明相对值怎么用于估测内在价值，但是有两点要注意：第一，在那段时间，其价格没有稳定增长。在 2012 年 12 月价格降至 4.18 美元的低位，再次说明价值投资者必须成功实施他们的战略。第二，在 2013 年 3 月，价格增长了很大部分。2013 年 2 月 28 日每股价格为 6.88 美元，虽然是一个很好的收益率，但不是那样引人注目。

自上而下的方法是约翰·肯尼迪所说的格言"水涨船高"的一个例子，其中的逻辑是如果市场认为一个行业会欣欣向荣，那么估值就会提高。如果投资者可以确定一个行业的证券比其他行业更被低估，那么这个行业的估值应该会比平均水平提高更多。

重置价值

原则上，通过重置价值为公司估值是一个简单有用的概念。投资者的确会发现，以成本的折扣价购买资产以重置公司资产非常有吸引力。这种想法概念上很简单直观，但在实践中投资者估计这个看似简单的指标要困难得多。

托宾的 q 值

詹姆斯·托宾，耶鲁大学的诺贝尔经济学奖获得者，发明了托宾的 q 值。他假设股票市场中所有公司的合并价值应该有一个大致相当于其重置成本的价值。具体而言，托宾的 q 值是债务和权益的市场价值与总资产重置成本的比率：

$$\text{托宾的 q 值} = \frac{\text{债务和股权的市场价值}}{\text{总资产的重置成本}}$$

这类似于前一节中讲解的市价账面比率 MV/BV，但也存在明显的差异。托宾的 q 值分子包括总资本的市场价值（债务以及股本），分母使用的总资产而不是股权。最重要的是，资产是以重置成本估值而不是以历史会计成本（或账面价值）估值，大多数分析师认为，重置成本是一个更准确的价值测定，主要是因为重置成本需要考虑自资产最初收购后通货膨胀的影响。

托宾的 q 方法背后的逻辑是，在所有其他因素相等的情况下，公司资产的生产率越高，这个比率预期就会更高。事实上，托宾本人认为所有公司的平均 q 值会为 1，因为资产经济租金或利润将平均为 0。从投资者的角度看，一个高的托宾 q 值意味着可能过高估值和高水平的市场风险。相反，一个低的托宾 q 值意味着市场也许被低估，并且投资者此时在市场中有较小的风险。虽然托宾的 q 法肯定能为个人投资者股票估值，但是在投资界，一般的感觉是，该方法在确定市场整体估值水平时最有用。计算托宾 q 值的主要困难是缺乏资产重置成本的可靠信息。正如你想象的那样，计算公司的企业资产的重置价值充满了巨大的困难，并且必然会涉及许多假设和估计。账面价值在投资者之间不存在分歧，与此不同的是，理性投资者可能对微软公司的重置价值有分歧，这种分歧反映了理性投资者对公司品牌价值的不同看法。

美联储提供了一个名为《资金流动报告》的出版物，需要估计托宾 q 值的大部分变量的估计值，其他变量必须估计或通过金融建模代理。

如图 9-2 所示，在过去的 60 年中，标准普尔 500 指数的托宾的 q 值位于 0.3 的低值到超过 1.8 的高值范围内。在 20 世纪 80 年代初的经济衰退期和高利率环境下实现了最低的读数，并与市场矫正的低点相吻合。与 MV/BV 率高读数时间相似，在 2000 年初互联网泡沫高峰时，托宾的 q 值也是高读数。

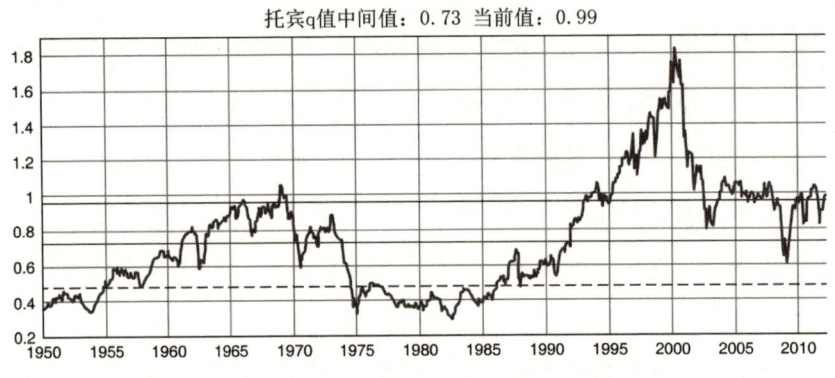

图 9-2 自 1950 年以来标准普尔 500 指数的托宾 q 值

战略价值投资者对一般替代价值和托宾 q 值讨论，是它给了你一个关于市场总体估值水平的想法。托宾 q 值经常在股票市场的周期性低点期间降低到较低的水平。这些低水平表明，战略价值投资者应该考虑一个较重的股票加权。相反，高水平的托宾 q 值表明在股票市场的周期性高位，股票加权也许应该压缩。毫无疑问，有必要偶尔监测托宾 q 值。

分类加总估值法

由于许多公司是非常复杂的企业（有几个不同的，通常是显著不同的业务线），市场对联合企业的估值可能和各部分估值的总和显著不同。具体而言，有一些市场对公司的联合估值明显低于各部分的总和，由这种方法得到的估值有时被称为破产企业的财产清理价值。然而，不要让这个名字误导你，这样的方法不意味着未来发生任何重组。

在第 3 章提供了创意电脑和力传资讯套期的论述，提供了部分加总估值法的一个案例。创意电脑向公众发行其在线拍卖子公司力传资讯 20% 的股票，按照力传资讯的股价，创意电脑剩余的力传资讯股票价值为 3 亿 5000 万美元，但创意电脑的总股本市值只有约 2 亿 7500 万美元，这意味着该公司其他部分的价值是负 7500 万美元。或者创意电脑被低估，或者力传资讯被高估，或者高估或低估两者的某种组合。分类加总估值法可以为价值投资者提供这样的洞察力。

许多杰出的投资者试图通过做多洞察公司的隐性价值，然后试图说服管理层将公司分成两个或多个类别。到 2012 年 2 月中旬，对冲基金经理约翰·保尔森已经获得了哈特福德金融服务集团约 8.4% 的股份。根据彭博社编制的数据，在那个时候，哈特福德销售与可比的美国保险公司相比净资产较少。保尔森在 2009 年年中开始收购哈特福德股份，并建立了仓位，因为他认为市场大幅低估了哈特福德公司的价值。保尔森认为，通过将公司拆分成单独的财产险和人寿险业务，公司股票价值将变为每股 32 美元，比 2 月中旬的股价 21 美元溢价超过 50%。

企业集团有不同部门，这些不同部门生产销售不同的商品和服务，分类别加总估值法在这样的企业集团是司空见惯的。像通用电气、宝洁、江森自控、时代华纳和沃尔特迪士尼这些公司，都是复杂的跨国企业，这些企业拥有多个部门和非常多样化的产品线。例如，通用电气公司有 4 个主要的经营部门：能源部、技术基础设施部、资本融资部和消费及工业部。迪士尼公司也拥有四个经营部门：影视娱乐部、主题乐园度假部、迪士尼消费品部和媒体网络部。

随着公司寻求不断展示被投资界高估的持续增长的股票投资收益，企业集团在 20 世纪 60 年代就开始变得非常普遍了。通过收购的方式，许多大的集团被创立起来，当这样的情况盛行时，逆转发生了。在 20 世纪 70 年代，当公司试图集中于它们的核心竞争力时，很多企业集团被打破。除了提供一个不断增长的股本回报，企业集团的形成被认为给投资者提供了多元化投资选择，有助于形成更稳定的收益和更小的价值波动。除此之外，该理论认为企业集团将实现管理和营销的协同。

现实往往恰恰相反：试图管理多元化的企业经历了很多困难，并且合并后的组织表现通常低于预期。此外，公司层面的多样化确实不利于投资者，因为他们自己可以实现多样化。事实上，企业层面的多元化限制了投资者投资其喜欢的业务的能力，而强迫他们投资于他们不喜欢的业务种类。例如，沃尔特迪士尼公司的一名投资者看涨主题乐园及度假业务，而看跌其他三种业务，但是他不能只做多主题乐园及度假业务，而不做多其他三种业务。

剥离和分割

如果当前的管理是为了充分发挥其中一个产品线的资产，或存在一些亏损的经营单位，那么剥离或者分拆企业股权可能会释放一些盈利能力，实现企业的真正价值。剥离是通过创立一个独立的公司分拆公司的资产，股权分割可以看成是部分剥离。当母公司通过首次公开发行或者公开发行股票销售子公司的少数股权时，股权分割就发生了。上述例子中，力传资讯从创意电脑分割股权而来。

随着时间的推移，剥离和分割的表现相当显著。仅仅是宣布剥离或者分割，通常也会获得市场的积极反应，因为市场预期通过母公司会改善经营业绩。研究发现，异常分割公告的平均回报率大约为3%。

更重要的是，相当多的研究表明，在事件发生后的几个月或几年后，剥离和分割的收益率超过一般市场一个可观的利润率。安斯林格、克莱普尔和苏布拉马尼亚姆1999年发现，通过分拆和重组能创造潜在的股东价值。在一项覆盖1988至1998年的研究中，股权分割的表现很容易超过罗素2000指数，平均年总回报率为24%，而罗素200指数的回报率为11%。剥离随后也跑赢大盘，相较于指数14%的年化收益率，剥离的两年年化收益率为27%。

然而，最有趣的是对剥离和分割研究发现，购买母公司股票的投资者也做得很好。安斯林格、克莱普尔和苏布拉马尼亚姆发现，母公司和子公司综合市盈率表现超出市场表现21%。库萨蒂斯、迈尔斯和伍尔里奇1993年发现，剥离能产生重大的异常回报，这一发现给了企业分拆的动力，也促使战略价值投资者将分拆的公司及其母公司作为潜在投资对象。但考虑到任何投资策略时，投资者需要谨慎行事。尽管一般剥离和股权分割能够做得很好，但请记住，小河沟也能翻船。一个引人注目的剥离发生在1996年，那一年美国电话电报公司剥离一个叫美国朗讯科技公司。朗讯在分拆当日以每股27美元进行交易，在剥离调整三年后，朗讯以超过每股230美元进行交易，在第一个交易日购买股票并持有三年的投资者，得到了超过780%的回报！虽然不像朗讯的回报那样壮观，但其母公司美国电话电报公司在同样的三年内挣得了大约92%的收益，这一切听上去很不错，但是你需要听听故事的其余部分。2000年1月，朗讯做出了一系列的声明，说它错过了达到季度收入目标，后来发现，为了增加季度数字，它使用了可疑的会计和销售做法，到2002年10月，其股价下跌至每股55美分。朗讯已经和法国公司阿尔卡特合并，合并后的公司阿尔卡特-朗讯，继续存在问题。

分类加总估值法实例：伯克希尔-哈撒韦公司

最成功的企业集团之一，是世界最大的价值投资者沃伦·巴菲特的投资工具。伯克希尔-哈撒韦公司是新英格兰在20世纪60年代早期的服装制造商，但是巴菲特没有从纺织制造中发财。事实上，纺织业是巴菲特早期投资业务中表现不佳的一部分，但是巴菲特承认，他在伯克希尔-哈撒韦的投资，是他职业生涯中最精明的投资。

投资者如何评估像伯克希尔-哈撒韦公司这么复杂的组织？价值投资者及马克尔公司的总裁和首席投资官汤姆·盖纳，主张采用分类加总估值法，他认为伯克希尔-哈撒韦演变成了具有三大业务的公司：证券投资、保险业务和非保险业务，伯克希尔-哈撒韦公司应用部分加总估值法的基础涉及每一个业务的假设和汇总结果。请记住，分析师可以随需要把事情做得简单或者复杂，然而，增加的复杂性不一定等同于更高的精度或更好的估计值。

格雷格·斯派泽尔是俄亥俄州的一个价值投资者，他遵循盖纳的一般方法估计伯克希尔-哈撒韦公司的 A 股股票和 B 股股票。尽管伯克希尔-哈撒韦公司是一个有很多部门的复杂企业，但是斯派泽尔的模型相对来说也很简单：通过假设每一业务部门的表现及市值倍数（市盈率）应用到总收益中，就可以分别确定每一业务的净利润。具体而言，对于保险部门，斯派泽尔认为差的情况是伯克希尔不赚取任何承保利润，中间情况能获得 4.5% 的利润，好的情况能赚取 9% 的利润。对于投资组合，他考虑了一系列的估值：在低端，他假设投资组合将盈利 3%，中间情况盈利 7%，高端盈利 11%；斯派泽尔将 2011 年第一季度的季度报表用于伯克希尔投资组合的估值；为计算保费收入，斯派泽尔使用 2010 年伯克希尔的保费收入；为规范营业收益，借鉴巴菲特自己在 2010 年致股东信中的规范化的估计，斯派泽尔用 90 亿美元的估计值作为非营业收益的税后规范化收益；然后他加总三个部门的收益，并且应用 10 倍、14 倍和 18 倍的乘数。

斯派泽尔的计算详见专栏 9-1。他计算得出一个平均的估值为 A 股 191336 美元，B 股为 128 美元。这些估值与本书写作日的 A 股 175825 美元和 B 股 117.17 美元显著不同。这种模型也允许用户通过改变每一个关键变量进行敏感性分析，并看出怎么影响股票的估值。为了进行这种敏感性分析，我们可以将数据放在一个电子表格中。

专栏 9-1 伯克希尔-哈撒韦公司的部分加总估值

情况	最差情况	中间情况	最好情况
2010年保费收入	30749美元	30749美元	30749美元
净利润率	0%	4.5%	9%
保险净利润	0美元	1384美元	2767美元
投资组合（2011年第一季度 季报）	153000美元	153000美元	153000美元
赚的点位	3%	7%	11%
投资净收益	4590美元	10710美元	16380美元
净营运利润	9000美元	9000美元	9000美元
净利润总和	13590美元	21094美元	28597美元
股份	1.648	1.648	1.648
每股利润	8246美元	12800美元	17353美元
市盈率倍数	10	14	18
A股内在价值	82464美元	179194美元	312350美元
B股内在价值	54.98美元	119.46美元	208.23美元
A股平均价值	191336美元		
B股平均价值	128美元		

深度价值股票：长期自有资产案例

深度价值投资者寻找具有深刻的价值低估的情况，一个大的安全边际。发现被深度低估公司方法的一个最引人瞩目的例子，本杰明·格雷厄姆在他经典的投资著作《聪明的投资者》中概述过，他将其称为两类"便宜购买问题"之一。第一类低估涉及当前结果令人失望，有望反弹的公司，适用于一个较传统的价值投资方法。本书我们将讨论的是第二种特殊的情况，涉及识别股票，在每股基础上，该股票以少于公司营运资本净额扣除所有债务后的余额销售。专栏9-2解释了如何计算营运资本净额减去债务。从本质上说，这些公司以某种价格销售，这个价格使投资者不必为固定资产（任何建筑、机械、土地等）和资产负债表上的任何商誉进行支付。

专栏9-2　净营运资本减债务

　　流动资产是指以交易为目的的资产，或者在一年内以现金出售、使用或变现的资产，如现金、交易性应收账款、存货和有价证券。流动负债是指预期在一年内清偿的负债，如交易性应付账款、应交税费、短期银行贷款和应付费用。

　　为计算每股的营运资金净额减去负债的值，投资者用资产负债表上的流动资产减去流动负债和长期负债，再除以流通在外的普通股股数。如果这个值超出了普通股的市场价值，投资者就已经确定了一个潜在的深度价值投资。

　　罕有以低于营运资本净额减去债务价格出售的公司。事实上，格雷厄姆本人指出，企业的售价低于营运资本净额减去长期债务是真正的例外，但在1957年，他发现约有150只股票满足标准，格雷厄姆还在接下来的几年跟踪这些公司的业绩，发现这些公司的多元化投资组合表现优于整体市场。也许更重要也很明显的是，格雷厄姆所识别的公司中没有一家有明显损失。这证明其投资策略真正的安全边际，也论证了价值与风险管理之间不可分割的联系。

　　市场情绪在确定市场上特定时间的深度投资机会中肯定起到了重要的作用。正如人们预期的那样，在消极市场情绪时通常比积极市场情绪时存在更多的深度价值投资。专栏9-3列出了9家公司，至2012年1月27日，其售价低于每股净营运资本减去债务。

专栏9-3　深度价值投资公司节选

至2012年1月27日，以低于营运资金净额减长期负债的价格销售的公司：

股票代码	名称	每股营运资本净额	每股长期负债	每股短期负债	(营运资本净额-负债)/股数	市场价格
BSHI	老板控股公司	11.90	0.50	1.10	10.30	8.00
CXS	crexus投资公司	12.00	0.00	0.00	12.00	11.06
FLXS	Flexsteel工业公司	14.10	0.00	0.00	14.10	14.03
GENC	Gencor工业公司	9.40	0.00	0.00	9.40	7.17
MRINA	麦克雷工业	14.80	0.00	0.00	14.80	13.05
MPAD	Micropac工业公司	6.50	0.00	0.00	6.50	5.10
OPST	OPT科技公司	13.50	0.00	0.00	13.50	11.80
PARF	天堂公司	26.00	0.00	1.10	24.90	14.60
TNRK	TNR技术有限公司	12.70	0.00	0.00	12.70	10.79

资料来源：美国个人投资者协会，股票投资者专业数据库，2012年2月28日

为什么会存在以低于营运资本净额减去长期债务的价格销售的公司？这难道是另一个股票市场无效的迹象吗？这一类的股票通常是不受市场青睐的股票：也许是公司的管理无能，持续的管理不善导致持续的亏损和不断下降的估值。记住，投资者不能强制公司清算，实现估值差异。

投资市场的忽视可能是这些极端低估情况存在的另一个原因，这类公司可能缺乏为投资者创造利润的引人注目的故事。

这不是你立即打电话给你的经纪人或登录到您的网上账户并购买这些股票的暗示。任何筛选过程只是一种简单的识别证券的方法，你可能需要进一步调查这些股票。

结 论

预测收益并不是估计内在价值的唯一途径。在某些情况下，直接估计资产的价值是一种更为有效和直接的方法。本章中，我们提出了不同的方法来估计资产的价值，即使不单独使用，这些方法也可以帮助你验证基于收益的方法得出的结果。

第 10 章　剩余收益模型

> 为什么高层管理人员最重要的工作必须是使得公司当前市场价值最大化？这很容易被人们忘记……价值追求的导向是稀缺资源最有前途和最有效的使用。
>
> ——G·班尼特·斯图尔特三世

在前面的章节，我们提出了两种包括贴现未来现金流评估公司的模型：股利和自由现金流方式。当一个公司可以支付股利或者当前经营现金流可以很容易地预测未来现金流时，这些模型是恰当的。然而，有些公司并不支付股利，而另外一些公司可能没有正的营运现金流，有一些公司取得现金流的方式可能不同于其他公司，比如像银行这样的金融公司。银行从客户处收集现金并使用这些现金来发放贷款，通过借入和贷出资金之间的利率差异而取得收益。真实的营运现金流难于确定这些类型公司的价值。幸运的是存在另一种方法，着重于账面价值和收益，这种方法称为剩余收益模型，借用此方法可以有效地评估许多公司，特别是金融行业的公司。

什么是剩余收益

回忆我们第 5 章蔡斯物流公司的例子。蔡斯公司拥有 2000000 美元的资产，其中负债 1000000 美元，所有者权益 1000000 美元。公司的账面价值是记录在资产负债表上的所有者权益数量，因此它也是 1000000 美元。以 8% 的债务年利率支付利息。所有者权益 1000000 美元源自发行的 10000 股普通股，每股 100 美元。蔡斯物流公司以 2000000 美元的资产，30% 的税率，取得息税前利润 180000 美元。为了简单起见，我们假设公司没有再投资，将所有的收益都支付股利，因此在未来公司不会进一步成长。蔡斯物流公司的传统损益表如下：

息税前利润	$ 180000
利息	（80000）
税前利润	$ 100000
税收	（30000）
净收益	$ 70000
资产收益率	3.5%
净资产收益率	7%

该公司为股东经营得如何？虽然公司产生 3.5% 的资产收益率，但它有效地使用杠杆放大这些收益，为股东创造的净资产收益率为 7%。为了做到这一点，它们以 8% 的利率借入资金，取得息税前利润为 9%。问题在于，这对于所有者而言是否是一个足够的回报率？如果公司所有者希望通过投资取得 7% 的年收益率（第 7 章和第 8 章提到的贴现率），那么公司盈利正好满足投资者所要求的回报。

第10章 剩余收益模型

这里介绍的传统损益表,其中一个缺陷是债务成本(利息)反映在损益表上,但权益资本成本(投资者要求的回报率)没有反映在上面。我们可以扩展传统损益表,显示出权益资本成本,如下所示:

息税前利润	$180000
利息	(80000)
税前利润	$100000
税收	(30000)
净收益	$70000
权益资本成本($1000000×7%)	(70000)
剩余收益	0

剩余收益是指净收益减去股东要求的权益资本成本之后,剩下的收益数量。对于蔡斯物流公司而言,这个值为0。公司获得股东要求他们在设定风险水平下的收益,因此剩余收益为0。

那么,这个公司值多少钱呢?运用股利贴现模型并假设未来没有增长,该公司价值1000000美元(70000美元的股利除以贴现率7%或0.07)。这家公司的市净率应该是1.0(价值1000000美元除以所有者权益的账面价值1000000美元)。这是合乎逻辑的,因为该公司的收益率刚好是股东要求的收益率。另一种衡量公司价值的方法应该是账面价值(1000000美元)加上未来剩余收益的现值即期望获得值(在此例子中为0美元)。

现在让我们略微改变下事实。假设公司可以赚取220000美元的息税前利润,投资资产总额为2000000美元,剩余收益将是如下表所示:

息税前利润	$ 220000
利息	(80000)
税前利润	$ 140000
税收	(42000)
净收益	$ 98000
权益资本成本（$ 1000000 × 7%）	(70000)
剩余收益	$ 28000

现在公司已经有 28000 美元正的剩余收益，因为公司年收益超过股东要求的收益，即为股东创造额外价值，所以公司价值应该超过其账面价值。那么到底多多少？附加值是以要求的回报率折现的未来剩余收益，在此假设一个永恒的剩余收益率，并不增长。无穷级数现金流的现值是 28000/0.07 = 400000 美元。公司总价值应该是 1000000 美元的账面价值加上未来剩余收益现值 400000 美元，即 1400000 美元。价值总额除以 1000 股，每股价值应该是 140 美元，市净率是 1.4。公司也可以有负的剩余收益，那么公司价值将低于账面价值。回到我们最初的例子中，假设我们的投资者投资蔡斯物流公司购买了 1000000 美元的股票，并要求 10% 的收益率：

息税前利润	$ 180000
利息	(80000)
税前利润	$ 100000
税收	(30000)
净收益	$ 70000
权益资本成本（$ 1000000 × 10%）	(100000)
剩余收益	(30000)

如果这些结果预计将持续，股票的价值将大幅下降至 700000 美元（1000000 美元的账面价值减去未来负剩余收益的现值 300000 美元），股东将会十分失望。还有另一种方式来看这个情景。假设投资者事先知道，该公司每年将产生净收益 70000 美元，他们期望的投资收益率为 10%，他们愿意支付多少的收入流？答案是 700000 美元，因为这个投资额 70000 美元的收入，将为他们提供 10% 的股本回报率。

永久剩余收益

基于第 7 章中给出的股利贴现模型和正常收益与股利之间的关系，当剩余收益将持续至无限期时，我们可以设定一个剩余收益法估值公式：

$$公司价值 = B_0 + \frac{B_0(ROE-r)}{r-g}$$

B_0 是公司作为一个整体的当前账面价值（股东权益），ROE 是预期的净资产收益率，r 是贴现率或股东要求的收益率，g 是剩余收益的预期增长率。我们对上述案例应用此模型。

在第一个例子中，账面价值为 1000000 美元，净资产收益率为 7%，折现率是 7%，没有预期增长率。公司的价值是 1000000 美元（$1000000 + $0）。在第二个例子中，账面价值为 1000000 美元，净资产收益率是 9.8%（98000 美元的净收益除以 1000000 美元的股本），折现率为 7%，也没有增长。公司的价值是 1000000 美元+（1000000×0.028）/（0.07）= 1400000 美元。在第三个例子中，净资产收益率为 7%，折现率为 10%，没有增长。因此，公司的价值是 1000000 美元+ 1000000×（0.07 - 0.10）/（0.10）= 700000 美元。

专栏10-1 应用：利用永久剩余收益模型估值

一个价值投资分析者打电话给你，告诉你他已经发现了一个经典的格雷厄姆和多德模型价值股，目前售价大大低于其账面价值。他告诉你这只股票是花旗集团。你决定进行剩余收益模型分析，以此来确定股票是否便宜，即售价低于其账面价值。你访问日期为2013年2月15日价值线的公司报告，它提供了过去10多年一整页的公司摘要信息，包括股本收益率和账面价值信息等，甚至还提供了未来几年的预测值。你发现以下信息：

市价	42.92 美元
当前账面价值	61.57 美元
净资产收益率 2002—2006	约 18%
净资产收益率 2007—2009	亏损
净资产收益率 2010—2012	4%~6.5%
净资产收益率推测值 2013	7.5%
净资产收益率长期推测值	10%

这只股票确实是售价低于账面价值，市净率大约是0.70，所以公司股票售价是账面价值30%的折扣。源自账面价值的折扣使得它成为一个廉价品吗？

这取决于你如何看待净资产收益率的前景和你对该项投资要求的收益率。假设鉴于最近金融市场的波动性和当前的市场环境，你投资花旗集团股票要求10%的收益率，你认为从目前开始可以从花旗集团获得净资产预期收益率大约是7.5%，此外，假设一个非常温和的未来增长率为3%。使用永久剩余收益模型，花旗集团股票的价值到底是多少？

现值 = \$ 61.57 + \$ 61.57×[(0.075−0.10)/(0.10−0.03)] = \$ 39.58

事实证明，给你假设的股票根本没有被低估。事实上，它有点被高估了。花旗集团是否确实可以在未来几年实现10%的净资产收益率？如果你要求的收益率是10%，那么剩余收益将是零，但股票应该按照账面价值61.57美元进行交易。

预测剩余收益模型

随着时间的推移,许多公司的净资产收益率将不断变化。事实上,有大量的证据表明,净资产收益率将回归到均值:通常别人看来有较高收益率的公司或行业,其收益率将会下降;而收益率非常低的公司或行业,有可能会增加。假设你确定一个行业内只有少数竞争者,并且几乎所有这些公司都有较高的股本回报率。如果这个行业没有非常重大的进入壁垒,可能有新进入行业者。新进入者的到来可能会加剧竞争并降低所有行业参与者的收益率。相反,如果有一个行业过于拥挤,竞争非常充分,公司的收益率非常有限,随着时间的推移,一些公司可能会退出(自愿和非自愿),这将减少竞争并增加收益率。

运用剩余收益模型预测,价值包括当前账面价值和未来每一年度剩余收益预测值的折现为:

$$价值 = B_0 + \frac{RI_1}{(1+r)^1} + \frac{RI_2}{(1+r)^2} + \cdots + \frac{RI_N}{(1+r)^N} + \cdots$$

这看起来很像在之前第7章和第9章的股利贴现和现金流量公式,只是除了我们从账面价值开始,然后加入未来每年剩余收益的现值,而不是通过现金流来衡量。这是一个以收益为基础的模型。剩余收益模型一个有吸引力的特性是:事实上,你不需要预测未来非常遥远的剩余收益。一个合理的假设是,一个公司不能永远保持高资产收益率。竞争或新产品进入市场,将驱使净资产收益率等于所有者要求的回报率。因此,在竞争市场上剩余收益最终将会下降为零。

这个模型最好通过使用电子表格的方法来实现。可以使用公司所有的信息（例如账面价值总额）或每股数据（例如每股收益、每股账面价值等）。我们将演示使用每股数据。

自由联盟企业当前的每股账面价值为10美元，目前15%的净资产收益率，40%的派息率（公司支付40%的收益，作为每年的股利）。基于当前利率和自由联盟企业的风险，你确定你对这项投资的期望收益率为10%。你认为在未来10年内公司的净资产收益率将从15%下降到10%。每股账面价值、每股收益、股利、剩余收益的预测值见表10-1。

让我们来看看每一个单元格是如何计算的：

预期净资产收益率：第一年为给定，以后逐年下降0.5%。

贴现率（r）：给定值，通过该项投资要求的收益率。

初始每股账面价值：第一个年度给定，之后每年基于上一年度计算得出。

预期每股收益：初始每股账面价值×净资产收益率。

预期每股股利：预期每股收益的40%。

期末每股账面价值：初始每股账面价值+预期每股收益－预期每股股利。

剩余每股收益：初始每股账面价值×（预期净资产收益率－贴现率）。

剩余收益总现值：剩余收益的现值，以10%的贴现率折现（使用第一列数据）。

运用此模型，自由联盟企业每股价值为12.39美元。

表 10-1　自由联盟企业剩余收益估算表

年度	预期净资产收益率	贴现率（r）	初始每股账面价值	预期每股收益	预期每股股利	期末每股账面价值	剩余每股收益	10%贴现率下的现值
1	15.0%	10%	$ 10.00	$ 1.50	$ 0.60	$ 10.90	$ 0.50	$ 0.45
2	14.50%	10%	10.9	1.58	0.63	11.85	0.49	0.41
3	14.0%	10%	11.85	1.66	0.66	12.84	0.47	0.36
4	13.50%	10%	12.84	1.73	0.69	13.88	0.45	0.31
5	13.0%	10%	13.88	1.8	0.72	14.97	0.42	0.26
6	12.50%	10%	14.97	1.87	0.75	16.09	0.37	0.21
7	12.0%	10%	16.09	1.93	0.77	17.25	0.32	0.17
8	11.50%	10%	17.25	1.98	0.79	18.44	0.26	0.12
9	11.0%	10%	18.44	2.03	0.81	19.65	0.18	0.08
10	10.50%	10%	19.65	2.06	0.83	20.89	0.10	0.04
11	10.0%	10%	20.89	2.09	0.84	22.15	0.00	0.00

剩余收益总现值	2.39
初始账面价值	10.00
每股价值	12.39

专栏 10-2　应用：预测剩余收益模型：上升的净资产收益率

继续以花旗集团为例，让我们假设你确信 2013 年该公司 7.5% 的净资产收益率预测值是准确的，你认为花旗集团在未来 5 年将实现 10% 的净资产收益率，并且将始终保持这一水平。花旗集团最近没有支付股利，你预测公司在未来 5 年期间不会开始支付股利。剩余收益预测值和当前值如下：

年度	预期净资产收益率	贴现率（r）	初始每股账面价值	预期每股收益	预期每股股利	期末每股账面价值	剩余每股收益	10%贴现率下的现值
1	7.5%	10%	$ 61.57	$ 4.62	—	$ 66.19	($ 1.54)	($ 1.40)
2	8.0%	10%	66.19	5.30	—	71.48	(1.32)	(1.09)
3	8.5%	10%	71.48	6.08	—	77.56	(1.07)	(0.81)
4	9.0%	10%	77.56	6.98	—	84.54	(0.78)	(0.53)
5	9.5%	10%	84.54	8.03	—	92.57	(0.42)	(0.26)
6	10.0%	10%	92.57	9.26	—	101.83	0.00	(0.00)

剩余收益总现值　　　　(4.09)

初始账面价值　　　　　61.57

每股价值　　　　　　　57.48 美元

在这种情况下，如果你对花旗集团未来5年增加净资产收益率到10%有信心，并且你要求10%的收益率是恰当的，那么你就会得出这样的结论：这项投资有足够的安全边际（42.92 美元的购买价格对比 57.48 美元的内在价值）。

专栏10-3　应用：下降的净资产收益率

你有兴趣投资美国家庭人寿保险公司，股票收益将使你在不能工作时支付未来的生活支出。美国家庭人寿保险公司当前账面价值约为30美元，预计明年的净资产收益率为16.5%。美国家庭人寿保险公司的历史收益率通常介于15%~20%之间，但你觉得净资产收益率在未来20年将逐渐下降至10%。你认为该公司保持其历来略高于20%的派息率。那么运用预期剩余收益模型，美国家庭人寿保险公司股票的内在价值是多少？

第10章 剩余收益模型

年度	预期净资产收益率	贴现率（r）	初始每股账面价值	预期每股收益	预期每股股利	期末每股账面价值	剩余每股收益	10%贴现率下的现值
1	16.500%	10%	$30.00	$4.95	$1.11	$33.84	$1.95	$1.77
2	16.175%	10%	33.84	5.47	1.23	38.08	2.09	1.73
3	15.850%	10%	38.08	6.04	1.36	42.76	2.23	1.67
4	15.525%	10%	42.76	6.64	1.49	47.90	2.36	1.61
5	15.200%	10%	47.90	7.28	1.64	53.54	2.49	1.55
6	14.875%	10%	53.54	7.96	1.79	59.71	2.61	1.47
7	14.550%	10%	59.71	8.69	1.95	66.45	2.72	1.39
8	14.225%	10%	66.45	9.45	2.13	73.77	2.81	1.31
9	13.900%	10%	73.77	10.25	2.31	81.72	2.88	1.22
10	13.575%	10%	81.72	11.09	2.50	90.32	2.92	1.13
11	13.250%	10%	90.32	11.97	2.69	99.59	2.94	1.03
12	12.925%	10%	99.59	12.87	2.90	109.57	2.91	0.93
13	12.600%	10%	109.57	13.81	3.11	120.27	2.85	0.83
14	12.275%	10%	120.27	14.76	3.32	131.71	2.74	0.72
15	11.950%	10%	131.71	15.74	3.54	143.91	2.57	0.61
16	11.625%	10%	143.91	16.73	3.76	156.87	2.34	0.51
17	11.300%	10%	156.87	17.73	3.99	170.61	2.04	0.40
18	10.975%	10%	170.61	18.72	4.21	185.12	1.66	0.30
19	10.650%	10%	185.12	19.72	4.44	200.40	1.20	0.20
20	10.300%	10%	90.32	9.33	2.10	97.55	0.29	0.04

剩余收益总现值	20.43
初始账面价值	30.00
每股价值	50.43 美元

50.43 美元的内在价值和当前（在撰写本文时）价格 53.12 美元，不仅没有达到安全边际，而且股票目前价格过高。鉴于你的假设，这当然不是一桩有价值的投资。

剩余收益模型与市净率

在之前的章节我们已经谈到市净率（P/B）是一种重要的相对估值比率。在下一章中我们将展示，市净率（P/B）如何用于相对估值模型来评估股票，目前相对于同行是否被高估或低估。有趣的是，市净率与剩余收益估值之间存在着密切关系。事实上，调整的市净率（P/B）公式可以通过永久剩余收益模型推导得到。回忆我们之前的公式：

$$公司价值 = B_0 + \frac{B_0(ROE-r)}{r-g}$$

如果我们用市价替代公司价值，得到以下公式：

$$市价 = B_0 + \frac{B_0(ROE-r)}{r-g}$$

现在让我们将公式两边除以账面价值：

$$\frac{市价}{B_0} = 1 + \frac{(ROE-r)}{r-g}$$

因此，我们进一步推导出一个公司市净率的具体公式，包含股本收益率、增长率、投资者要求的回报率。经过一些算术运算，我们可以重新整理得到这个公式较简短的形式，调整后的市净率公式如下：

$$\frac{市价}{B_0} = \frac{ROE-g}{r-g}$$

让我们看看这是如何运作的。假设你投资一只股票想得到10%的收益率，该只股票的净资产收益率为15%，公司业务没有增长（g = 0），那么市净率（P/B）为多少你才会支付？基于给定的假设，市净率应该是1.5。如果公司目前的市净率大于1.5，那么它就是被高估了。在你给定的假设前提和要求的回报率下，如果在低于1.5的市净率下进行交易，那么你将发现这是一个廉价品。

专栏10-4　应用：合理的市净率

美国银行目前每股12美元，每股的账面价值约为20美元，所以当前它的市净率为0.6。如果你认为公司的长期净资产收益率仍将保持在约7.5%，其增长率在2.5%左右，同时你投资美国银行要求11%的收益率，其合理的市净率是多少？

合理的市净率（P／B）＝（0.075－0.025）／（0.11－0.025）＝0.59

根据假设，美国银行是被合理估值的（因此目前不会被认为是价值股）。

会计游戏和剩余收益

剩余收益模型的缺点是：它是基于收益的，而收益很容易被肆无忌惮的操纵。你应该谨慎采用公司的历史数据和比率如净资产收益率，慎重将其运用到剩余收益模型。最好使用自己的保守预测值进行输入。另外，还需谨慎地对待公司有关收益质量的警告迹象（见第5章），当然，你可能想要完全避免与此类公司打交道。

结　论

剩余收益模型是战略投资估值的有效方法之一，虽然不是在所有情况下都适用,但剩余收益模型提供一个非常有效的框架,因为它简单而有力地展示了一个理念:管理者需要付出更多努力以取得比报告更多的净收益正值,他们也需要弥补股东所承担的风险,并且压低股价将功败垂成。剩余收益是一种便捷的方式,证明管理者提供足够的证据来说明目前的价格或市净率是合适的。

第 11 章　相对估值

> 任何的泡沫都经不起针刺，当泡沫破灭，不可避免地会有一大帮菜鸟学到教训：第一，不论是什么东西，只要有人要买，华尔街那帮人都会想办法弄来卖给你；第二，投机这玩意儿看似很简单，其实暗潮汹涌。
>
> ——沃伦·巴菲特

相对估值是最常见的估值方法之一，经常被财经媒体和财经电视节目引用。事实上，几乎每个人都在他或她的日常生活中应用相对估值。比方说，你下班开车回家需要加油，有两个相邻的加油站，两个品牌产品你都非常了解。你确信产品的品质是相同的，都对你携带的信用卡提供相同的折扣，但一个的定价每加仑少几美分。除非你有的是钱，否则你很可能会选择价格较低的汽油。现在让我们换一种情况：如果一个是名牌加油站，另一个是你从来没有听说过的品牌，你可能会停在名牌站那儿，即使每加仑汽油贵几分。在这种情况下，杂牌站很可能会提供一个更大幅度的折扣让你尝试并检验它的质量，每加仑的价格是一个相对估值指标，这个价格是被除以某些潜在因素得来的。

在投资界，最常见的估值指标是市盈率、市账率、股价现金流比率、市销率、股息收益率。不太常见的指标，如企业价值比息税前利润，在分子中包括该公司的价值。所有这些衡量指标都是以股票价格或债务加上股权的价格除以一些潜在的基本价值。你当然也可以创造其他的指标。在20世纪90年代末的互联网热潮中，我们经常听到价格与点击量的比率，或价格与吸引眼球数量的比率这样的独特指标。没有利润或现金流的新公司，某些连收益也没有，价格却高得离谱，媒体和其他人创造了新的指标，设法对价格做出解释。在这一章中，我们重点关注经受住了时间考验的传统相对估值指标。

相对于什么

我们已经提到过相对估值指标使用当前价格的某个度量值除以一些潜在的基本价值。然而，我们必须进一步采取一两个相关的步骤。相对估值不同于我们在前面几章讨论的绝对估值方法。相对估值要求你将一个公司的相对价值指标与同行公司、行业或市场的同一指标进行比较。作为价值投资者，我们在寻求购买正以比其他类似质量和类似风险的公司更低倍数销售的公司（我们将在下一节通过关于公司的质量阐明我们是什么意思）。或者，我们可能在寻求购买正以比他们历史常态更低倍数销售的公司，假设基本的价值驱动因素没有明显改变。通过比较一个公司与同行的价格倍数，你很可能认为可比较的公司或市场相当重要，你希望找到一个便宜货，我们会敦促你认真做出这样的假设。例如，回顾一下在第4章中呈现过的并在图11-1中再现的市盈率的长期图表。

比方说，在2000年年初，你正在寻找购买市盈率为20的股票，当时其他同行企业和市场都在以30以上的市盈率销售。相对于其他股票这本来看起来是一个很有吸引力的价值，而实际上在大约为15的市场历史市盈率的背景下，该标的股票并不便宜。

第 11 章 相对估值

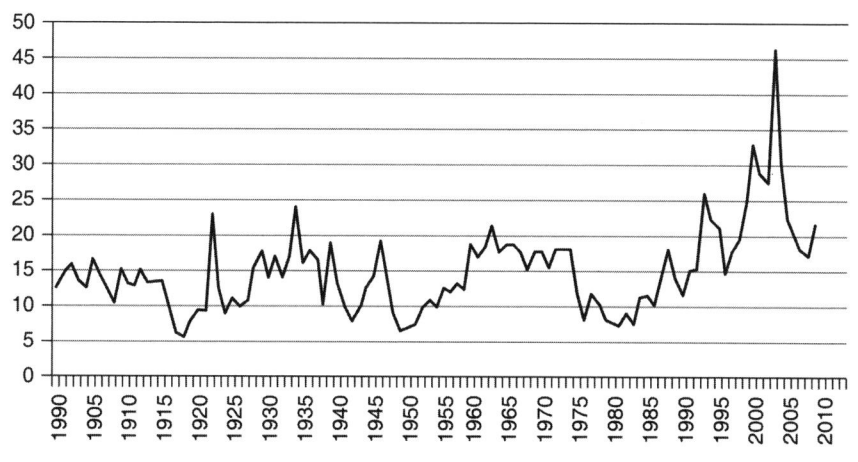

资料来源：席勒

图 11-1 标普 500 指数的历史市盈率

这个例子显示了同行比较和时间比较的值。你在急于评判个股相对价值前，应该花一些时间来考虑市场的整体估值。你可以查看一下历史背景：随着时间的推移公司在以什么倍数交易，它的市值倍数所处历史位置。

哪些因素影响价格倍数

大多数投资者使用价格倍数，但从不花时间思考是哪些潜在因素在驱动它们。这是因为倍数使用方便，唾手可得，被一些人称为空谈分析师的工具。一些投资者使用它们，但没有提及任何潜在因素。我们希望你不这样做，至少在你读过这本书后不再这样做。使用任何估值方法，你在考虑愿意出的价格之前都需要深入研究你想拥有的公司。你想以一个好价钱买一个好的公司，所以你还需要了解是哪些定量和定性因素（在上面的介绍中提到的质量）让一个公司以比其他公司更高或更低的倍数销售。

让我们来回顾一下我们的一个绝对估值方法。第 7 章介绍的持续增长股利贴现模型可以帮助我们辨别这些因素：

$$股票价值 = \frac{D_0(1+g)}{r-g}$$

假设股票估值合理，也就是说，其目前的价格等于其内在价值，那么这个公式是：

$$价格 = \frac{D_0(1+g)}{r-g}$$

现在我们把两边同时除以去年的利润 E_0：

$$市盈率 = \frac{(D_0/E_0)(1+g)}{r-g}$$

现在我们有一个合理市盈率（P／E）的公式，也就是基于其派息比率（D／E）、其预测的未来股利增长率（g）以及你所期望的回报率（r），该公司销售时该有的市盈率。现在不要急着对公司应用这个公式，因为这个公式源于股利贴现模型，将给你一个相同的结果。我们在这里提出是为了让你思考是什么因素在驱动市盈率。

我们暂时把事情变得更简单一点儿。让我们假设一个公司把所有利润全部用于派发股利，预期的未来股利增长率为零。该公式简化为：

$$市盈率 = \frac{1}{r}$$

零增长的股票市盈率应该是1除以你所需的回报率。如果你想要一个10%的回报率，那么为公司支付的一个公平的价格是利润的10倍。如果你想要的回报率仅为5%，那么一个公平的价格是利润的20倍。如果你想要一个20%回报率，那么一个公平的价格只有利润的5倍。正如你所看到的，期望回报率和公平价格之间有一个反比关系：你想要的回报越高，你愿意支付的价格就应该越低。

那么，什么因素会影响你所需的回报率呢？回顾一下第 7 章，其中包括无风险收益率、股权风险溢价、规模溢价以及特定一个公司的风险溢价。这些都在表 11-1 中进行了总结。

表 11-1　影响你预期回报的因素

无风险收益率	纯粹利率和通货膨胀补偿率的总和。
加：股权风险溢价	投资者购买股票而不是投资于无风险利率应获得的额外回报。这是对整个市场的溢价（通常对大型股票而言）。
加：规模溢价	小型股票通常被认为比大型股票风险大，相应地，随着时间的推移它们比大型股票表现出更高的历史回报。
加：特定溢价	根据正在讨论的个股来判定。例如，如果该公司比其他公司杠杆更高，你可以再增加一点。如果该公司流动性不足或是非公共性的，你可以增加较大的数额。

前两个因素一视同仁地影响所有企业。一般来说，在低利率和低通胀环境中，你可能愿意购买市盈率较高的股票。相反，在高利率和高通胀的环境中你可能愿意购买市盈率较低的股票。一般来说，在股票市场风险较高的时期，你将愿意购买较低市盈率的股票。相反，在股票风险较低的时期（稳定的经济、良好的就业等），你将愿意接受较高的市盈率。

影响你预期回报的后两个因素是特定于个别公司的因素：规模和特定的风险。你在一个给定的公司看到的风险越高，你应该接受的市盈率就越低。你可以看看下面包括规模在内的因素：

◆ 规模：较小的公司往往风险更高。
◆ 保有期：新的，未经检验的公司可能风险更高。

- **行业性质**：某些行业天生就比其他行业风险更高。例如，经营食品这种消费者必需的商品的公司，一般比生物科技公司风险更低。
- **杠杆**：尽管杠杆有它的好处，如果使用得当可以获得更高的股本回报率，但杠杆越高风险也越高，预期回报应该更高，从而导致更低的市盈率。
- **结果一致性**：公司的利润和现金流量有多稳定。它们越不稳定，它们的风险就越高。

现在让我们回到上面介绍的市盈率（P/E）公式：

$$\text{市盈率} = \frac{(D_0/E_0)(1+g)}{r-g}$$

增长率和市盈率有什么关系？增长率与市盈率存在正相关关系，来自关系中分母的影响力更大。由于分母是预期回报减去增长，更高的增长率将使得分母更小，因此，合理的市盈率也就更高。现在你知道为什么成长型股票通常以较高的市盈率交易了吧。

公式右边的其余因素就剩下股利支付率了。这个因素不能一概而论。并非所有的公司都支付股利，当它们这样做时，股利通常与公司产生并维持利润和现金流的能力有关，而且，股利支付与经济增长呈负相关：支付的股利越高，增长就越低（因为被公司保留并投入以推动未来增长的收益减少）。所以除了认识到公司在未来产生的利润和现金流越高，它们就越有可能通过分红或股票回购来回报股东，你不用担心这个因素。

我们在这里已经用市盈率公式说明了这些重要因素，当然，我们用市账率、市销率或一些其他倍数也可以很容易地做到这一点。不管用哪种方法，我们将得出同样的结论。有三个主要因素可能会影响所有倍数：

- **风险**：与倍数负相关。

- 增长：与倍数正相关。
- 盈利能力：与倍数正相关。

现在到了有趣的部分，下面我们将展示如何在使用最常见的价格和企业价值倍数的实践中应用相对估值。

市盈率法

市盈率在金融网站和金融数据库都是现成的。然而，大多数人并没有意识到的是并非所有的来源都以相同的方式计算市盈率。下面是几种常见方法的一个抽样（价格始终是当前价格）：

- 历史市盈率基于最近一个完整的会计年度的盈利。
- 历史市盈率基于最近12个月的盈利（通常被称为过去的12个月，但实际上它是过去的四个季度），这是雅虎财经所使用的方法。
- 预期市盈率基于下一个会计年度的预期盈利。
- 预期市盈率基于未来四个季度的预期盈利。
- 市盈率基于过去历史上两个季度加未来两个季度预期的组合。这是价值线所使用的方法。

你感到困惑吗？哪一个是正确的？从某种意义上说，它们都是合理的措施。一方面，历史市盈率可能会因一次性收益或减记对盈利造成的短暂影响而剧烈波动。预期市盈率本质上更稳定，因为它们通常使用一个分析师的共识预测，只专注于正常的盈利，而忽略了暂时性的影响。但一些暂时性的影响确实是真实存在的，毕竟预测还只是预测。你可以使用任何一种市盈率，但最重要的是一致性。不要把市盈率的方法或数据来源混搭在一起。当你进行一个相对估值时，尽量在同一时间从同一数据源提取所有的数据（即使是取自同一天的市盈率,彼此之间也会因市场波动而有所不同)。

　　进行相对估值的第一步是确定进行比较的同行企业。你希望公司在许多因素方面尽可能接近:产品种类,销售的地理分布,规模等。然而,有时你找不到完美的匹配,可能不得不选择不太完美的同行。只要你认识到它们在评估相对风险、增长和盈利能力时的差异就好了。例如雅虎财经和价值线选择同行就相对容易。对于雅虎财经,你可以对任何公司提供竞争对手报告,该报告将确定三个竞争对手并显示汇总行业数据(包括市盈率和其他数据)。价值线是按行业组织的,你可以从标的公司行业组内部选择同行。

　　一旦你选择了同行,你需要收集它们的倍数数据(这里指市盈率)以及其他有助于你评估相对盈利能力、风险和增长的数据。

专栏11-1　应用:用市盈率进行相对估值

　　假如你有打算为你的投资组合购买一个消费品公司,并已经决定从那些被价值线涵盖的公司中选择,因为价值线为你进行了一些分析,并提供了一个很好的重要数据汇总页。你想购买似乎能为它的价格提供最大价值支撑的公司。你从价值线选择了下面的同行公司:

公司	股票代号	2013年3月29日的市盈率
高乐氏公司	NYSE-CLX	19.1
高露洁棕榄公司	NYSE-CL	23.1
金佰利克拉克公司	NYSE-KMB	19.6
宝洁公司	NYSE-PG	18.8

　　如果不考虑其他因素,单从市盈率来看宝洁是最便宜的,而高露洁棕榄是最贵的。我们应该注意到,截至目前,价值线覆盖的所有股票的市盈率中位数为16.7,这比26个星期前的15.2要高。以前价值线股票的市场高市盈率是2007年中期的19.7。让我们来看一下同行的历史背景。

代号	2008年平均市盈率	2009年平均市盈率	2010年平均市盈率	2011年平均市盈率	2012年平均市盈率
CLX	18.5	14.5	14.4	31.9	16.7
CL	19.8	16.1	18.6	17.3	19.6
KMB	15.2	12.2	14.1	16.9	18.2
PG	18.6	16.4	17.0	16.0	16.7

注意，高乐氏2011年的市盈率很高，这不是股票价格飙升的结果，而是由于一项减值损失确认造成的盈利大幅下降。看来，对所有这四个公司来说，目前的市盈率相对于历史和市场都处于高位。作为价值投资者，我们可能会停在这里并且认定现在消费品公司的价格没有吸引力。似乎这个时期消费品行业很受投资者青睐，也许我们应该寻求一个不被青睐的行业来选定一个战略价值投资候选，我们将在本章后面看一些不太受追捧的公司。下面让我们继续识别在这四个消费品行业同行中哪一个可能是最有价值的，我们来看一下风险和盈利能力因素。

代号	价值线安全评级	贝塔系数	市值	杠杆率（债务%）	行业
CLX	2	0.60	111亿美元	97%	部分家居用品
CL	1	0.60	526亿美元	69%	各种家居用品
KMB	1	0.55	364亿美元	50%	以纸制品为重点的个人护理产品
PG	1	0.60	2110亿美元	26%	各种消费品

代号	2008年净资产收益率	2009年净资产收益率	2010年净资产收益率	2011年净资产收益率	2012年净资产收益率	2013年净资产收益率预测	2014年净资产收益率预测
CLX	NMF	NMF	NMF	NMF	NMF	NMF	NMF
CL	NMF	NMF	NMF	NMF	NMF	NMF	NMF
KMB	43.8%	34.9%	31.1%	30.3%	35.1%	39.0%	40.0%
PG	17.4%	17.9%	17.8%	17.3%	17.7%	18.5%	19.5%

NMF = 无意义。在这些年CLX的权益账面价值（股票账面价值）非常低或是负值，CL的账面价值非常低。

从价值的角度看，我们的相对风险评估变得清晰起来。CLX和CL是相当有风险的。CLX是最有风险的，因为它规模相对较小，负债高，安全等级低，销售有限的产品组合。仅看市盈率和风险，如果你能得到18.8倍市盈率的PG，为什么要买19.1倍市盈率的CLX呢？PG是这些公司中风险最小的，因为它负债低，规模大，产品组合广泛、盈利能力稳定（尽管不如KMB利润高）。

现在让我们了解一下这些公司的增长前景。价值线提供了以下盈利增长数据：

代号	过去10年增长率（年度）	过去5年增长率（年度）	预期5年增长率（年度）
CLX	8.0%	3.0%	10.5%
CL	9.5%	10.0%	10.5%
KMB	2.5%	1.5%	9.5%
PG	9.0%	6.5%	8.5%

现在我们可以更好地理解为什么 CLX 和 CL 具有高市盈率，尽管它们的风险水平很高。它们拥有最高的未来盈利增长率预期，而且，正如我们之前所了解的，较高的增长率与较高的市盈率相关。市场愿意为增长支付溢价（有时还会多付）。结合风险与增长率，作为价值投资者我们的选择变为 KMB 或 PG。PG 是低风险股，但 KMB 有更好的增长前景。

我们也可以使用这些数据来估算内在价值和安全边际。比方说，你想投资 PG，你觉得它应该以多个同行公司的平均市盈率即 20.6 交易。用市盈率计算出来的 PG 的当前价格和盈利分别为 77.11 美元和 4.10 美元。20.6 倍的市盈率乘以 4.10 美元的利润，意味着合理的估值为 84.46 美元。考虑到基于上面的分析，三家公司中有两家被高估，我们可以更保守地假设 PG 的市盈率应该有一个类似于 KMB 的 19.6 的值，意味着 PG 的合理估值为 80.36 美元。当前价格为 77.11 美元，安全边际是只有 4% 左右。如果你真想在投资组合中配置一个消费品公司，下一步也许应该对 KMB 和 PG 使用估值模型，以确定是否有比粗略的相对估值所显示的更多的内在价值和安全边际。否则，也许只能花时间寻找其他不为目前市场青睐的证券了。

PEG 率

PEG 率是市盈率方法的一个延伸。PEG 率是相对于增长前景的市盈率。回想一下，更高的增长率通常意味着更高的市盈率。用市盈率除以增长率来对此进行调整。我们的想法是较低的 PEG 率表示相对于预期增长的市盈率更低，意味着更大的价值。我们可以计算一下我们前面例子中金佰利克拉克和宝洁的 PEG 率：

公司	市盈率	增长率	PEG
金佰利克拉克公司	19.6	9.5	2.06
宝洁公司	18.8	8.5	2.21

相对而言，金佰利克拉克似乎是一个更有吸引力的价值投资，但你应该谨慎解释 PEG 率。PEG 率假设增长率和市盈率之间是一个线性（或完全对应）关系，这意味着可以把它们两个分开；在现实中，两者之间的关系更复杂，肯定是非线性的。在这种情况下，预测增长周期的时间长度是一样的，肯定会有所帮助。你不会希望用不同时间长度的增长率计算你的对比公司的 PEG 率。你会听到很多价值投资者说"理想的 PEG 率是 1 或更低"，也就是说，市盈率应该低于经济增长率。虽然我们不坚持 1 这个门槛，但绝对是越低越好。从 PEG 率来看，这两个公司似乎定价都很高。PEG 率是我们采取逆向方法和寻找便宜货的另一个判断依据。

专栏 11-2 应用：用 PEG 法进行相对估值

2013 年 4 月 5 日，你已经决定从目前市场上不受青睐的行业挑选一家公司，并且已经确认这个行业是硬盘驱动器制造行业，特别是从未来的增长前景来看，你对希捷科技（STX）或西部数据公司（WDC）感兴趣，它们的市盈率都接近于 7.0。

两家公司的市值都在 120 亿美元左右，价值线安全评级都是 3。STX 的债务（43%）比 WDC 的债务（18%）更多。它们的产品和客户是相似的。它们的市盈率和增长前景数据是：

代码	市盈率	销售增长预期	盈利增长预期	PEG 率（基于盈利）
STX	7.0	5%	11%	0.63
WDC	6.5	6%	6.5%	0.92

> 两家公司都拥有比大盘市盈率 16.7 更诱人的市盈率，并具有小于 1.0 的 PEG 率，STX 的 PEG 率更低，这表明单从未来的发展前景来看它的定价更具吸引力。但需要注意的是，较高的盈利增长率并不是较高的销售增长预期的结果。WDC 实际上有一个较高的销售增长预期，STX 的高负债导致更大的杠杆作用和比销售增长更高的盈利增长，这两家公司似乎都是典型的价值型股票。现在的问题是，它们是否能跟上技术变化以及向新的固态技术转变的步伐。

市账率法

市账率是另一个流行的评估股票的相对价值的价格倍数（尽管没有哪个倍数能像市盈率那样流行）。市账率有极大的灵活性，可以在某些不能使用市盈率的情况下使用，比如当企业有负盈余。市账率的变化也显著低于市盈率，账面价值是一个累积的量，而盈余（预测的或实际的）是一年的。最后，正如我们在剩余收益一章所看到的，剩余收益和市账率之间有直接的关系。因此，在与剩余收益模型相似的情况下，比如金融公司使用市账率是恰当的。

计算市账率相对简单。账面价值等于最近的资产负债表报告的股东权益总额。每股账面价值是这一数值除以当前未偿付的普通股的数量。为了估值的目的，如果公司有优先股，这必须单独处理：你必须在除以未偿付的普通股的数量之前，从股东权益中减去优先股的账面价值。

每股普通股的价格除以每股的账面价值就是该股的市账率。因此，市账率表示与资产负债表上每股会计价值（账面价值）相对应的每一股的市场价格。市账率相对估值方法的应用方式与市盈率相同。选择用于对比的同行公司，并且收集同行公司相对盈利能力、风险和增长率的数据。

专栏 11-3 应用：市账率相对估值

在第 10 章，我们用基于剩余收益的绝对估值方法测定美国家庭人寿保险公司，断定当时的市场估值很充分。你想看一下相对于保险业同行，美国家庭人寿保险公司的价格有多高。你从 2013 年 4 月 12 日发行的价值线中收集到了以下信息（按市账率排序）：

公司	代号	价格	每股账面价值	市账率
美国家庭人寿保险公司	AFL	52.90	34.16	1.55
托马科金融集团	TMK	59.62	46.57	1.28
宏利金融集团	MFC	14.82	14.28	1.04
尤纳姆集团	UNM	27.98	31.92	0.88
宝德信金融集团	PRU	59.04	83.31	0.71
大都会人寿公司	MET	38.16	58.94	0.65
美国再保险集团	RGA	58.83	93.47	0.63
防护人寿公司	PL	35.71	59.06	0.60
林肯国民金融	LNC	32.60	55.17	0.59
荷兰全球保险	AEG	6.18	17.04	0.36
通用金融公司	GNW	9.79	33.61	0.29
凤凰公司	PNX	29.99	193.67	0.15

这个列表显示了价值线覆盖的所有分类为寿险行业经营的公司，尽管这些公司参与寿险（相对于医疗保险、投资等）的程度有所不同。注意美国家庭人寿保险公司在相对的基础上是最贵的，并且该行业市账率的范围很宽。不要认为市账率最低的就一定是最好的或就是一个价值股。有些股票，像凤凰公司，以很低的市账率进行交易是因为那是它们应得的。凤凰公司在 2012 年底宣布，由于会计报告中的差错将重新发布过去三年的财务报告，这绝不会是一个好消息。

> 注意下面这些从价值线中提取出来的附加信息。从大部分衡量指标看，美国家庭人寿保险公司面临的风险与这里列出的其他公司类似。它的价值线安全评级为3，有21%的债务，并有持续的盈利能力。高风险的一方面是，美国家庭人寿保险公司在日本拥有大量的业务，并经常持有日元，这意味着美元和日元之间的汇率波动会影响公司的盈利；另一方面，美国家庭人寿保险公司的预期盈利（收益）增长率在同行公司的高端。我们可能会得出这样的结论：美国家庭人寿保险公司是一个良好的、可信赖的公司，它有良好的盈利能力、好的产品，甚至诱人的广告，但从价值投资者的角度来看，该股票的定价似乎并不诱人。从市账率这一相对基准来看，美国家庭人寿保险公司是昂贵的。我们可以用一个合适的同行公司的子集的平均市账率计算一下隐含的股票价格和安全边际，然而，我们发现无论我们用什么子集，美国家庭人寿保险公司的内在价值都比当前价格要低，安全边际都是负值。

市销率法

市销率是一个无论公司是否有盈余、现金流或者正账面价值都可以使用的度量指标。这是真的，因为销售额（或营业收入）始终是一个正数，所以它被经常使用。市销率被普遍应用于评估服务性企业，如存在潜在的兼并或收购可能的专业公司。在这种情况下，收购方往往最关心目标公司现有的营业收入，而不太在意它的经营模式和费用水平（因为收购后它可能会运用自己的经营模式）。

即使你是一个个人投资者不太可能收购整个公司，也一定很想知道收购方可能愿意为什么买单。当市销率被应用于没有正盈余和现金流，可能也没有在将来产生它们的前景的企业和行业，可能是被误用了。一个很好的例子是20世纪90年代末的互联网泡沫。一些互联网公司以巨大市销率交易，但没有利润和现金流。事实上，一些被报告的营业收入是与其他公司之间有水分的易货协议。

市销率方法的应用方式与前面讨论的市盈率一样。在通过公式计算理论上合理的市销率时，我们会发现关键的驱动因素是盈利能力，这比在市盈率情况下更甚。市销率方法适用于目前收益为负的情况。

专栏11-4 应用：用市销率进行相对估值

在《巴伦周刊》的一篇新文章中，红宝石星期二餐饮连锁被描述为一个良好的价值投资，具有强劲的上涨潜力。可惜的是，红宝石星期二最近有负盈余。价值线预测其将回归盈利能力，在未来几年将有11%的股本回报率。因此，你可以选择用市销率的方法来评估红宝石星期二的相对价值。从价值线收集到下列关于休闲餐厅的信息：

公司	代号	价格（美元）	2012年销售额（百万美元）	流通股数量（百万）	每股销售额（美元）	市销率
BJs餐饮	BJRI	33.10	708.30	28.02	25.28	1.31
起司工坊	CAKE	33.32	1809.00	53.67	33.70	0.99
布林克国际	EAT	32.02	2843.70	71.89	39.55	0.81
达登饭店	DRI	45.25	8220.00	129.36	63.54	0.71
红罗宾美食	RRGB	43.33	977.20	14.25	68.57	0.63
Bloomin' Brands	BLMN	18.61	3945.40	121.10	32.58	0.57
红宝石星期二	RT	7.55	1325.10	61.70	21.48	0.35

从这个表上看到，红宝石星期二拥有这些休闲餐厅中最低的市销率。不包括红宝石星期二，该组合的平均市销率为0.84，而中位数为0.76。

> 红宝石星期二、BJs 餐饮、红罗宾美食，都是小市值公司，应该有类似的风险溢价，它们有类似的盈利前景，预测净资产收益率如下：红宝石星期二 11%；BJs 餐饮 13%；红罗宾美食 9%。预测的长期盈利增长利率是：红宝石星期二 17%；BJs 餐饮 20.5%；红罗宾美食 15%。这样看来，红宝石星期二的市销率至少应能保证 0.63 的水平。
>
> 具有每股 21.48 美元的销售额，一个 0.63 的合理市销率，红宝石星期二有 13.53 美元的内在价值，这将会产生大量的安全边际，意味着惊人的上升潜力。

股价现金流比率法

对于现金流量是价值的一个重要驱动力的企业来说，股价现金流比率是一个有魅力的衡量指标。公司不仅需要产生利润，还需要将这些利润变成现金流，以便有一个长期、可持续的运营模式。正如我们在前几章中所看到的，一个常见的绝对估值方法是折现未来现金流。因此应用价格与现金流比率方法是很有意义的。遗憾的是股价现金流比率在数据库或大多数财经网站上没有现成的。即使能获得这些比率，它们往往也不是"真实"的现金流指标，它们经常使用粗略的近似值，如用每股收益加上每股折旧。我们更喜欢用来自公司现金流量表的营运现金流计算股价现金流比率：

$$每股现金流 = \frac{年度营运现金流}{普通流通股的数量}$$

股价现金流比率可以计算如下：

$$股价现金流比率 = \frac{每股价格}{每股现金流}$$

我们可以使用自由现金流（通常是股权自由现金流），而不用营运现金流作度量指标。这是非常有用的，也是合理的，因为自由现金流是向股东开放的。然而，由于增加的借贷、超常的资本支出及其他类似原因，年度同期自由现金流可能会大幅波动。营运现金流通常要稳定得多。我们也可以把这个比例翻转，创建一个被称为现金流收益率的比值（我们同样可以把市盈率倒置来计算收益率）。收益率指标避免了对现金流（或盈利）为负值的股票进行排名的问题，在现金流被当做收益的情况下，投资者以当前的价格买进股票，也就获得了股票的现金基础。例如，如果现金流收益率是15%（价格与现金流比率为6.7），那么公司正产生一个当前价格15%的现金流收益。现金流收益率计算如下：

$$现金流收益率 = \frac{每股现金流}{每股价格}$$

股价现金流比率或现金流收益率相对估值的使用方法，与前面所述的市盈率相同。从价值投资的角度来看，你正在寻找以比风险和增长前景相似的同行公司更低的股价现金流比率（更高的现金流收益率）销售的公司。现金流收益率也可以用作识别有强劲的现金流的公司的筛选标准，然后你可以用现金流贴现模型进行绝对估值。

专栏 11-5　应用：用现金流收益率进行相对估值

你有意找一家半导体公司加入到你的投资组合中，你认为虽然它们现在不被青睐，该行业估值将随着经济复苏而恢复。你订阅了历史财务数据的数据库，它允许你创建你自己的比率。你运行一个识别半导体行业中现金流收益率超过15%（如果你对9%的股票投资回报就感到满意，这是一个比较高的值，但是在面对行业风险你想找一个有良好安全边际的公司的情况下，这个值是适当的）的大公司（市值在10亿美元以上）的筛选。你还对每股价格至少为5美元的股票进行了筛选（定价很低的股票通常被认为更具投机性，低价销售都是有原因的）。你会发现，在数据库里的214家半导体公司中，只有四家满足你的现金流收益率、价格、规模标准。

公司	价格（美元）	现金流收益率（%）	市值（百万）
第一太阳能公司	26.44	33.08	2304
伟创力国际有限公司	6.66	26.21	4368
英特尔公司	20.94	18.21	103673
威世半导体公司	12.29	16.31	1762

这将有吸引力的半导体公司的数量缩小到了一个你可以做一个更详细的自由现金流估值的数字。值得注意的是，虽然这四家公司的市值都超过10亿美元，但是英特尔公司的市值接近筛选器选定的第二大的公司的24倍。这些公司真的具有可比性吗？这就是投资的艺术，因为对这个问题不同的投资者有不同的回答。

股息收益率法

类似于上一节中提到的现金流收益率或净收益率的指标，股息收益率与价格与现金流比率相反。对相对估值来说，股息收益率格式几乎总在使用，股息收益率在财经出版物、网站和数据库中是现成的。股息收益率代表了当前股票投资者从他或她的股票投资中获得的收益。股息收益率计算如下：

$$股息收益率 = \frac{每股年度股利}{每股价格}$$

寻找具有高股息收益率的公司，绝对算得上一个有价值的方法，但是，使用这种技术时你应该谨慎行事。一些投资者追求超过资本利得的现期收入，因此特意寻找高股息收益率的股票。你应该充分考虑对长期收益的优惠税收待遇要超过现期收入。在某些税收环境中，后者可能更可取，而且你可以通过定期削减长期收益获得同样的现期收入。另外，高分红的股票往往是那些没有新项目投资机会的公司，你可能会使你的投资组合偏向那些股利在未来不会显著增长的股票。你也可能会把你的投资组合集中在少数行业（例如，支付高额股利的公用事业），最后成了一个低多元化的投资组合。有些公司无视业务前景和盈利下降不断支付高额股利。这种情况不可能永远持续下去。你应该通过分析公司产生维护和支持这些股利的利润和现金流的能力，来思考公司继续其当前股息收益率的能力。

专栏11-6 应用：用股息收益率选择价值股

假设你想用股息收益率把"道指狗股理论"用于标普500指数领域（即购买指数中最便宜的公司）。为找到股息收益率最高（这表明它们更便宜）的股票，你在一个金融数据库里对标普500股票进行筛选。

代号	公司	价格（美元）	股息收益率（%）	盈利收益率（%）	现金流收益率（%）
WIN	气流通讯公司	8.87	11.30	7.69	26.35
PBI	必能宝公司	15.09	9.90	14.29	28.20
FTR	边境通信公司	4.22	9.50	3.08	34.66
CTL	世纪电信公司	37.22	5.80	3.36	17.75
EXC	艾斯能公司	36.22	5.80	3.86	17.49
LO	罗瑞拉德烟草公司	41.56	5.30	6.76	7.18
GRMN	佳明公司	34.72	5.20	7.94	11.21
RAI	雷诺兹烟草	46.18	5.10	4.85	5.12

代码	公司	价格	股息收益率	市盈率	市现率
MO	奥驰亚集团公司	35.91	4.90	5.75	4.74
POM	佩科控股公司	22.05	4.90	5.62	13.68
ETR	安特吉公司	69.70	4.80	6.85	26.89
FE	第一能源公司	45.72	4.80	4.03	14.72
PBCT	人民联合金融公司	13.30	4.80	5.41	6.91
TE	泰科能源	18.45	4.80	6.17	18.32
LMT	洛克希德马丁公司	97.18	4.70	8.62	10.22
NEM	纽曼矿业	36.37	4.70	10.42	16.82
T	美国电话电报公司	38.59	4.70	3.13	16.66
PPL	宾州电力公司	31.99	4.60	8.13	13.09
TEG	Integrys能源集团	60.45	4.50	6.06	14.18
AEE	阿莫林公司	35.49	4.50	——	20.87
COP	康菲石油公司	59.36	4.40	10.00	23.23
GAS	AGL Resources	43.50	4.30	5.32	12.93
HCN	保健不动产信托投资公司	71.11	4.30	0.69	3.20
DUK	杜克能源公司	72.97	4.20	4.20	8.70
INTC	英特尔公司	21.68	4.20	9.80	17.51
STX	希捷科技公司	36.09	4.20	20.83	16.16

资料来源：美国个人投资者协会，2013年4月14日的股票投资者专业数据库

这里列出的是股息收益率排名最靠前的26家公司。注意，我们已经给一些公司的收益率加了阴影，这表示它们当前的利润不足以支付股利。幸好，除一家外上述公司都有充足的营运现金流。如果你想投资于任何加了阴影的公司，你应该首先确定它们维持目前股利水平的能力（它们可能需要足够支付不动产及机器设备更换的营运现金流）。

企业价值法

在第 8 章中,我们提出了用于绝对估值的公司自由现金流法(FCFF)。回想一下,公司自由现金流法是一个估值方法,该方法通过对整个公司进行估价,然后减去债务和优先股的价值来估算股权价值,而不是直接对股权进行估价。这种方法在收购情况下是非常有用的,在像融资并购这样的收购中,收购方可能会显著改变被收购公司的资本结构。企业价值倍数是和自由现金流绝对估值法对应的相对估值方法,它是一种用来评估收购方可能愿意买什么的有效方式,这关系到所有投资者。这个倍数有几个变体,但最常见的是企业价值(EV)比利息、所得税、折旧和摊销前的利润(EBITDA)的倍数。

$$企业价值倍数 = \frac{债务价值 + 股权价值}{息税折旧及摊销前利润}$$

分子是所有的债务和权益证券(含优先股)的价值,分母基本上是运营利润与追加的折旧及摊销,也是一个包括债券持有人和股权持有人在内的所有资本提供者可获得的营运现金流的近似值。这个倍数的应用与前面介绍的类似,不过要额外加一个确定每股股票的隐含价值的步骤。

专栏 11-7　应用:使用企业价值倍数

你想知道哪些制药企业交易时的估值水平最有吸引力。你发现你已经确定的四家同行企业有明显不同的资本结构,你决定使用企业价值倍数。你从雅虎财经收集了下列数据:

代号	公司	普通股权益价值	债务价值	企业价值	负债率	企业价值倍数
RAD	来德爱公司	2.06	6.29	8.35	75%	7.38
CVS	西维斯公司	70.82	8.65	79.47	11%	8.85
WAG	沃尔格林公司	46.21	3.91	50.12	8%	10.88
ESRX	快捷药方公司	46.08	13.12	59.2	22%	11.22

资料来源：雅虎财经，2013年4月14日，单位：十亿美元

从企业价值倍数来看，一方面，来德爱公司显然是最便宜的，但它有最低的倍数可能是由其资本结构风险过高（非常高的债务水平）造成的。另一方面，西维斯公司看上去比其他同行更有吸引力。另外还需要调查西维斯公司相对其他公司的未来前景，比方说，你认为西维斯公司的企业价值倍数应该与沃尔格林公司的10.88类似，则公司和股票的价值如下：

息税折旧及摊销前利润	89.8亿美元
预估的企业价值倍数（EV/EBITDA）	10.88
企业隐含价值	977亿美元
扣除债务价值	86.5亿美元
资产净值的隐含价值	890.5亿美元
流通股数量	12.3亿
每股隐含价值（内在价值）	72.40美元
雅虎财经给出的当前每股价格	57.52美元
安全边际	20%

会计调整

价格倍数中使用的当前价格是没有争议的，但是，使用的其他数据通常来源于报告的会计数字。正如我们在第4章中所指出的，有些公司可能

会选择使盈利看起来更高的会计方法，使市盈率显得更具吸引力。你应该回顾第 5 章中介绍的会计预警信号。如果这些迹象存在，你应该考虑对该公司的报告数据做出调整，或者应该考虑完全避开这家公司。

结 论

价格倍数都是现成的，可以方便地用于确定股票的相对价值，它们在从大型的股票数据库中筛选识别潜在的价值机会时特别有用。然而，正如本章开头所指出的，确定相对于同行公司或市场的价值时，将相对估值方法与绝对估值方法相结合是明智之举。1969 年，沃伦·巴菲特解散了巴菲特有限合伙公司，因为他"没有任何一流的想法"，他认为整个市场作为一个整体被严重高估了，认为继续参与市场是"想玩一个我弄不明白的游戏"。事后看来，巴菲特先生是有先见之明的，因为 20 世纪 70 年代被认为是股票投资者"失去的十年"。

第三篇　价值投资风格与应用

第12章　主题变奏曲：价值投资风格

> 投资价值型股票和看草一样令人兴奋，但你何曾关注过草一周内的生长情况呢？
>
> ——克里斯托弗·H·布朗

本章中，我们会研究9位杰出的价值投资者的投资风格，这也不可能详尽列出所有著名价值投资者，而仅列出了一些最受欢迎的价值投资者的代表而已。介绍这些价值投资风格，目的不是详细描述他们，而是指出每种风格的特点，展示彼此之间的联系与区别。这将有助于你形成自己独特的投资风格，这也是本书第13章的主题。

本杰明·格雷厄姆

考察任何一名伟大的价值投资者都要从本杰明·格雷厄姆开始，他通常被称为"价值投资之父"。尽管这个称号给人留下了深刻的印象，但实际上，这个绰号低估了格雷厄姆对投资界的贡献。或许，他被称为"职业金融分析的创始人"更为恰当。格雷厄姆把科学方法和定量研究应用到投资分析过程中，这导致了一个新领域，我们现在称之为"金融分析"的产生。在格雷厄姆这一贡献之前，人们认为股票市场的参与者是投机者，而不是投资者。持有债券在当时被认为是真正的投资，而股票市场的活动则视为投机。

几十年来，格雷厄姆为格雷厄姆-纽曼合伙企业管理投资基金。他投资的方法就是总去寻找相对于内在价值有较大折扣出售的公司。他在1929年的经济危机中幸存下来，在管理基金的几十年里，他获得了令人难以置信的成功。由于计算的时间周期以及所使用的计算方法不同，对格雷厄姆投资报告分析也各不相同。约翰·特雷恩在他的《金钱的主人》这部著作中称格雷厄姆-纽曼公司在超过20年的时间里每年赚取21%的利润。除了管理基金外，格雷厄姆还在他的母校哥伦比亚大学多年教授投资这门课。

格雷厄姆对于一般投资，尤其是价值投资的贡献，怎样评价都不过分。他的思想和著作影响了许多一流的价值投资者，包括比尔·鲁安、约翰·博格尔、约翰·内夫、塞思·卡拉曼、沃利·韦茨，当然，还有最有名的沃伦·巴菲特。事实上，巴菲特、鲁安和沃尔特·施洛斯都曾在格雷厄姆-纽曼公司为格雷厄姆工作。格雷厄姆在他一直最受欢迎的两本投资书，《证券分析》和《聪明的投资者》中描述了他的投资哲学。《证券分析》经常被称为"投资者的圣经"。巴菲特称《聪明的投资者》是"有史以来，关于投资的最佳著作"。这两本书以及它们所描述的投资原则，都经受住了时间的考验。《证券分析》的第一版出版于1934年股市崩盘后不久，已经被多次更新，最近一次是在2008年，增加了包括塞思·卡拉曼在内的一些知名的价值投资者的评论以及沃伦·巴菲特撰写的序言。

格雷厄姆强烈主张投资组合要包括很大仓位的普通股，他这一主张基于两个基本原则：第一，他认为普通股为投资者提供了一些保护，以防止通货膨胀造成的美元贬值；第二，结合普通股票的股息收益率和市场价值的增加，格雷厄姆认为，从长远来看，普通股提供的收益通常比债券要高。

格雷厄姆提出了"安全边际"概念，并围绕这个简单的概念建立了一个投资理念。事实上，他表示理性投资的秘诀就是大安全边际。简单地说，格雷厄姆的安全边际概念是指资产的价格与其内在价值之间的差额。如果你因内在价值的大幅折扣购买一个资产，那么你有了一个安全边际，可以用它来消化误判或糟糕的运气所带来的影响。格雷厄姆认为，要使一个投资成为真正的投资，就必须有一个真正的安全边际。

格雷厄姆把科学的方法应用于投资分析，为保守型投资者的投资组合所包含的普通股的选择列举了七个定性和定量标准（严格来说，它们都是定量的）。格雷厄姆把保守型投资者定义为一个"……把重点放在避免严重错误或损失上"的人。

七个标准是：

1. 适当的企业规模：格雷厄姆表示，以1973年的美元计，一个工业企业年销售额不低于1亿美元，一个公用事业企业总资产不低于5000万美元是必要的。

2. 足够强劲的财务状况：对于工业企业而言，流动比率（流动资产除以流动负债）应该至少为2，同时，长期债务不应超过当前的净资产（流动资产减去流动负债）；对于公共事业而言，负债不应该超过股东权益的两倍。

3. 利润的稳定性：过去10年中，普通股每年都有一定的利润。

4. 股利纪录：至少有20年连续支付股利的纪录。

5. 利润增长：过去10年内，每股利润的增长至少要达到1/3，在开始和结束时使用三年平均数。

6. 适度的市盈率：目前的股价不应该在过去3年平均利润的15倍以上。

7. 适度的股价资产比：目前的股价不应该超过最后一次报告账面价值的1.5倍。格雷厄姆通过声明"市盈率低于15时，资产倍数更高一些也是合理的"对此进行了修正。他提出了一个经验法则：市盈率与市账率的乘积不应该超过22.5。

沃伦·巴菲特

沃伦·巴菲特和本杰明·格雷厄姆关系密切。格雷厄姆是巴菲特在哥伦比亚大学的导师。1951 年巴菲特获得了格雷厄姆曾授予的仅有的两个 A+ 成绩后,从哥伦比亚大学毕业了,他主动提出愿意在格雷厄姆-纽曼公司义务工作,格雷厄姆拒绝了他。巴菲特说,他毛遂自荐后,"本(指本杰明)像往常一样计算着相对价格拒绝了我"。1954 年,格雷厄姆重新考虑,以 12000 美元的年薪聘用了巴菲特。

巴菲特对格雷厄姆的工作赞不绝口,特别是他急不可耐地赞美《聪明的投资者》的第 8 章 "投资者与市场波动" 和第 20 章 "作为投资核心概念的安全边际"。但巴菲特的价值投资风格在很多重要方面与格雷厄姆不同。巴菲特把格雷厄姆的投资风格与自己的投资风格进行了对比:

本买了糟糕的公司,它们是如此廉价,我买入很大的、运行良好的、能让我很高兴地离开这个国家、十年后再回来的公司。本有一个量化的方法。定性的是很难教也很难仿效的。

巴菲特通过与引用最广泛的大盘股指数——标普 500 指数比较来衡量伯克希尔。巴菲特在他的 2010 年致股东的信中说:"在伯克希尔,我们早已告知你们,我们的工作就是以超过标普 500(含红利)增长率的速度增加每股内在价值。" 鉴于伯克希尔-哈撒韦资金池的庞大规模,为了使自己的投资决策能对伯克希尔的底线有效果,巴菲特必须与大公司做交易。巴菲特在击败了标普 500 指数方面取得了巨大成功。从 1965 年开始,伯克希尔公司平均每股账面价值复合年增长率为 19.8%,而标普在同一时期每年的回报率为 9.2%。需要注意的是,伯克希尔的收益是税后的,而引用的标普数据是税前的。

第 12 章 主题变奏曲：价值投资风格

格雷厄姆把重点几乎完全放在定量因素上，而巴菲特在靠考虑投资机会时会关注更多的定性元素。巴菲特强调的两个方面——管理质量和企业的经济定价权，不是格雷厄姆著作的核心。由于巴菲特是公司的大股东，往往还是控股股东，在投资时重视管理的质量也就不足为奇了。不过，他说他所做的与购买 100 股公司股票的小投资者没有什么不同。巴菲特并不是在进行股东维权活动，即寻求管理的变化。巴菲特寻找的是那些已经运转良好的公司，而不是那些管理需要改进的公司：

我们打算让我们的许多子公司独立运作，我们不对它们进行任何管理或监督。这意味着我们有时候会很晚才发现一些管理问题，还有一些运营和资金决策，如果咨询我的意见，将不会被执行。但是，我们大多数的经理人极好地使用我们赋予他们的独立性，他们用保持所有者导向的态度回报我们对他们的信心，这在一个巨大的机构是无价的，也是非常少见的。我们宁愿承受少数不良决策的可见代价，也不愿意承受因为沉闷的官僚主义而造成的决策太慢（或者根本出不了决策）而导致的无形成本。

对于一般价值投资者，评估一家上市公司的管理质量无疑是一项艰巨的任务。在回应一个学生这方面的质疑时，巴菲特说：

评估管理要看他们做什么，而不是听他们说什么。要相信你的眼睛，而不是你的耳朵。在 52 年里，我可能已经持有过 300 至 500 只股票。90% 的股票，我和他们的管理层没有任何接触。卓越的管理者能够摆脱糟糕的业务。我们花了 22 年，终于从纺织业中走出来了。

巴菲特公开评价一家企业唯一重要因素就是定价权。他在一次接受联邦危机调查委员会采访时说，"如果你有能力提价而业务又不会流向竞争对手，你拥有的就是一家很好的企业。如果你在提价 0.1 美分前还要开个

'祈祷会'，你拥有的就是一家糟糕的企业，而且这两个我都有经验，我知道其中的差别。"他很早就投资于有充分定价权的行业的公司，如铁路和电力公司，这些公司由于没有可供消费者选择的竞争对手而享有充分的定价权。巴菲特还拥有可口可乐、吉列、安海斯-布希、宝洁等上市公司的大量股份，这些公司依靠其品牌的吸引力（特许经营权）来吸引和留住顾客。事实上，尽管巴菲特也重视管理，但他曾经表示"顶级公司并不需要最好的管理"。

本杰明·格雷厄姆信奉分散投资，并认为安全边际和分散投资是密切相关的。事实上，格雷厄姆认为，即使有一个大的安全边际，单一投资可能也不会获得投资者的青睐。但是，格雷厄姆认为，如果投资者进行了大量的具有安全边际的投入，最终成功的可能性更大。巴菲特并不认同分散投资，他经常被援引的话是"当投资者不明白他们在做什么时，才需要分散投资"。他还表示，"分散投资对无知的投资者来说是一种保护，它对那些知道自己在做什么的投资者来说，几乎没有任何意义"。巴菲特践行了他所宣扬的：一项学术研究显示，在1976年至2006年期间，伯克希尔-哈撒韦公司的投资组合集中在相对较少的股票上，五大重仓股平均占到投资组合价值的73%。

巴菲特还认为，集中投资实际上可以通过集中精力分析更少的机会来降低风险，在他1993年致股东的信中他说：

我们相信集中持股的做法可以大幅降低风险，只要投资人在买进股份之前加强本身对于企业的认知以及对于竞争能力熟悉的程度。在这里我们将风险定义为"损失或受伤的可能性"，这与一般字典里的解释一样。

虽然巴菲特主张持有集中的头寸，但他认为对普通投资者而言，分散投资并不一定是个坏主意：

需要分散风险的特殊情况是,当投资人并没有对任何单一产业有特别的熟悉,却对美国整体产业前景有信心……例如,通过定期投资指数基金,一个什么都不懂的投资人,通常都能打败大部分的专业经理人。很奇怪的是,当"愚昧"的金钱了解到自己的局限之后,它就不再愚昧了。

塞思·卡拉曼

塞思·卡拉曼是包普斯特集团总裁,该公司总部位于波士顿,管理着近300亿美元资产,是全球第9大对冲基金。这是一个非常成功的基金,自1982年创立以来,它只有两个年份(1998年和2008年)是负收益。自2007年以来,在艰难的环境中,许多基金已经举步维艰,包普斯特的资产已经翻了三倍还多。1982年,卡拉曼创立公司时有2700万美元的资产,自那以后平均每年有20%的收益。2007年,信贷危机最严重之际,是包普斯特表现最好的一年,上涨了52%。你不用考虑是否要投资包普斯特,因为该基金很早之前就对新投资者关闭了。包普斯特的客户包括哈佛、耶鲁、斯坦福等名校的大型捐赠基金。

也许,1992年秋天巴菲特在克雷顿大学鲍伯·约翰逊的投资组合实践课上对一个学生提问的回答,是对塞思·卡拉曼的最高褒奖。当被问及哪个年轻的专业投资人士给他留下了深刻的印象,他觉得谁可能是下一个巴菲特,巴菲特毫不犹豫地回答:"塞思·卡拉曼。"这次会面之后,约翰逊博士把卡拉曼的《安全边际》指定为课程必读书目。这最终成为他所做的最好的投资之一。这本书最初售价为19.95美元成为颇受欢迎的经典。2012年秋天,品相良好二手原本在网上的报价大约为2500美元。一个人1992年买这本书大约花20美元,20年后可以卖2500美元,获得了超过27%的复合年度回报率!

卡拉曼的风格与其他价值投资者有很大区别,这里扼要介绍两点:首先，在他的投资组合中现金经常占一个很大的比例；其次，他从整个投资领域中寻找价值投资，并不仅仅关注传统的股票和债券。

2012年7月，卡拉曼的投资组合有30%的现金，他曾在他的投资组合中有超过50%的现金。在对冲基金领域，持有大量现金是极不寻常的，大多数对冲基金使用了高度的杠杆以放大收益。卡拉曼说明了他倾向持有现金的两个原因：他厌恶风险的本性和购买别人被迫出售的资产的能力。

正如他书的标题所示，卡拉曼是格雷厄姆安全边际理念的坚定信仰者。他认为，避免损失应该是每个投资者的首要目标。卡拉曼在《安全边际》里写道：

损失规避策略并不意味着投资者应该把所有哪怕是一半的投资用于购买国库券或持有大量的黄金。投资者必须意识到，世界可能会发生意外变化，有时还很剧烈；未来可能与现在或不久前有很大不同。投资者必须有所准备，以防万一。

在卡拉曼看来，安全边际仅仅意味着购买证券的价格与其目前的基础价值相比折扣足够大，如果长期持有，实现价值的可能性非常大。卡拉曼寻找便宜货，他非常愿意持有大量现金，直到那些便宜货出现在市场上。他的成功得益于他发现低估值资产的能力和只在安全边际足够大时才买入的自制力。

据卡拉曼说，许多个人投资者在应用价值投资的方法时存在的主要问题是"没有足够的估值折扣决不投入资金"的耐心和自制力。他援引华伦·巴菲特的棒球比喻：

一名专注于长期投资的价值投资者，就像是一名正在参加比赛的击球手，比赛中没有出现好球，也没有出现坏球，击球手对几十个，甚至几百个投球都能无动于衷，而其他的击球手会对其中许多的投球挥动球杆。价值投资在研究比赛，他们从每个投球中进行学习，包括那些他们挥杆击球的投球和放过的投球。他们没有受到正在参加比赛的其他人影响，他们只会根据自己的计算来展开行动。他们非常有耐心，愿意等待，直到他们等到自己可以击中的那个投球——一个被低估的投资机会。

卡拉曼认为，大多数机构投资者都以为裁判一直在喊好球或坏球，他们必须击打很多球。即使资产出售价格低于其内在价值，也不一定就真值得购买。与其买一种与内在价值相比折扣不太大的资产，卡拉曼宁愿等到资产折扣足够大了再购买，这意味着他愿意在短期内放弃一些收益来等待更大的机会。

卡拉曼大量的现金储备在经济动荡时期成为他的明显优势。2008年，包普斯特是为数不多的几家有规模、有资金从身陷困境的卖家手里买入大量资产的公司之一。卡拉曼说："能为一个迫切的卖家提供一站式服务的能力，是最大的优势。"

格雷厄姆的投资一般仅限于比较传统的股票和债券，而卡拉曼投资于各式各样的资产，从传统的普通股票和政府债券，到投资者时常不愿涉足、只有内行才能弄懂的投资，如证券化债务、私人商业地产以及最近的信贷危机期间的债务清偿。随着信贷危机的发展，他把超过1/3的资产投入到高收益债券和抵押贷款相关证券。2012年底，他最大的不良债权头寸是雷曼兄弟。实际上，在整个市场不景气的时候，卡拉曼正忙着从投资市场的各个角落挖掘价值，他的搜索并不限于传统的投资工具。

卡拉曼也持有衍生证券的头寸。鉴于政府为摆脱金融系统困境而导致的高借款利率，他特别担心潜在的通货膨胀。他已经购买了债券的看跌期权来对冲通胀风险，他把此举描述为尾部风险的"廉价保险"。即使长期利率上升到6%~7%，看跌期权到期时也一文不值；但如果利率上升到10%，包普斯特将会获得巨大收益，如果利率超过20%，公司可以赚到投入的50倍，甚至100倍。

比尔·鲁安

比尔·鲁安是巴菲特在哥伦比亚大学上格雷厄姆投资课时的同学。鲁安在投资世界里的殊荣，是巴菲特在关闭巴菲特有限合伙公司时向他的投资者推荐的唯一人选。1970年，鲁安成立了红杉基金来管理这些投资者。该基金在引资方面是如此成功，以至于1982年关闭了面向新投资者的大门。2008年，红杉对新投资者重新开放，并不是因为业绩不佳而导致的撤资，而是因为它意识到来自20世纪70年代的客户群开始老化，甚至死亡。2005年，鲁安去世了，但该基金仍然以他遵循了一生的价值投资规则运行。

鲁安与巴菲特关系密切不仅因为巴菲特公司关闭时的推荐，还因为该基金从20年前就开始购买伯克希尔-哈撒韦公司的股票，已经成为一个主要的资产。伯克希尔-哈撒韦一度接近投资组合的30%。当鲁安在鲍勃·约翰逊的投资组合实习课上接受采访时，他告诉学生们，在投资行业最棒的一点，是你可以从你的竞争对手那里得到伟大的想法。该基金最近将其持有的伯克希尔股份削减为约10%，红杉当前的管理者认为该股票并不像过去那么便宜。

鲁安的理念包括寻找高品质的投资标的，即在行业中居于主导地位，同时具有强劲的收入增长和利润率提高前景的公司。他也钟情于市值比较大的公司。鲁安认为，只要一个公司的管理非常好，业务前景很强劲，即使相对于整个市场有很高的溢价，红杉还是会考虑购买它。

如果能强烈地感受到公司的发展前景，他并不介意在一个特定的投资标的持有巨大的头寸。鲁安对待分散投资的立场更接近于巴菲特而不是格雷厄姆。即使在今天，红杉基金仍旧是一个只有大约30只股票高度集中的投资组合。一般情况下，红杉持有的单只股票在其总资产的占比不会超过15%。

第12章 主题变奏曲：价值投资风格

约翰·内夫

约翰·内夫是注册金融分析师（CFA），真正的超级明星基金经理之一，他管理着庞大的先锋温莎基金。该基金成立于1964年，管理资产为7500万美元，1995年他退休时资产已超过110亿美元。该基金是如此成功，以至于在20世纪90年代末就不向新的投资者开放了。他管理如此庞大的资金的业绩，简直难以置信。在他任职期间，即从1964年到1995年的31年间，温莎基金的复合年收益率为13.7%，同期标普500指数的复合年收益率为10.6%。就这一点而言，在温莎基金投资10000美元会增长到564637美元，在标普500投资10000美元将增长到232974美元。

内夫是有名的逆向投资者和价值投资者，从业多年始终保持着这一投资风格。和格雷厄姆一样，内夫也列出了他策略的七个主要元素。他在退休后写的《约翰·内夫的成功投资》这本书中对这些策略进行了明确的阐述：

1. 低市盈率

低市盈率是约翰·内夫投资策略的基石。当被问及投资风格时，内夫说他更喜欢被称为"低市盈率投资者，这更加简明准确地描述了在我负责时引导温莎的投资风格"。约翰·内夫寻找具有良好前景的冷门股票。

市盈率是至关重要的，因为它完全来自一种预期。一只股票市盈率之所以高，是因为市场对公司的高速增长达成了共识。如果一只股票市盈率较低，则是因为投资者对它的增长不抱太大希望。如果期望值已经很低，低市盈率的股票遭受收益下跌冲击的风险就很小了。但是，高市盈率股票的收益下跌是显著的，后果是严重的。这种思路与许多投资者在市场上所看到的一致：你经常看到一个高市盈率股票季度收益减少了几便士股价便一路暴跌。

典型温莎股票的市盈率一般低于市场 40%~60%。内夫认为，这些市盈率很好地体现了它们所提供的上升空间（当市场认识到它们的价值）和下行保护（因为期望如此之低）。

2. 基本增长率超过 7%

如果一个公司预期收益增长率超过 7% 且同时拥有一个低市盈率，那么内夫就认为这个公司被市场低估了。他还表示他不选增长率低于 7% 或超过 20% 的公司。增长率低于 7% 的公司并没有显示出足够的成功迹象。内夫说增长率高于 20% 的企业风险太大，那些公司可能会令人失望。在温莎收益增长预测的相关期限是 5 年。

3. 收益有保障

低市盈率的投资策略往往导致公司具有较高的股息收益率。任何普通股投资的回报都包含两个部分：股息收益率和股价变动。内夫与格雷厄姆和多德的看法一致，股息收益是公司成长的最可靠部分，因而也青睐股息高的股票。但是，内夫自己也承认，他认为股息并非必不可少。他也会投资于增长率达 15% 但很少分红或者根本没有分红的低知名度成长股，然而，这只是个别现象而非普遍情形。

内夫认为，在给证券估价时，许多投资者完全按照股票价格的升值潜力给股票估价，忽视了分红。他估计，在他任期内温莎每年 3% 的市场利差大约有 2/3 来自股利。

4. 总回报率相对于支付的市盈率两者关系绝佳

内夫研制了一个简洁明了的参考标准，他称之为"总回报率"，来衡量有潜力的投资的吸引力。总回报被定义为股息收益率和预期收益增长率的总和，然后再用得到的结果除以市盈率，用来表示价格的"丰富度"。因此，总回报率为：

$$总回报率 = （收益增长率 + 股息收益率）\div 市盈率$$

他寻找的是总回报率超出市场或行业平均水平 1 至 2 倍的股票。这只是一个衡量他能多么廉价地获得预期收益的指标。他发现，在充满泡沫的市场上，很难找出符合这一指标的公司。

5. 除非从低市盈率得到补偿，否则不买周期性股票

内夫并不回避周期性公司（对周期性公司的讨论见第4章），事实上，周期性股票一般约占温莎基金1/3的仓位。但是，内夫也意识到，他的总回报率可能会对周期性公司产生误解，有必要做一些调整。问题是，成长股的收益有望稳步增长，而周期股的收益增长率会因我们在经济周期中所处的位置不同而不同。内夫用公司正常收益增长的估值替代了五年增长率。正常收益增长只体现了公司在经济周期比较景气时期的收益估计，正常盈利增长仅代表在商业周期盈利的最佳估计。

周期性公司的关键是不要在收益峰值处高价买入。事实上，与包括巴菲特在内的许多价值投资者提倡的买入持有理念不同，内夫认为对于周期性股票时机的把握就是一切，该策略就是在预期市盈率非常低的时候买入，在市场对公司的前景过于乐观的时候卖掉它们。这种理念使得内夫一次又一次地买入同一家公司。例如，在1994年他购买了大西洋富田5%的股权，这是在他管理温莎基金的30年里第6次买入大西洋富田。

6. 成长行业中的稳健公司

前面五个标准都非常注重定量。尽管人们可以对预期未来收益增长率或规范化（正常化）收益有不同的意见，但不可能对市盈率或股息收益率也有意见。第六个标准完全是定性的，主要涉及成长行业中稳健公司的鉴别。内夫一般不投资大型的、获得广泛认可的公司、行业翘楚等。他认为良好、稳固的公司比公认的行业翘楚更容易受到由投资者的冲动导致的错误定价（错误估值）的影响，他的策略是在市场最不看好这些好公司时使劲儿买入。当然，他也可能购买价格已经下降到了他很满意水平的行业翘楚。

鉴别成长行业中的稳健公司的策略，使得内夫持有规模截然不同的公司的股份，他把他的低市盈率风格应用到了整个投资领域。

7. 基本面好

约翰·内夫持有注册金融分析师（CFA）执照，他极力倡导基本面分析。他认为要做出买入或卖出股票的决定，光看单个或者两三个基本面指标是远远不够的，也就是说，战略价值投资者要追究数字后面的真相，并辨别它们的可靠性，其目的就是要得到可靠的收益增长率估值。因此，一个强大的基本分析必须保证用在估值模型里的预测值的合理性。

内夫试图找出产生增量现金流的公司，他认为留存收益加上折旧费就足以代表现金流了。增量现金流可以为股利增加、股权回购提供资金，为企业并购或再投资等提供资金。

和巴菲特一样，内夫认为，净资产收益率（ROE）是衡量企业经营的一个至关重要的指标。持续获得高回报率的公司，能充分利用股东的权益并为股东提供价值。

内夫也探究隐藏在收益增长数字后面的信息，寻觅收益增长率持续超过7%公司。可持续增长率是由销售而不是削减成本或其他一次性的事件带动的。在内夫看来，并非所有的收益增长都是相同的。

在投资组合结构方面，内夫不提倡分散投资。他的投资方法依赖于发现被压制股票的隐藏的潜在价值和在赌注非常大的决定上下注的意愿。1992年，温莎基金的前十大持股通常大约占到基持股总数的39%，而这些股票中没有一个是市值最大的50家公司，对温莎这种规模的基金这是很惊人的。

和卡拉曼一样，在内夫认为市场被高估了的时候，他喜欢持有大量现金仓位。在1992年的一次采访中，他谈到了他的现金仓位，当时是16.5%，而且温莎基金的现金仓位一直比较高。他解释说"市场创造的低市盈率机会越来越少了"。

作为一个逆向投资者，内夫不追赶时尚，他在那些失宠于市场的公司和行业中寻求投资。事实上，负面消息引起了内夫对公司的注意。他觉得市场经常反应过度并把最糟糕的情况反映到股票价格上。对内夫这样的逆向投资者来说,坏消息的发布可能正是一个独特的买入机会。

巴菲特说他希望持有期最好是永久。与巴菲特不同,内夫没表露过这种看法,如果市场估值有显示,他更愿意在短暂持有后把证券卖掉。内夫在自己的书中列举了一些仅持仓几周(实现了利润)的例子。

特维迪-布朗有限责任公司

其他的价值投资者的形象都是单个的人物,而特维迪-布朗有限责任公司是一个历史悠久的资金管理公司,它植根于本杰明·格雷厄姆的价值投资学校。特维迪-布朗有限责任公司的前身特维迪-布朗合伙公司,就曾出现在沃伦·巴菲特撰写的《格雷厄姆-多德投资圈的超级投资者们》一文中。巴菲特曾和维迪-布朗合伙公司创始人之一汤姆·科拿普在格雷厄姆-纽曼一起共过事。截至2012年6月30日,该公司为个人、机构、合伙企业、海外基金和四个共同基金注册投资公司管理着约139亿美元的资产。目前特维迪-布朗有限责任公司归威廉·布朗、托马斯·希腊格尔、约翰·斯皮尔斯和罗伯特·威科夫四位总裁共同所有。第五位总裁,《价值投资:从格雷厄姆到巴菲特的头号投资法则》的作者克里斯托弗·布朗,在2009去世了。

特维迪-布朗在一个投资理念明确说明中表示"我们不求为所有人做所有事,只求继续探讨由本杰明·格雷厄姆首倡的价值导向的投资管理方法"。他们的方法大部分被称为深度价值投资。在1998年的一次采访中,当被问及一些价值投资者为什么失败了,克里斯托弗·布朗说:"买深度价值股需要很大的勇气,因为它看起来真的很糟糕。公司之所以便宜是因为有很多坏消息。"他的兄弟威廉·布朗补充说:"这就像找最丑的配偶,因为她一定会很爱你的。"

但是,该公司的投资不仅限于深度价值领域,罗伯特·威科夫描述特维迪-布朗的持股说:"我们今天的投资组合是一个优质的、巴菲特式的公司和本杰明·格雷厄姆式的便宜货的混合体。"

与巴菲特和鲁安不同，特维迪-布朗不在个别公司大举建仓，而是建立一个具有广泛的多样化投资组合。公司遵循一个严格的纪律，在任何一家公司的投资只占整个组合的一小部分，约为4%。

特维迪-布朗与本章其他的价值投资者的不同之处，在于它不是仅在美国，而是在全球范围内应用价值投资原则。1983年，这家公司较早地进入了全球投资领域。它已经在国际投资中取得巨大的成功，并获得晨星2011年度最佳国际股票经理人提名。应当指出的是，它是对冲汇率风险的赢家。投资组合经理鲍勃·威科夫说："我们希望从股票而不是从货币赚取我们的利润。"

与本章其他几个价值投资管理者一样，当特维迪-布朗的投资组合管理者找不到值得购买股票时，他们宁可持有现金。该基金目前持有11%的现金资产。

沃利·韦茨

沃利·韦茨，注册金融分析师（CFA），通常被称为"奥马哈圣人"和"华伦·巴菲特的门徒"，两个头衔他都欣然接受。他的公司华莱士-韦茨公司，管理着超过40亿美元的韦茨基金。自1983成立以来，韦茨价值基金已创造了一个令人羡慕的纪录——年复合收益率为12.3%，而标普500仅为10.3%。在一次接受晨星采访时，韦茨描述了他的投资理念与巴菲特的关系：

30多年前，我从他那儿得到一个理念，买股票就是购买企业的一部分。由于别人要么没弄清楚公司到底怎么样，要么按更短期的考虑采取行动……股票的价格可能高于或低于公司估值。

这些年来，韦茨的价值投资方法不断发展演变，它综合了格雷厄姆的价格敏感度和坚持"安全边际"，同时坚信，允许公司对自己的命运有一定控制权的定性因素，比像历史性的账面价值或报告收益这样的统计数据更重要。韦茨从他理解的行业里寻找产生现金的企业。因此，他保持了一个目标非常明确的投资策略，与大多数共同基金管理人相比，他从更少的名字中选择更集中的头寸。一般的共同基金拥有的头寸超过100个，而韦茨三个资金的头寸都保持在50个以下。和卡拉曼一样，韦茨在任何时候都不怕持有大量的现金头寸。截至2012年8月，韦茨价值基金持有的现金头寸超过20%。

韦茨指出："股票价格是企业价值和人们对该公司估值的综合反映。当现金离开这儿去追逐其他更诱人的投资机会时，估值部分就会减少（股票变得更有吸引力了）。"他寻找以大幅折扣出售的公司，对价值估计的折扣超过40%。

和本章多数的其他价值投资者不同，韦茨仔细研究各种资本规模的公司，卖空股票，并使用一定数额的杠杆。在《彭博商业周刊》的一篇文章中，韦茨对他所说"防御型卖空"做了解释：它包括识别价值已充分体现甚至被高估的一批股票或一个类别，卖空它以便在多头一侧买入更多喜欢的股票。例如，当认为小盘股比大盘股更受欢迎时，韦茨会卖空一些小盘股，并把所得投资到大盘股，这一策略使他能持有更多的好头寸。

查尔斯·布兰德斯

查尔斯·布兰德斯，注册金融分析师（CFA），是布兰德斯投资伙伴公司的总裁。这家位于加利福尼亚的投资管理公司，成立于1974年，截至2012年6月底，管理资金近300亿美元。布兰德斯和格雷厄姆有密切关系，他们在20世纪70年代初时相遇，那时格雷厄姆退休后去了加利福尼亚的拉荷亚。布兰德斯的公司是"运用由本杰明·格雷厄姆首创的价值投资方法选择证券，并成为首批把全球视角引入价值投资的投资公司之一"。该公司如此成功，以至于查尔斯·布兰德斯进入福布斯美国富豪榜前 400 名。

布兰德斯信奉长期投资和长期持有，他从两个方面对投机进行了界定。首先，任何期望持有期比一个三到五年的正常商业周期还短的就是投机。他还认为，任何基于市场预期走势或预测的购买也是投机。

他是一个很有耐心的投资者。像巴菲特一样，布兰德斯使用一个运动的类比来描述这种耐心。巴菲特经常说投资就像一个棒球击球手，他可以无限期地等待最佳的击球时机，换句话说，这不是三击不中你就出局。同样，布兰德斯说在投资行业没有 24 秒计时器。在职业篮球赛中，如果一个队不能在 24 秒内投篮，他们就失去了控球权。"在投资行业你可以到处运球和传球，直到得到了你想要的投篮。"

和本章中的许多价值投资者一样，布兰德斯强调安全边际这一基本概念。他自称是深度价值专家，一直在寻找安全边际特别大的公司。布兰德斯认为你可以用安全边际估计市场和可能存在的价值的水平。在 2011 年的一次采访中，布兰德斯表示，在 2006 年和 2007 年，他的投资组合的安全边际特别低，约为 20%，而在 2009 年市场的底部，他看到对内在价值的折扣达到了 50%~60%，在某些情况下甚至达到了 70%~80%。这是他在职业生涯中见过的最大折扣。

他的公司擅长小市值股和国际股权领域投资。按照这一策略的本质聚焦于小市值股，布兰德斯管理着一个高度多元化的投资组合，这些公司的市值有限。为了防止大量买入或卖出引起市场波动，布兰德斯必须对任何一个特定持股都加以限制。配合持有很多股票的策略，他不相信实地考察，那对持有大规模头寸的投资者更有意义。

布兰德斯从不根据自上而下或外部的因素做任何决定，他从不预测市场的方向，也从不考虑具体的宏观经济事件。与巴菲特一样，他把投资看作购买公司的部分所有权，着重关注公司业绩（内在因素）。尽管他在全世界寻找深度价值投资，但他并不预测货币，并且认为那是在投机。

和巴菲特一样，布兰德斯不喜欢进行黄金投资。他认为，黄金并不创造财富，它可能是一个财富仓库，尤其是在你的政府滥发钞票的时期，但不是财富的生产者。

比尔·米勒

本章最后一位著名投资者，比尔·米勒，注册金融分析师（CFA），是一个前车之鉴。米勒是莱格曼森价值基金的长线投资经理，创造了从1991年到2005年连续15年击败标普500指数的空前纪录。他被誉为投资天才，是有史以来最优秀的基金经理之一，他凭借自己的投资实力获得了《金钱》杂志、晨星、《巴伦周刊》的众多奖项。事实上，他是知名财经记者珍妮特·洛尔的畅销书《击败标普的人》的主人公。然而，与他在雷格梅森资本价值信托任职的初期相比，2006年到2011年这段时间真的如同"双城记"一样，这是一个最好的时代，这是一个最坏的时代。2006年到2011年，该基金的表现远逊于标普500指数，在整个时期，持股的投资者眼看着他们的收益减少到这20年期间的平均水平。仅在2008年，该基金价值就下降了55%以上，而标普500指数下降了38.49%。2011年底，米勒辞去基金经理一职。

在米勒担任该基金总经理的整个时期（从1990年到2011年），扣除交易费用后，该基金年均增长9.39%，而同期标普500指数为9.14%。最后几年的糟糕表现对基金来说是灾难性的，管理的资产从2006年最高点的208亿美元下降到2011年底的28亿美元。追求业绩的投资者在米勒创造了骄人的纪录后，实际上蒙受了巨大损失。为米勒说句公道话，只有少数几位公共基金经理，达到或略超过标普500指数表现21年以上，但从云端突然跌落，宠儿突然沦为弃儿，也不能不评价。

在讨论这一戏剧性表现的原因之前，我们先简要描述一下米勒的投资理念。珍妮特·洛尔总结出了米勒投资风格的六个要点，它们是本章前面介绍的投资者风格的许多要素的组合。简单地说，米勒：

◆ 不试图预测市场的方向。

◆ 寻找特许权价值。

◆ 愿意在确定价值时提供预测，但不认为这些数字能告知一切。

◆ 到处寻找投资创意。

◆ 寻找安全边际。

◆ 不频繁交易。

那么，考虑到他的投资理念，为什么米勒在1991年到2005年的表现与在2006年到2011年的表现相比有那样大的差距呢？我们认为这直接归因于四个因素：愿意投资于科技行业、他基于概率理念、将头寸集中在特定行业和过于自信。

与大多数价值投资者不同，米勒偏爱投资科技行业。他的持股与典型的价值投资者有显著不同，他持有包括像美国在线、谷歌、戴尔和亚马逊等公司的大量头寸。他购买了谷歌首次公开发行的股票。批评家声称米勒只是借价值投资者之名，行成长投资者之实。吉姆·克莱默在华尔街网的专栏文章中写道，在这种类型的公司投资声称是价值风格简直就像是"一个化装舞会"。可以说，大多数价值投资者不持有这种类型公司的股票。互联网泡沫破裂之前，相对于整个市场科技公司的强劲表现成就了米勒的一些卓越表现。米勒对科技行业投资时机的把握是完美的，因为他在2001年这个行业崩溃之前，退出了这些头寸的大部分。

米勒对赢家、输家和概率的概念也有一个有趣的看法。非常像彼得·林奇"十倍股"的概念（能使你的钱增加10倍的股票），米勒坚信大赢家能驾驭他投资组合的表现。珍妮特·洛尔将这种理念描述为"米勒很多次预测完全失误，但是他正确的投机预测，也有足够的次数，这样，他成就了出色的投资佳绩。"事实上，在挑选赢家方面，相比大多数资金经理，米勒更常出现错误。但是，在莱格曼森价值基金大部分任期内，他的投资业绩表现突出。例如,到1999年,米勒持有戴尔股份有3500%的涨幅。对一只股票的投资,获得如此壮观的回报,肯定能弥补大量的投资失误。

想让大数定律在投资中奏效,个股投资必须独立或者彼此相关度不高。事实上,米勒投资集中押注于连续亏损的冷门行业,这是导致其任期最后几年不佳表现的关键因素。如上所述,米勒成功地集中投资了科技股头寸,并在1999年科技股崩盘前,一直持有这些科技股。但是,在金融危机中,米勒不仅保留了他的金融股头寸,而且还在房利美、房地美、美国国际集团以及其他金融个股上增加了投资头寸。在2008年9月初,房利美和房地美的股票价格急剧下降,米勒透露,莱格曼森价值基金在一个星期内,已经追加购买了它们3000万股份。即使在互联网泡沫时期,米勒科技股投资完美无瑕,但在最近金融危机中,他金融股的投资也糟糕透顶。

信心是投资经理的良好品质,但过度自信可能是投资经理的致命缺点。价值投资者经常把价格下跌视为买进良机。如果一只股票30美元,你喜欢她,那么,当它20美元时,你应该爱她。米勒低估了金融危机的深度,随着金融股票价格走软,他继续购买金融股票。"股票价格下跌时,唯一让我们停止更多购买的方法,是再也无法获得股票的报价",米勒的这句话是他过度自信的写照。在特殊时期下过大的赌注,这导致众多投资者一败涂地。

结 论

本章介绍了一些杰出的价值投资者及其独特的价值投资风格。正如你所看到的,价值投资的方法不是千篇一律,但是本章中给出的每一种方法确实都有共同之处,即以低价购买好公司。这种价值投资策略为投资者提供了一个良好的安全边际。如果你接受这些投资信条,那么你可以改变你的投资风格,在相对于广泛的投资市场,在调整风险的基础上,你的投资表现会更出色。

第 13 章　选择合适的风格和估值模型

> 只要有 125 的智商，你就可以成为一名成功的投资者。只要你智力正常，你所需要的是控制冲动的性格，冲动会使人陷入投资困境。
>
> ——沃伦·巴菲特

我们在第 12 章中看到，有许多各具特色的价值投资风格。在那章介绍的卓越价值投资者都对投资风格元素进行了调整，以满足他们个人情况和个性。在形成自己独特的风格时，你应该考虑你自己的心理特征（也就是说，你的智力上和情感上的优势和劣势）、对风险的态度、收入需要和纳税情况。要认识到我们当中很少有人是完全没有情感和认知偏见的纯理性投资者。我们强烈建议你选择一种符合你的个性和个人情况的风格。

你所选择的风格决定了你将依赖这本书中提出的哪个估值模型。例如一些风格与股利贴现模型是一致的，而其他风格与自由现金流模型是一致的。无论你采用哪种风格，你最好听从这句老话的建议，"不要试图把一个方形的木栓塞进一个圆孔里"。这就是为什么冰淇淋制造商同时生产巧克力和香草两种口味的冰淇淋，这也是为什么没有一个对每个人来说都是"最好"的投资方法。

你的心理特征

认识我们的根本区别是形成投资风格的关键。虽然你确实可以克服你的一些心理的局限性，但我们的个性的其他方面是难以改变的。沃伦·巴菲特认为，许多投资者失败的原因不是智力的缺乏，而是这些心理的局限性。

对自己的个性做一次实实在在的评估，是形成一个在智力上和心理上都与你的性格一致的风格的关键。你不要尝试采用一种与你的个性不一致的风格，因为那样你将不断与自己发生冲突。在本节中，我们要探讨耐心、后悔厌恶和对风险的态度，这些都是形成投资风格时投资者要实实在在评估的关键要素。

耐心

我们都听过耐心是一种美德这句格言。成功的价值投资需要很大程度的耐心。由于价值投资策略固有的逆向投资本性，这种策略可能在很长一段时间表现不如追涨杀跌策略。如果市场是由情感所驱动，像 20 世纪末互联网泡沫的情况，就更是如此。

图 13-1 显示了 1980 年至 2011 年罗素 2000 价值指数与罗素 2000 指数的相对表现。罗素 2000 指数用来衡量美国股票市场小盘股的业绩，它包括那些市账率较低和预期增长值较低的罗素 2000 指数公司。在此期间，罗素 2000 价值指数的算术平均年回报率为 14.0%，罗素 2000 指数为 12.1%。平均而言，价值指数跑赢了整体指数，但有三个时期罗素 2000 价值指数跑输了罗素 2000 指数：1989 年到 1991 年、1998 年到 1999 年、2009 年到 2011 年。

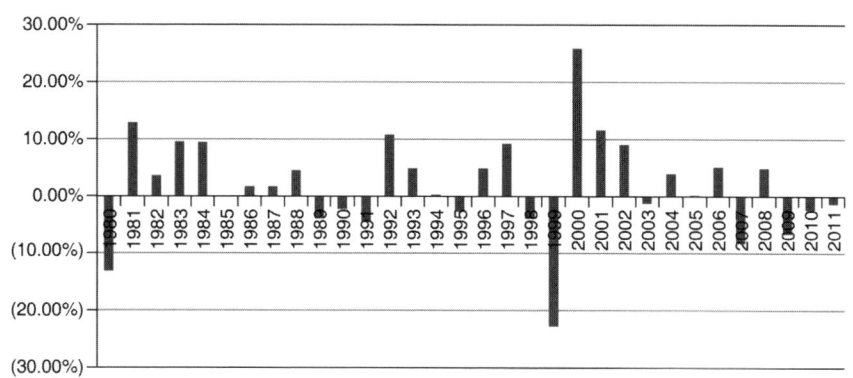

图 13-1　罗素价值减去罗素 2000

你可以发现这个规律，在市场表现不佳时你会看到以宣称"价值投资结束了"为标题的财经报道。这些标题曾出现在 2000 年科技泡沫破灭之前，在 2012 年下半年再次出现。似乎，一些市场评论员会定期声称市场上出现了一个新范式，行之有效的价值投资方法已经过时了。虽然技术进步确实改善了我们的生活，但 20 世纪 90 年代末市场给予新兴技术公司的不合理估值是不可持续的：一个公司的内在价值仍然与盈利能力有关。无论别人对你说什么，从长远来看，一个公司的价值与其盈利能力及现金流有关。

如果一天天看着投资者在最近的投机中获得了丰厚的回报，在心理上很难坚守你的价值投资信念。事实上，长期以来这种情况在投资市场上经常发生。成功的价值投资者必须有承受业绩长时间表现不佳的心理素质，也要有坚持他们最终会被证明是正确的信念和勇气。

有时候，即使是世界上最伟大的投资者，也会因为坚持自己的价值投资原则而受到批评。在 1999 年底，《巴伦周刊》的封面报道标题就是"沃伦，你怎么了"。这篇文章包含了嘲讽巴菲特的引文，"（他）没能实现下一个飞跃以适应当前技术驱动的牛市，因为，科技股不属于巴菲特的'能力圈'，在这种行业里寻求长期赢家他会觉得浑身不自在"。伯克希尔-哈撒韦公司的股东非常高兴的是巴菲特没有"进化他的思想"，坚持了他古板但行之有效的投资风格。

价值投资者必须明白，巴菲特的"市场先生"纠正估值错误不可能一夜完成。有许多关于著名的价值投资者的故事，从长期来看他们是绝对正确的，但他们并没有获得成功，因为他们的投资者没有足够的耐心并且从他们那里撤走了资金，在科技泡沫期间更是如此。科技泡沫可能在某些公司不同程度的重演，一些投资者现在想知道像脸谱网和领英这样的公司的高市值倍数是否合理。大多数价值投资者认为这些公司不是典型的价值型投资机会。

管理你自己的投资组合最使人愉快的一点是，除了你自己你不必对任何人负责。如果市场还没有承认你是正确的，你也不会被强迫改变策略，因为你不用与其他投资经理争资本，也不用按季度接受业绩评判。这样一来，业余投资者就比许多专业投资者有一个很大的"耐力"优势。很遗憾，专业投资者为了吸引现金流入和阻止越来越浮躁的追逐业绩和最新潮流投资者的现金流出，必须关心短期业绩和较之于同行的相对业绩。

做一个判断你自己是否适合做一个价值投资者的测试，包括你多长时间检查一次你的投资记录，以及你如何应对不可避免的价值波动。如果你持续监控你的投资组合的价值，并且你的情绪随着变幻莫测的市场不断变化，那么你可能根本不适合做一个价值投资者。如果市场长时间奖赏其他策略，你能够坚持你的信念吗？你会屈服并相信声称"这一次世界确实变了"的价值投资的反对者吗？

另一个测试涉及你对刚买入或卖出后价格就发生变化的反应：如果你的反应是"自己肯定犯了一个错误"，那么你可能不适合做一个价值投资者，或需要改变你对市场变化的态度。一个真正的价值投资者欢迎价格下降，意识到其实市场先生已经把股票放到清仓大甩卖的架子上了，如果合适的话,这将是一个增加该股票仓位的好机会。

后悔厌恶

与耐心密切配合的是后悔厌恶。后悔厌恶是导致投资者做出糟糕决定的行为金融学原理。这也是一个心理学理论,该理论认为当有些人看到自己的决定被证明是错误的时候他们会后悔,即使对于他们所掌握的信息来看,当时所做的决定并无不妥。在投资情景中,后悔厌恶是基于避免经受由于糟糕的投资决定带来的痛苦遗憾的欲望。

后悔厌恶可能与人们已经采取的行动有关,或与他们原本可以采取的行动有关。源于已经采取的行动的后悔是一个委托错误,源于没有采取的行动的后悔是一个遗漏错误。典型的价值投资者当然不会让遗漏错误打败自己,否则他们应有强烈的投资宜早不宜迟的倾向。正如巴菲特的棒球比喻,巴菲特从不后悔错过一个好球,他愿意等待下一个更好的击球机会。

在上一章中,我们看到几乎所有被提到的投资者,当他们在市场上看不到合适的价值投资机会时,都愿意持有大量的现金头寸。1969年,巴菲特采取了更进一步的措施,他解散了巴菲特有限合伙公司,因为他无法在市场里找到良好的价值投资,50只所谓的极好的股票以天文数字的市盈率在那里交易:

如果我真有些一流的点子,我会在1970年,甚至1971年继续经营合伙公司。不是因为我想这样做,而只是因为我愿意以辉煌的业绩而不是以惨淡的业绩结束。但是,我看不到任何提供辉煌业绩的可能,我不想拿着别人的钱四处摸索,碰运气。我和这种市场环境不合拍,我不想让一个我不明白的游戏糟蹋一个不错的记录,那样一来,我就不再是英雄了。

如果你因为没在一个前沿市场上投资而感到非常后悔,持有大量的现金仓位是很难的。想象一下,持有20%,30%,甚50%的现金头寸,看着市场,哪怕是一个细分市场大幅增长。你有坚持你的价值投资信念的心理素质吗?你会停止抵抗随波逐流吗?这就是那些投资者一般在周期末才从价值股"换马"到成长股的原因。他们错过了增长区域大部分的积极表现,一旦价值股扭转局面,他们就错过了价值领域的积极表现。这就解释了为什么大多数个人投资者跑输了平均指数。在你的投资风格似乎已经不受市场青睐的时候,坚守自己的投资风格需要很大的勇气和毅力,但有耐心的投资者必定会获得丰厚的回报。

后悔厌恶也表现在已经采取行动的委托错误中。许多投资者不愿卖出亏损的股票,他们辩称,只要他们没平仓,他们就并没有真正亏损。投资者更愿意卖掉那些已经获利的股票,因为他们可以享受现实的收益。这种倾向得到古老投资格言的支持,"你不会因盈利而破产"。在某种极端的情况下,这种卖盈持亏的策略会导致投资者持有一个只有输家的投资组合。从税收角度看,采取相反的策略才是明智的。在盈利时卖出股票要为资本收益付税,而在亏损时卖出股票可使投资者实现资本损失,可以用来抵消收益和减少纳税。要认识到犯错误是投资的本性,即使是伟大的投资者也会买入原本就无利可图的头寸。然而,要小心你把什么归类为一个错误。如果股价下跌,这并不意味着你犯了一个错误。如果你认为市场低估某只股票,下跌的股票价格实际上可能代表了一个更好的买入机会。错误是你意识到形势已经发生了变化,或者你低估了公司所遇到的困难,例如,意识到一个公司衍生品风险敞口的损失比预期的要大。

价值投资者必须设法评估自己后悔厌恶的水平。试图遵循一个不符合你的心理特征的投资风格是注定要失败的。最好是你认识到自己的情绪偏好,并建立一个与之一致而不是对立的策略。在投资领域,做真实的自己是一个值得遵循的公理。

对风险的态度

这本书的主题之一是，如果操作正确价值投资能有效地降低风险。确切地说，如果你购买了安全边际很大的证券，你就有效地降低了招致头寸亏损的风险。话虽如此，但是，各种类型股票面临的风险肯定是不一样的。正如我们在第 2 章中指出的那样，广义价值策略与广义成长策略的风险和回报都有很大的不同。我们展示了随着时间的推移价值股如何跑赢成长股，小盘股如何跑赢大盘股，也就是说价值股和小盘股收益更高，见图 13-2。

风格	几何平均回报率	回报率标准差
大盘价值股	11.2%	27.5%
小盘价值股	14.2%	32.4%
大盘成长股	9.2%	20.4%
小盘成长股	9.3%	32.9%

资料来源：肯尼斯·弗兰奇的数据资料库

图 13-2　历史年度回报率数据，1926—2012 年

但无论是价值股超越成长股还是小盘股超越大盘股，都要付出一定的代价，这个代价就是承担风险。如果你和大多数投资者一样，将风险定义为收益的波动，你会发现价值股比成长股收益波动更大，小盘股比大盘股收益波动更大。

这对有抱负的价值投资者来说意味着什么？这意味着，价值投资者为了获得价值投资策略的回报，必须愿意承受更多随时间推移而产生的收益波动，这需要发挥耐心和毅力的作用，这也意味着某些价值投资策略比其他投资策略更不稳定。例如，如果你把精力集中于小市值价值股，把你的持股集中在那里，你的回报率（无论是年度和月度）很可能比其他采取成长策略或混合（成长和价值）策略的投资者的回报率表现出更大的波动。

在确定采用什么风格时，你承受风险的能力和意愿都必须加以考虑。承担风险的能力是一种更适合于理性的、定量分析的素质，它是由投资者相对于其财力的财务目标以及实现目标的时间表决定的。如果投资者的投资目标相对于投资组合的规模非常适度，那么他就有比较大的风险承受能力，即承受短期波动及其引发的短期亏损的能力。简单地说，一个正在为几十年后的退休存钱的年轻高薪职员，比迅速接近退休年龄且处于半失业状态的退休计划资金不足的人有更强的风险承受能力。许多理财规划师使用一个简单而粗略的经验法则（见专栏13-1），试图通过"100减去你的年龄法则"来判断你承受风险的能力。

专栏 13-1　100 减去你的年龄的资产配置经验法则

多年来，理财规划界一直使用一个基于年龄的简单粗略的资产配置法则。投资者要做的一个最大的决定，就是不同类别的资产投资分配。"100减去你的年龄法则"简单地标明，如果你是30岁，你应该分配100减30，也就是说，你的可投资资产的70%给股票，其他30%分配给债券；如果你是65岁，你应该分配可投资资产的35%给股票，你的投资组合的大部分，即65%分配给债券。该法则清楚地表明，随着时间的推移，投资者年龄逐渐增长，他们应该把他们的资产从一般风险较高的股权类，重新分配到风险较小的债券类。

虽然我们不主张投资者坚守"100减去你的年龄法则"，但是该法则大体上表明，承担风险的能力除了与你积累的资产基础有关，还与你的投资期限有关。具体而言，你的投资期限越长，你承受风险的能力就越强。要知道投资期限并不只是与年龄有关，例如，如果你正在为你的孩子储备大

学教育基金，如果孩子是在幼儿园，而不是在高中，投资期限会长得多。

承担风险的能力无疑与你的资产基础的大小有关，如果你已经积累了大量的资产，那么你比没有积累足够的经济基础的人有更强的风险承受能力。

你的风险承受能力越大，你可以考虑不同价值投资策略的范围就越广。例如，有较高风险承受能力的人可以考虑将价值投资策略集中于小盘股。此外，这样的投资者可以将其投资组合中的很大一部分投入到这样的策略当中去。而风险承受能力较低的人们不妨投入投资组合的一小部分，并采用风险较小的大盘股的价值策略。

承受风险的能力可以量化，而承受风险的意愿更多的是定性的，只能被主观评估。两个投资者可能有相同的风险承受能力，而他们承受风险的意愿却可能是截然不同的。衡量一个人承担风险的意愿的一种方法，就是简单地问这个问题：如果你的投资组合的价值突然下降了百分之X，你会因为这事儿睡不着觉，并感到非常后悔吗？如果他回答"是"，那么这个人承担风险的意愿就非常低。坦白说，除非能改变这种态度，否则，这个人的投资选择是有限的。如果X等于30时，他的回答从"是"变为"否"，那么这个人有较高的承担风险的意愿。

圣克拉大学行为经济学家斯塔特曼开发了一种用来衡量承担风险的愿意的有趣方式，他要求调查对象回答这样一个问题：

假设你的投资组合目前是现金，你有一个投资机会，你有一半的机会使其价值增加50%，但是，该投资策略也有一半的机会使投资组合的价值减少X%。你能够接受的损失的X的最大值是多少？

你能接受的损失值越大，你接受风险的意愿就越强。为一个有一半机会获利50%的投资，中国和越南的投资者愿意承担的财产风险平均为

16%~17%，而巴西和突尼斯的投资者只愿意为50%的上涨承担10%的资本风险，美国投资者愿意承担的财产风险平均约为12.6%。你可以考虑一下用你对这个问题的答案和这些国家的平均值来衡量你的意愿。

　　事实上个人承担风险的意愿并不是一成不变的，它经常随时间和投资经验发生改变。宣称愿意承担假设的损失比实际承担发生的损失要容易得多。人们承担风险的意愿往往随人生经历变化。年龄和承担风险的意愿没有直接关系，但许多年轻人更愿意承担风险，因为他们通常几乎没有经历过亏损的痛苦。意想不到的是，年轻人在首次参加退休计划时经常选择一个对于他们的生活标准来说过于保守的资产配置方案，这个决定对他们退休后的生活标准有显著的影响。

　　承担风险的意愿也往往依赖于当前的经济前景。在牛市的高位，很多人都感觉很勇敢，并宣称他们有很强的承担风险的欲望。为什么不呢？在牛市时，积极的资产配置和策略通常都会获得很好的回报。然而，在熊市的深处，很多人都害怕并说他们没有太多的风险承受能力。他们经常在市场已达到最低点时"交出了他们的筹码"。如果你认为这听起来像是与巴菲特的建议相反（"要在别人贪婪的时候恐惧，而在别人恐惧的时候贪婪"），你是正确的。如果你可以说服自己当其他人不这样做时自己愿意承担更多风险，你会发现更多的价值投资机会。同样，当人们承担风险的欲望似乎已无法满足的时候，很可能就是你逐渐厌恶风险的时候。价值投资者不相信大众智慧，而是称其为"群体疯狂"。只要记住，在投资中随着时间的推移向均数回归的现象是始终如一的。

　　说到底，对待风险的态度是个人承担风险的能力和承担风险意愿的函数。一个人的承担风险的能力是年龄和生活状态的函数，是可以定量确定的。一个人承担风险的意愿是主观的，虽然你可以理性地决定你更愿意承担风险，但可能你未必从心理上愿意那样做。没关系，不愿意承担风险并不是一个缺点，选择一个符合你独特的心理特征的投资风格就行了。

分散投资

投资风格的关键因素之一是你所持股份集中或分散的程度。你想效仿巴菲特和鲁安持有较为集中的投资组合的风格，还是想效仿布兰德斯和布朗践行的更多元化的投资风格呢？

持有多少只独立股票才算是分散投资呢？20 世纪 70 年代初的一项经典研究表明，持股数量增加到 10 可以获得巨大的分散投资效益。图 13-3 显示投资组合的风险随着股票数量的增加而下降。超过 10 只股票，分散投资的收益被证明已经微乎其微了。似乎每一本介绍投资的教科书都提供了一个图表，表明分散投资的大部分效益（以标准差衡量投资组合的回报），约 90% 是通过持有 10 只证券获得的，只要有 30 只股票就几乎可以完全实现分散投资。不过要注意，为了实现 10 只或 20 只股票的投资组合的多样化，需要保证行业的多样化。

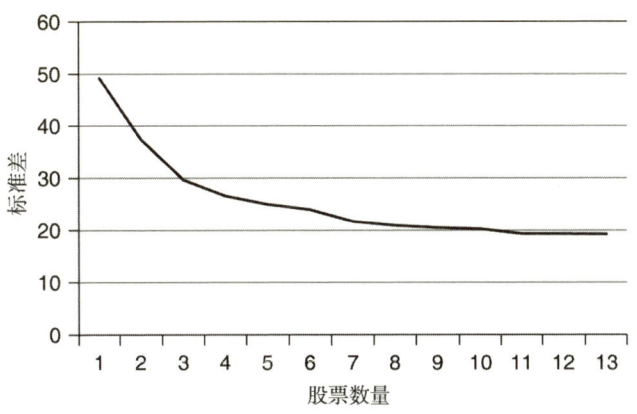

图 13-3　股票组合风险与股票数量的函数关系

管理自己的投资组合的个人投资者不可能妥善监测 30 只甚至更多的股

票。投资者最好直接采用指数策略并接受市场回报，而不是试图为自己的特殊情况定制一个投资组合。你还可以成为一个购买指数基金或其他基金的价值投资者，我们将在第 15 章讨论这个问题。

那么，你的投资组合应该多分散或者集中呢？呼吁集中投资到你最好的想法上是比较理智的。为什么不把所有的钱都投入到绿山咖啡或帕尼拉面包呢？在 21 世纪的第一个十年，这两家知名消费品牌公司的价值分别增长了 9210% 和 1628%。如果你真的这样做了，你就不用为钱发愁了。彼得·林奇曾在 1989 年写道："谁能想得到，在 20 世纪 70 年代买入斯巴鲁汽车和斯巴鲁股票，今天就是一个百万富翁了。"

保持你对信念的勇气听起来像一个崇高的理想和生活座右铭。沃伦·巴菲特在 1978 年致股东的信中说：

我们的投资策略是集中持股。我们尽量避免这也买一点，那也买一点，因为那样会使我们对投资的企业或其价格漠不关心。当我们觉得价格合理，我们就会一口气大量地买进。

为了支持自己的观点，巴菲特把分散投资比做造方舟的诺亚：

能看到的每样东西都买两个，最终就成了动物园而不是一个投资组合。

这本书的作者之一罗伯特·约翰逊常常想知道，为什么他没有把很大一部分甚至是全部财产放在伯克希尔-哈撒韦或亚美利交易控股公司，他和这两家位于奥马哈的公司已经打了多年的交道。其实，他知道这两家公司的代表性负责人沃伦·巴菲特和乔·里基茨都相当不错。1980 年，在约翰逊博士获得他的学士学位时，伯克希尔-哈撒韦 A 股（当时唯一可买到的伯克希尔股票）大约 340 美元可以买一股。在写这本书的时候，股票卖到将近160000美元。这一投资在 32 年间的收益为 46958%。这代表了超过 21% 的复合年收益率。

约翰逊博士曾在亚美利的前身 TransTerra 公司咨询委员会短暂供职。1997 年 3 月，亚美利拆股调整公开上市时的发行价为每股 1.25 美元，在写这本书的时候，亚美利的股价为每股 17 美元左右——忽略分红，在这 15 年间的收益是 1260%，或 19% 左右的年均复合收益率！

然而，即使是约翰逊博士非常熟悉的这两家公司也是很不一样的。就其本质而言，伯克希尔-哈撒韦公司已经相当多元化，而亚美利则专一得多。一个持有伯克希尔-哈撒韦公司股份的投资者实际上持有可口可乐、美国运通、安海斯-布希、宝洁和 IBM 等上市公司的股份。此外，该公司全资拥有盖可保险公司、时思糖果、内布拉斯加家具卖场和奶品皇后以及许多其他独特的、赚钱的公司。显然，伯克希尔-哈撒韦公司已经多元化。因此，持有伯克希尔-哈撒韦公司一定股份的投资者，比持有多元化程度较低的公司的同等股份的投资者更多元化。亚美利则更专注于在线折扣经纪公司领域。把财富集中于亚美利的投资者，将受到特定行业变化的影响，其财富也会因此而有风险。

虽然坚持信念的勇气值得赞赏，承认不足也是一个投资者的优良品质。虽然绿山咖啡具有长期投资价值，但其价格非常不稳定：2011 年 9 月，股价最高达了 115.98 美元，时隔不到一年，2012 年年中，股票价格从最高点下跌超过 85%，集中持有该股票的投资者账面财富会大幅下降。

由于各种原因，投资者往往将他们的财富集中在雇主的股票上。造成这种现象的原因有很多，但过度自信和雇主与养老金计划相结合的存在都可以在很大程度上解释这种行为。员工常常对自己公司的前景过于乐观，进而转化为集中在该公司投资。把你的金融资产分配给你所供职公司的股票，导致你的金融资本和人力资本都置身于一个高度集中的投资组合上。

要想知道把金融资产投资到雇主公司的复合风险，看一下美国历史上最声名狼藉的安然破产最合适不过了：1985年投资于安然的投资者，到2001年初可获得超过2500%的回报，当时股价达到了每股90美元的高位，一年后，该股票一文不值了。当美国广播公司的新闻记者问安然公司的一位雇员，为什么他的财富那么集中时，他回答："在那期间，安然公司一直非常、非常强劲。如果我能买安然，为什么还要把钱投到收益率仅为2%或3%的货币市场呢？"投资上的极端做法会毁了你。

值得注意的是，要真正弄清多元化的问题不能只看持股的数量。一个投资者可能用很多只股票组成了一个投资组合，但依然非常集中。例如，一个由10家石油公司组成的投资组合，将不会像来自更广泛的能源部门的10家公司组成的投资组合那样多元化。同样，一个由来自能源、服务、消费必需品、非消费必需品、金融等行业的10个公司组成的投资组合，将比只从能源部门或任何单一部门的公司组成的投资组合更多元化。正如在前一章提到的，比尔·米勒凭借他集中持有被许多价值投资者忽视了的科技股，创造了骄人的纪录，集中持有金融机构的股票，导致了他在最近的金融危机高峰期间的投资惨败。

说到集中持股，你有得也有失。分散投资的寓意是，除非你愿意接受金融破产的风险，分散投资是一个明智的策略。要实现经济上的成功，集中投资者必须做出两个正确的决定：什么时候买，什么时候卖。现在回想起来，从1985年到2001年初安然公司是一个很好的投资对象，在2001年初平仓的投资者获得了丰厚的回报，而在2001年底平仓的投资者却亏得厉害。同样，从2000年到2009年绿山咖啡是一个绝好的投资，但从2011年年底到2012年年中，它却成了一个不折不扣的灾难。

我们的建议是，不管你采用什么样的价值投资风格，持股的多元化都是十分必要的。多元化的数量是你的风险偏好的函数。投资专家建议，多元化的决定需要回答这个问题，"你是想吃得好还是想睡得好？"言外之意是，如果你有一个高风险的投资组合，你可以吃得更好，因为你有可能获得更大的回报和更富裕的生活方式；从另一方面来看，拥有一个低风险投资组合的投资者可以睡得更好，因为他或她不需要为可能失去整个资本而担心。

就像生活中的很多事情一样，适度是最好的答案。我们可以有极大的信心，但也不该为了我们的一个好想法而把农场押上，即使是沃伦·巴菲特也没下过那种赌注。这本书的三位作者中的每一位，都拥有一个非常多元化的投资组合。我们都很了解我们的投资知识水平，选择将我们的职业生涯奉献给金融教育。然而，我们也意识到，我们不愿意以我们的生活水准为我们的信念担保，因为有些信念事前看是有效的，后来却证明是无效的，因为一些因素是我们无法控制的。

收入需要

你对投资风格的选择，可能还会受到你对与资本增值相对的当期收益的需要的影响。如果你指望用投资组合的当期收益来支付你的生活费用，或支持你的生活方式，那么你可能想集中精力寻找高股息回报率的价值股。如果你选择这种投资风格，你肯定会更多地依赖于股利贴现模型估值。

一些专家说，你不需要关心股息收益率，因为你可以在需要现金的时候通过定期地卖出股票份额来创造你自己的股利。定期出售股票以筹集资金来补充收入常常被称为自制股利。尽管从理论上说这个观点是正确的，但这一战术需要非常强的自制力。许多有收入要求的投资者，更倾向于持有能提供他们所需要的收入的投资组合，他们不喜欢做卖掉哪些持股来创造自制股利的决策。

虽然投资者可以出售其持有的一部分股票来创建自己的股利,而且不会被税务机关拿走一部分股利,反之则不然;换句话说,如果你持有支付股利的股票,而你并不需要用股利来补充你的收入(你只是转身把股利再投入到市场),你要承担纳税义务,政府要拿走你的一部分财富,这导致你的投资组合比不付息时所拥有的更小,这就是为什么伯克希尔-哈撒韦公司不支付也不打算支付股利的原因。

如果你不需要收入也不想承担当期收益的纳税义务,那么你可能会寻找股息收益率非常低的价值投资。单从税收的角度看,这种理念是一种积累财富的有效方法。

纳税身份

通常投资者持有应税和免税两个账户。例如,投资者经常有免税401(K)或IRA账户,在那里他们能够积累免税财富,只在从账户中提取资金时被收税。对投资者来说,如果其他条件都相同,在免税账户中持有派息股票头寸,在应税账户中持有不派息股票头寸肯定会有意义。

对投资者来说,把他们的核心的、长期持有的投资放到应税账户里,把更短暂的(或交易)持股放到免税账户里也在情理之中。虽然大多数价值投资者有长线资产,并计划继续持有这些资产一段较长的时间,但他们也持他们认为本质上更具临时性、过渡性的其他资产。举例来说,如果我认为伯克希尔-哈撒韦是我的核心长期持股之一,我会在我的应税账户里持有它,因为它不支付任何股利,我也不打算卖掉它,也就不会产生资本收益。另一方面,假如我认为巴西国家黑色冶金(股票代码SID)的价值被低估了,我可能要在我的免税账户持有它,有两个原因:第一,它有大约2.5%的股息收益率;第二,我不打算长期持有它,当市场认识到它被低估时我会把它卖掉。

应税账户和免税账户之间的这种分工，也不是总能得到满足。讨论的目的是要指出，如果可能的话，这种区分有助于投资者做出合理避税的投资。

使用哪种估值模型

一旦投资者决定他们想要仿效哪一种价值投资风格，他们需要选择一个使用的投资模式（或模型）。第7章到第11章介绍了5个主要的估值模型：股利贴现、自由现金流、基于资产剩余收益以及各种相对的方法。正如我们在各个章节中所描述的，有些模型更适用于特定的公司和行业类型。下面是每种模型最适合于哪些股票和行业类别的讨论。

股利贴现模型

股利贴现模型一般是本科和研究生投资课程中给学生介绍的第一个模型。简单是该模型的魅力所在。只要记下当前的股利，估计未来的增长率，设定一个需要的特定回报率，就可以得到一个数值。股利贴现模型自20世纪50年代就已经出现了，当时迈伦·戈登发布了他的不断增长股利模型的版本。自那以后已经出现了许多变化，并被众多专业的、业余的投资者采用。

虽然充满理性魅力，但股利贴现模型仅限于评估实际支付现金股利的企业。这曾经是大多数公司的选择，但现在不是了。长期以来，派发股利的公司在发达市场所占的比例一直在下降。尤金·法玛和肯尼斯·弗兰奇发现，1978年66.5%的美国股票派发股利，而1999年只有20.8%这样做。因此，总的来说，我们可以得出这样的结论：股利贴现模型今天已经不如几十年前适用了。事实上，这些模型似乎只适用于大约1/5的潜在股票投资。

虽然派息股票的总体比例已经大幅下降,但在市场的某些领域,派发股利仍然是股票的常态。例如,在市场的大市值板块,绝大多数企业仍然派发股利。在写这本书的时候,标普500指数公司中的410家派发股利。如图13-4所示,标普500指数公司中派发股利的数量长期下降,但这种趋势似乎正在逆转。所有这30家公司中,道琼斯工业平均指数的30家公司都派发股利;以科技股为主的纳斯达克100家公司只有52家派发股利。

因此,追求大市值价值投资策略的投资者可能会发现,股利贴现模型很适合自己的投资风格。不过,依赖股利贴现模型可能会使投资者的经验体系出现支持某些股票而反对其他股票的偏见。表13-1摘自阿斯瓦斯·达莫达兰的网站,它列出了674只价值线股票中股息收益率最高的行业。

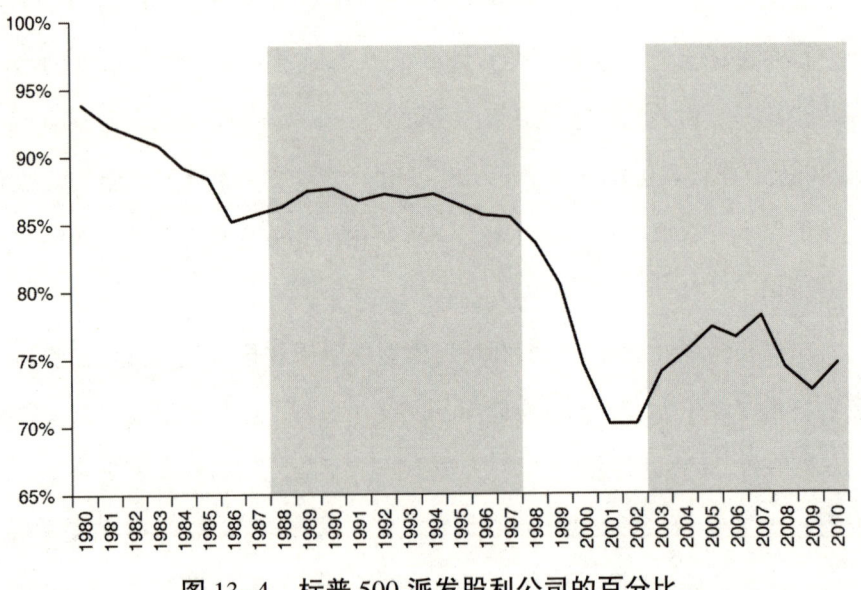

图13-4 标普500派发股利公司的百分比

第13章 选择合适的风格和估值模型

表 13-1 截至 2013 年 1 月分行业股利基本面（价值线）

行业	股息收益率	股利支付率	个股数量
饮料	2.46%	49.30%	35
药品	3.13%	48.28%	223
电力（中部）	4.28%	60.93%	20
电力（东部）	4.17%	66.01%	17
电力（西部）	3.84%	59.16%	15
食品加工	2.69%	49.55%	119
家居用品	3.06%	53.76%	27
天然气	3.14%	76.95%	27
MLPs 管道	5.79%	69.72%	53
房地产投资信托基金	7.90%	76.79%	127
烟草	4.17%	72.59%	11
总计	2.20%	36.10%	674

正如你所看到的，股息收益率最高的行业是公用事业、房地产投资信托基金（REITs）和消费必需品，包括家居用品、食品加工、饮料和药品公司。尽管这里没有显示，毫无意外，股息收益率可以忽略不计的行业是电子商务、教育服务、娱乐技术、医疗保健信息、互联网、投资公司、汽车零售和无线网络。

另一个需要考虑的是，该公司的股利对其盈利能力来说是否适当。如果公司盈利能力正在下降，但它仍继续派发高额股利，那么你应该考虑另一个估值模型。当公司的股利政策符合它的盈利能力，也就是说，当公司的股利是由盈余支持的时候，股利贴现模型是适合的。

把股利贴现模型作为首选估值模型的追求大市值价值投资风格的投资者会发现，他们潜在的投资领域将强调某些部门而排除其他的。这并不一定是件坏事：从需要考虑的事中排除一些行业（如互联网和电子商务公司，鉴于这些行业的估值泡沫和剧烈波动），也许是一件好事。

股利贴现模型对于一个追求小市值价值投资策略的投资者无疑是不合适。只有40%的小市值罗素2000指数公司派发股利，在写这本书的时候该指数的股利收益率只有区区的1.38%，而标普500指数为2.03%。股利贴现模型适合更大、更完善的公司。

自由现金流模型

正如在第8章指出的，自由现金流模型——股权自由现金流法（FCFE）和公司自由现金流法（FCFF）——适用于各种各样的公司，无论该公司是否派发股利都可以应用。自由现金流模型最适合不派发股利的公司，或投资者试图给首次公开发行的股票或私营公司估价的情况。这些模型也适合股权自由现金流与派发的股利有很大差异的公司，如苹果的情况。注意，苹果虽然派发股利，但派发的股利明显低于它基于正在发生的巨大现金流所能支付的额度。同样也可以说，从长远来看，公司暂时派发明显高于股权自由现金流的股利是合理的。

股权自由现金流法（FCFE）与公司自由现金流法（FCFF）的使用有细微差别。FCFF最大的优势是，如果公司的杠杆水平预计将发生巨大的变化，它更合适，这也是它最明显的优势。例如，在杠杆收购的情况下，因为该公司将变得高杠杆化，分析师将使用公司自由现金流法（FCFF）。

自由现金流模型对用户的要求远远高于股利贴现模型。由于自由现金流模型不依赖于现成的数据，分析师需要基于各种假设和预测计算这些量；较之股利贴现模型，这些模型要求投资者对公司的财务报表、业务、融资等有更详细的了解。专业的分析师认为这些模型比股利贴现模型更有用。

基于资产的模型

我们认为，基于资产的模型通常是例外而不是常规，换句话说，我们建议你不要把使用基于资产的模型给公司估值当成家常便饭，只有在特殊的情况下才考虑这个模型。这个模型在评估你认为管理者没有充分利用它的资产基础，管理的改变可以释放资产的盈利能力的公司时，特别有价值。这个模型通常适用于识别潜在的收购或分拆的目标。

基于资产的模型通常也适用于评估持有大量的自然资源的公司。例如，如果木材价格低迷，木材公司可能会决定在经济衰退时期或商品价格低迷时期减少采伐。采用股利或自由现金流方法可能大大低估了标的资产的价值，也低估了公司未来的盈利潜力。

注意，基于资产的模型并不局限于那些你觉得表现不佳的公司。肯定也有一些表现良好的公司，不知出于什么原因，也会被市场低估。在第9章，我们提出了一个用基于资产的模型评估伯克希尔-哈撒韦公司的例子，表明它被低估了，有大约12%的安全边际。我怀疑许多评论员认为伯克希尔-哈撒韦公司是一个表现不佳或管理不善的公司。

与自由现金流模型一样，基于资产的模型要求你为识别这些特殊情况做一些调查。基于资产的模型的应用不像股利贴现模型或自由现金流模型那样直接。

剩余收益模型

正如第10章详细介绍的，剩余收益模型最适合于产生现金流的方式从根本上与其他公司不同的公司。银行的运作方式与大多数制造企业、零售商以及其他标准的公司不同：银行实际上是赚取因借入和借出利率不同而产生的利差，因此，经营现金流很难确定，也无法预测。剩余收益模型对许多企业的评估是有效的，尤其是在公司的账面价值和收益是盈利能力的主要驱动力的特殊情况下，就像那些金融行业的情况。当现金流不可预测但收益相对稳定时，也可以应用剩余收益模型。当你对公司的盈利质量有顾虑（你怀疑他们正在玩会计游戏）时，不应使用收益模型。

相对估值

从它的名字,你就会意识到相对估值模型不是绝对估值模型,因为你是用一个相对于另一个类似的公司或公司集合的指标来对一个公司进行估值。因此,我们建议首先使用这组模型,然后再使用一个或多个其他估值模型来确定一个投资是否确实是一个价值投资的机会;换句话说,如果你购买一只股票只是因为它的价格是某个群体中最诱人的,那么你可能犯了一个错误,原因有两个:第一,股票价格有吸引力可能意味着它的未来前景很差;第二,整个群体可能被高估,不值得考虑。比尔·米勒犯了后面这个错误,他在金融危机的初期阶段持有大量的金融行业头寸,这些公司可能从相对价值来看很便宜,但整个行业正走向衰落。

倍数的选择因行业而异。正如第 11 章所示,市账率通常被用于金融行业,即银行、保险及其他金融公司。在金融行业市账率占主导地位的原因,是账面资产是资本比率的基础,事实上它决定了公司可以采用杠杆的数量;另一方面,市账率不被用于零售业。一般来说,零售业分析师关注的是销售额,尤其是同店销售额。事实上,通常引起零售商价格变化的原因是同店销售额数据的发布。因此,在零售业,许多分析师把市账率指标作为一个相对估值工具。

到目前为止我们还没有强调的一个行业是科技,这个行业主要看重增长前景,因此在第 11 章中讨论的市盈率相对盈利增长比率(PEG)的各种变形有助于对科技公司进行相对估值。

最后,股价现金流比率经常被用来对房地产投资信托基金和公用事业这种行业的公司进行相对估值,这些相对估值指标的底线是它们在各公司的定义必须一致并用于真正可比较的公司。

结论

价值投资的妙处在于,对如何定义这一思想流派没有一个唯一的解决方法，正如沃伦·巴菲特所说的，"去天堂的方法不止一种"，这表明各种不同方法都可以产生良好的投资回报。你可以开发一个符合你的心理特征、对风险的态度、收入需要、纳税情况以及其他特殊情况的独特风格，你不必盲目地遵循一些传统观念。选择哪个投资估值模型，在一定程度上取决于你的投资风格。许多价值投资者都有一个更喜欢的估值方法，但也不反对视情况需要使用其他方法。

第 14 章　不良资产投资

我宁愿相信反面，即阴暗的心里总有坚不可摧的美丽。

——玛丽·巴洛格，《秘密恋情》

在第 12 章中，我们通过 9 个著名的价值投资者的剪影讨论了价值投资的几种不同风格。塞思·卡拉曼是那些不介意持有流动现金坐等为"紧急卖家提供一站式购买"服务的投资者之一，他看到了许多类型的资产的价值，不仅仅是股票和债券。在这一章中，我们将探讨不良资产投资的概念以及战略价值投资者如何应用基本原则发现隐藏的机遇并避免灾难。

但需要注意的是，不良资产投资不适合谨小慎微的投资者，它有时被蔑称为秃鹫投资，这反映了冷静的分析能力和钢铁般的毅力，这些都是人们在对穷途末路公司的残骸进行筛选时必备的。就像开篇引文所说的，不良资产投资需要具有识别黑暗中美的能力。或许这有点夸张，问题的关键是不良资产投资者需要对抗传统投资公司和证券的理念，这甚至比价值投资原则本身还重要。我们在第 3 章讨论了价值投资成功的障碍以及应对方法，不良资产投资就更是如此了。

困境与破产

许多人把财务困境或不良证券与破产联系在一起,这是完全可以理解的。进入破产程序的公司确实是陷入了财务困境,投资于这些公司的证券也因此陷入了困境。然而,公司陷入财务困境也可以不申请破产。事实上,大多数公司在最终申请破产很久以前,公司财务就已经陷入了困境。

此外,不良证券的概念还存在于正规的破产领域之外。在金融危机的海啸中,许多抵押贷款支持证券(MBS)或抵押贷款担保证券(CMO)被认为是不良证券,尽管 MBS 本身不会破产。

破产

因为大多数人把财务困境和破产等同起来,我们就从这儿谈起吧。破产是为破产公司管理资产处置的法律程序,该程序决定了证券持有者和其他利益相关者将在资产清算中得到多少,或决定了他们在资产重组中的权利和法律诉求。

破产有几种形式。在美国,破产申请是破产法中规定与破产企业相关的清算过程的部分。

在美国更常见的破产申请是专栏 14-1 描述的破产保护,它允许公司在重新商定对债权人的债务条款时继续正常运行。有时也包括公司出售资产或执行成本削减计划时延长还款期。有时,企业在重组时要求债权人接受部分欠款。为什么债权人会接受较少的还款或延长还款呢?答案很简单,不接受重组方案得到的可能更少或者什么都得不到。公司及其债权人之间拟订的任何方案,都必须通过破产法院的批准,以确保其他利益相关者要求之间的平衡,如员工、退休人员、供应商或其他当事人。

资不抵债与流动性不足

资不抵债与流动性不足之间存在基本区别。破产公司的债务超过其资产，换句话说，破产公司拥有负资产也就是资不抵债。因此，破产是资产负债表的概念。

相比而言，流动性不足的公司是没有充足的现金流满足其当前的债务偿付。因此，流动性不足属于损益表和现金流的概念。例如，贝尔斯登公司，在2008年由政府出面安排被摩根大通收购，从而避免引发一连串的金融公司破产，也就是避免资不抵债。由于贝尔斯登公司流动性不足，无法满足其短期再融资的业务，也就是它失去了进入资本市场的通道，无法为其短期债务进行再融资。

同样，一个公司可能会资不抵债，但可以拥有流动性（至少在一段时间内）。许多养老基金资不抵债，但仍具有流动性。随着时间的推移，它们的资产不足以满足长期的义务，但目前它们能够产生足够的现金流来满足当前的养老金领取。最终，清算许多养老基金的那天终会到来，这些基金没有足够的资产（或没有获得足够资产的前景），来满足长期还债义务。

专栏14-1 破产保护对经济发展有益吗？

破产保护协议背后的想法是为暂时无力继续经营的公司提供一种选择权，使它们能够渡过难关，而不是关门停业，将资产转移到其他一些实体，从而产生与损失公司价值相联系的成本。哈佛大学的斯图尔特·吉尔森认为，破产保护条款对健康经济的发展至关重要的，而且主要担当了使得美国有能力从最近的金融危机中得以恢复的重任，而很多欧洲国家没有这样的能力。伊丽莎白·沃伦，前哈佛法学院教授，奥巴马任命的消费者金融保护局委员，同意此观点。根据吉尔森统计，在2008年至2011年之期间，有 $3.5 万亿企业债务陷入困境或出现违

> 约，其中约有一半的违约债务进入了破产保护，这几乎是前两年我们所见到的20倍。很多美国企业债务违约期间已经办下来了破产保护申请，从而没有出现大规模清算。
>
> 不是每个人都同意破产保护的好处。一项研究表明，随着公司从破产保护申请出现，同行的业绩年内会低于市场7%；相反，重组后企业业绩优于市场25%到140%。

重要的是要了解，资产不是在破产中蒸发，所以，如果破产破坏了价值，那就不是因为资产的消失。该资产是简单地从股权持有人转移到债权人或出售给另一个所有者，而所得款项是用来满足尽可能多债权人的要求。债权人实际上成为新的股东。破产的价值破坏导致了与破产过程本身（例如，法院的费用和律师）相关的直接成本和与困境（例如，客户失去信心、损失销售、丧失贸易信用、损害品牌效应）相连的间接成本。

从严格意义上说，股东们不应得到任何破产所得，除非直到债权人得到所欠他们的一切，因为债权人有优先索赔权。担保债权人将优先于高级无担保债权人，高级无担保债权人将优先初级无担保债权人。员工和其他在公司正常运转中提供贸易信贷的，通常拥有优先债权。在实践中，这一索赔次序通常没有严格坚持执行，因为这些索赔人会向法院提出请求，提出他们应该优先获赔的理由。所以，这个过程通常不是泾渭分明的。

以通用汽车公司为例，其在2009年金融危机中重组。2007年，联邦政府作为无担保债权人借钱给通用汽车，以维持在全美汽车工人联合会保护伞下的退休人员医疗福利，通用在没有额外融资情况下，举步维艰。全美汽车工人联合会是通用无担保债权人，给予了优先赔偿权，这是可以理解的。但其他无担保债权人认为，破产法的基本原则是，相似的债权人的债权请求也应当得到类似待遇。该联盟收到了17.5%的新发行的通用股票（老股变得毫无价值）和90亿美元的优先股和债务，而其他无担保债权人收到了10%的"新"通用股票和以优惠价认购15%股权证。如果汽车工人联合会受到像其他无担保债权人一样的对待，该联盟将获得56亿美元，而不是它实际上得到的178亿美元，这可是天壤之别。

大多数国家都有某种形式的破产条款。破产前重组是这些陷入财务困境公司的一个主题。在提交破产申请前，这些公司与债权人在破产申请条款下协商新的条款。他们请求法院准许他们的重组方案，一旦法院同意他们的破产重组申请，该计划将成为所有各方的约束，即使他们没有参与或投票反对该计划。但是，该计划要求必要的数量债权人和股东参与。在破产前重组协议里，公司请求重要债权人签署协议，承诺对进入破产条款程序的公司重组计划投支持票，而不是正式拉票。

陷入财务困境的公司还有另外一个不常用的办法——庭外重组。在这一筹划中，陷入财务困境的公司与债权人协商，通过转换其不良债务为新的权证（例如，债务、股票或可转换证券）来消减其债务。这一计划较容易且代价较少地替代破产，但这通常对债权人数相对少的公司有效适用。与众多债权人谈判很麻烦，而且难以达成协议，最近在南部欧洲主权债务重组就是例子。

> **专栏14-2 应用：现在，这是一个甜蜜的交易！**
>
> 女主人品牌公司在财务困境中挣扎了许多年，其股价从历史高位每股34美元跌至2004年每股2.05美元，2004年申请破产保护，2009年作为一家私有公司重返市场。该公司的破产程序之所以引人注目，是因为其是当时美国历史上进入破产程序时间最长的申请公司，在这期间，该公司击败了多次收购投标。
>
> 2011年8月，女主人品牌公司再次陷入困境。公司2011年8月之后停止了支付未来养老保险福利，这使得雇员工会非常不安。该公司于2012年1月再次申请破产保护。公司与卡车司机工会谈判协商工资和养老金福利，一段时间内看起来很有希望，但在2012年夏天谈判却破裂了。工人们在2012年11月开始罢工之后，女主人品牌公司解雇了所有的工人，把所有的资产出售。法院一周后批准了该公司的清算。
>
> 公司不同产品生产线资产卖给了不同的投标人。谁得到了夹馅面包生产线？是阿波罗全球资产管理公司，这家公司专门致力于收购重组公司以及出现其他特殊情况公司的资产。

不良资产投资原则与本书中概述的战略价值投资原则大同小异。不良投资往往不表现出典型的投资特征。例如，不良证券的价值往往是完全取决于法官批准的重组计划，是否最终圆满成功出售资产，或是工会的工人能够赢得政治支持来保护他们的索赔。

很多时候，破产程序的结果是公司合并或收购。例如，在2011年11月美国航空公司申请破产保护后，2013年获得法院的批准与全美航空公司形成了世界上最大的一家航空公司。在这段时间里，其股价增长了10倍，从低至每股约40美分涨到每股4美元。另一个例子是，西尔斯罗巴克公司在 2003 年 5 月摆脱破产之后，在 2004 年 1 月与新凯马特合并。那么我们如何区分无望复苏的投机情况与那些很少出现在眼前的真正意义重大的投资机会呢？

从破产保护中脱颖而出的公司是良好的投资标的吗

不良资产投资是的极端的逆势投资。当表面上其他所有人都在抛盘并且说"这没有出路了"的时候，你必须得愿意接盘。这经常是出现在戏剧性的上升反转之后，人人都在说，"这次与众不同啊"。众所周知，霍华德马克持有流动性资金池，耐心花费时间等待这样的机会，这是市场情绪急剧变化的标志。

不良资产投资强调证券（特别是高级和担保债务）不会变成废纸，当债权人违约，不能支付利息进入破产申请保护。正如上面提到的，资产不会蒸发，该公司没有停止运营。贷款人通常会收回部分欠款。收回多少取决于他们的债权优先程度，他们债权是否受担保，也与相关条款成熟程度及其他许多因素相关。

进入重组破产保护申请的债券是否具有投资机会的关键，这大大取决于进入重组破产保护申请的公司是否能成功地从破产保护申请中脱颖而出。然而，衡量投资的成功是一个具有弹性的概念。例如，公司是否会再次申请破产保护，这可以决定投资成功与否。但是，如果是这样的话，何为适当的时间框架呢？两年、三年还是五年呢？或许一个衡量更好的措施是资产或销售的增长或盈利能力，但是，如果是这样，何等水平的增长或盈利能力足以保证成功呢？

如果我们能够形成一个有意义的投资成功的定义，我们是不是能够确定哪些进入破产程序的公司更容易起死回生呢？预测投资这些公司成功的一个重要因素，就是债权人是否愿意并能够在提交申请前向法院提出重组方案，能够这样做的公司，其重组计划获得法院确认的可能会有两倍以上（72%相比33%）。

专栏14-3　应用：种瓜得瓜，种豆得豆

　　1997年苹果公司处在破产的边缘，其股票的交易价格约为每股4.5美元。当时，迈克尔·戴尔打趣说，苹果公司应该清算，并将所有现金返还给股东。从那时起，苹果公司达到了超过每股700美元的回报，回报率超过15000%。在撰写本书之时，苹果公司每股以450美元左右进行交易，比最高时下降了36%。36%的损失听起来并不太好，但这仍代表了9900%的回报率。

　　最近，苹果发行了170亿美元的最大的债券，似乎不良投资也有其优点。有趣的是，苹果公司发行打破纪录的债券；与此同时，戴尔在苦苦挣扎，高调地走在私有的路上，努力地恢复其昔日的辉煌。这真是十年河东十年河西啊！

　　根据一项调查，申请破产保护的公司中，有40%在申请破产3年后会出现经营亏损，2/3申请破产保护的公司会出现二次申请破产保护。这些公司的业绩表现也逊于其他同行，始终达不到它们重组计划中的预期。有几个因素似乎影响破产保护申请后的表现，其中，最引人注目的是导致公司陷入窘迫的管理层继续管理该公司摆脱破产困境，当然这种情况并不普遍。如果是这样的话，那么这家公司更容易在申请破产保护后表现不佳。看起来有句老话"骗我一次，可耻的是你；骗我两次，可耻的是我"在这里适用。

已被证明改善破产申请保护后公司业绩的因素：

1. 新的管理层。
2. 破产前重组。
3. 长时间的处于破产程序。
4. 股票由申请破产保护前股东持有。

有些因素是直观的，另外一些不明显。一方面，更换使公司陷入困境的管理层，预示着公司美好的未来，这确实有意义；另一方面，这不保证新的管理将有更多的专业知识。重组成本相当高，事实上，一个不适当的重组程序的制定运行，可能会冒消耗公司资源风险使其不断减少，至少对于小企业情况会是如此。

也能观察到一些有悖常理的情况，一些企业在破产保护申请下，在其刚刚进入这一程序时，或刚走出这一程序时，相较其尚未进入这一程序前，可以获得更多资本青睐。破产保护允许公司暂时搁置债权人支付赔偿的请求，甚至可以向债权人发行一些优级债券作为赔偿，此类债券的某些种类，如认股权证和可转换债券，也可以为公司进入破产保护申请提供帮助。

认股权证和可转换债券的作用

能够运行的公司遇到流动性问题，进而陷入财务困境的一种常见原因是缺少进入资本市场的通道。陷入财务困境的公司已经知道，使用认股权证或可转换债券作为置换自愿重组公司的部分债券，或只是延缓破产的一种技术行为手段。

认股权证和可转换债券，有一定的特征，使其在这方面特别有用。

认股权证是一家公司发出的长期看涨期权。他们赋予权证持有人以固定的价格（称为执行价格）从发行公司购买普通股股票的权利。例如，如果认股权证的价格为每股10美元，股票价格上升到每股25美元，那么认股权证持有人受益于每股15美元的调整，因为他们将行使认股权证的权利，支付每股10美元可购买价格为每股25美元的股票。如果股票价格在0美元到10美元之间，他们就不愿意行使其认股权证权利，但他们并没有失去损失额外的钱。这也就是说，如果股票价格是每股3美元，认股权证持有人的情况，也不会出现比股票价格是每股8美元更糟糕的情况。两种情况只是使权证到期作废。其结果是，公司股票的下行风险是有限的。权证与传统的看涨期权的区别，就是认股权证是由公司发行的，且公司发行额外股份，如果认股权证持有人行权，会出现摊薄现有的股票价值的结果。

可转换债券类似于传统的债券，但债券持有人有权以固定的比例，把债券转为普通股。如果股价上涨，可转换债券持有人会希望把债券转为普通股。从这个意义上讲，可转换债券很像传统的附有权证的不可换债券。事实上，财务困境中的融资技术，是发行附有认股权证的传统债券。

这些类型的证券为什么对投资者和拥有不良证券的发行人有用呢？陷入财务困境的公司通常需要融资以继续其正在进行的业务，问题是投资者不愿意贷款给陷入财务困境的公司，因为这样会冒很大的风险。如果公司能够挺过艰难时期获得成功，大部分的收益都归股东所有。因此，认股权证和可转换债券是给潜在的投资者一些企业股票上行潜力和限制其下行风险的方法。

与大多数证券不同的是，认证权证债券的价值随着基础资产的增加而增加，因为投资者的下行风险是有限的。在不利的情况下，波动不受伤害，因为可能发生的最坏的情况是，认股权证到期无价值，但波动确实有助于股票上行。

为什么公司会放弃这一好处？如果处于困境中，公司管理者可能没有太多选择。但还有另一个原因，假设一个陷入财务困境的公司能够从崩溃边缘崛起，随着前景的不断改善，公司管理者可能需要额外的融资，可转换债券有一个内置的机制，以适应这一良好的运气。随着股票价格上涨，可转换债券持有人将很乐意把他们的债券交易成有价值的股票，从而从公司的资产负债表中除去债务。而且，补充的资产支撑公司的资产负债表和把公司的位置提高，以便其进一步融资。

所以，如果你投资于陷入困境公司的情况，不要小看认股权证和可转换债券的作用，它们可以使一个处于金融困境中的公司转危为安，转为良好运营的公司。

估值不良证券

过去40年里，关于金融市场是否有效这个话题，有很多争论。经济学家们一直对以下问题争论不休：股票价格公正地反映了所有可获得的信息吗？股票价格定价准确，使得投资分析微不足道吗？几十年来，经济学家们一直强烈地争论这个问题的两面性。无论市场是不是有效，几乎所有的经济学家都认为股票错误的定价，最有可能发生在市场出现以下这几种情况时：市场缺乏流动性，市场充满复杂性，市场拥有众多不知情的投资者，市场存在可追随的分析师不足，市场出现了极度恐惧和贪婪的情绪。不良资产投资的市场情况具有以上所有市场特征。

在这些情况下,战略价值投资者就是在泥中寻找金子。要这样做,需要投资者了解不良资产投的可能出现的各种阶段情况,不良的债务有可能处在下面四个基本阶段之一:

1. 继续执行贷款。
2. 成为自愿重组的一部分。
3. 从属于重组计划的条款。
4. 清算。

评估不良资产涉及评估任意一些阶段中的可能性,以及任意一些阶段中预期复苏的可能性。

继续执行贷款

如果一个公司要避免破产重组,短期债券可以使公司拥有最好的复苏机会。惠特曼和迪兹使用通用汽车 2008 年 10 月陷入财务困境期间的高级无担保票债券,说明了这个概念。博龙资产管理有限公司持有 51% 通用普通股,他们向持有者发行 $7\frac{3}{4}$ 高级无担保债券,2010 年到期作为交换,这些债券包括认购权证和与大幅打了折的所欠股份。这些持有者当然没有动力接受这一交换请求;博龙资产管理有限公司不可能提出申请进入破产保护,因为他们持有 51% 通用普通股,如果进行申请保护,这些股票会变得一文不值。

这里有一个重要的问题:什么样的回报会诱使投资者蹚不良资产投资这一浑水呢?债务可能会继续执行,惠特曼和迪兹在 2008 年寻求的到期最小收益率为 25%。为了证券可能参与自愿重组,他们要求期间内部回报率远远超过 30%。

自愿重组

债务重组并不一定是灾难性事件。在重组过程中，一方面，一些高级债权人可以恢复他们的权利，他们从来不会错过合同中规定的赔付；另一方面，一些初级债权人可能被抛弃，他们会一无所获。处于两者之间要求赔偿的债权人，可能会收到一揽子债券或现金。

其中一个因素，可诱使债权人同意自愿置换债券，就是那些参与了发行置换的债权人，会导致其他债权人的索赔处于从属地位的威胁。即使原来的债券契约禁止这种从属地位，但由不良债券置换成的新债券也被赋予了优于其他没有置换债券的优先权。这种边缘政策在自愿重组中屡见不鲜。

重组

许多债务持有人未能获得所有商定的现金流支付，也没有实现有吸引力的自愿重组或证券置换的可能性，他们有可能在重组中得到弥补。高级和担保债务持有人有可能收回所欠他们的一部分债务，而初级和无担保债券持有者可能所获无几或一无所获。惠特曼和迪兹研究后指出，"破产保护不是游戏的结束，而是游戏的开始"。

清算

如果自愿重组和重组失败，那么公司进入破产阶段，资产清算。清算所得资金用于按优先顺序赔偿。分析师可以通过估算公司不同类别的资产回收率和调整索赔人的优先次序的规定，来判断潜在的清算价值，这使得分析师可以清楚，在这样的情况下，哪些债券有可能得到赔偿，哪些不能得到赔付。专栏14-4、14-5和14-6展示出不同阶段的清算分析。

专栏 14-4 清算分析

汤普森罗宾斯有限责任公司，根据其在资产负债表上列出的账面价值，拥有超过 150 亿美元的资产，它的债务和应付账款，为 76 亿美元。从表面上看，该公司似乎具有偿付能力，然而，它不能再进入允许它延缓支付其短期无担保债务的资本市场。因此公司陷入财务困境，在申请破产时，也未能制定可行的重组计划，结果，就到了清算阶段。

金额以百万计					
	账面价值	估计回收率	估计清算价值	剩余追索	估计回收
现金	50	100%	50		
应收账款	2000	70%	1400		
库存	1000	50%	500		
物业、厂房及设备	500	0%	—		
预付费用					
土地和建筑物	1200	120%	1440		
机械	300	50%	150		
商誉	1000		—		
总资产	1500	0%	3540		
扣除额:					
清算费用			800	2740	100%
纳税申报			200	2540	100%
员工索赔			100	2440	100%
担保债务			500	1940	100%
高级无担保债务			2500	(560)	78%
初级无担保债务			3500	(4060)	0%

> 不幸的是，账面价值往往是清算价值的可怜代理人，在公司陷入财务困境的情况下更是如此。虽然即使公司可以收回全部或大部分的现金持有量和应收账款，但存货可能按账面价值的一小部分清算，这种情况下通常按50%计算。相比之下，在财务困境情况下一些物业厂房及设备（土地、房屋），甚至也低于市价在资产负债表里计算。在这种情况下，假定土地和建筑物可以按账面价值的120%来清算，但机器设备仅按50%账面价值清算。
>
> 通过将每一类资产的账面价值乘以回收率（我们可以更具体地了解资产类别），我们认为，清算价值估计略超35亿美元。这一数额，清算成本将消耗8亿美元，2亿美元用于税收赔付。这些债务赔付，连同拖欠雇员1亿美元的薪金，必须在赔付任一证券持有人之前赔付，这样还剩下24.4亿美元来满足证券持有人的赔付要求。
>
> 如果是这样的话，有担保债权人将得到所欠他们的一切。然而，高级无担保债券持有人将只收到25亿美元中的19.4亿美元，这是按78%回收率计算所得。初级无担保债券持有人将一无所获。
>
> 这种类型的分析，通过改变不同的资产类别的估计回收率，投资者可以估计回收的可能性以及进行敏感性分析。

如果我们可以估计可能性，也就是这四个阶段中的每一个阶段都将有可控的安全回报和可控的估计回收率，那么我们可以为不良证券设定一个预期的回报。

> **专栏 14-5 预期回收**
>
> 汤普森罗宾斯有限责任公司陷于财务困境，但尚未提交破产保护申请，它正处于考虑自愿重组的过程中。你看看，初级无担保债务，认为债务仍然符合回收的概率是20%，但自愿重组回收的可能性有50%，还有就是进入重组和清算分别有20%和10%的回收概率。

	可能性	估计回收率	预期回收
继续执行贷款	20%	100%	20%
自愿重组	50%	70%	35%
重组	20%	30%	6%
清算	10%	0%	0%
			61%

通过将四个阶段中每个阶段可能性与对应的估计回收率相乘再将四个乘积相加，我们可以预期初级无担保债券回收可能性为61%，再对这一可能性运用30%的安全边际，便可得知，对战略价值投资者而言，该公司不良证券的购买价格应为其标价的0.36倍，即应以36%的折扣购买该公司不良证券。

不良投资不同于传统的价值投资，部分原因是安全的收益往往是由不可预测的特殊事件决定的，如破产法庭的想法或利益相关者的姿态，而不是一般的经济趋势。例如，一个破产法庭可以意外地改变付款的优先级，或者抵押标的担保债务可能成为意外损害，或者一个预期的政府救助或企业合并可能会出现意外未能实现。由于这些原因，战略价值投资者的不良资产投资需要大量的安全边际。

估值倍数

在第11章中，我们曾讨论估值倍数，重点针对普通股的倍数，如价格的市盈率和市净率。这些指标把股票市价和股票的会计衡量联系起来了。在投资不良资产情况下，一个合适的相对估值倍数是非常必要的，因为资产本身可能没有价值或估值很低。

第 14 章 不良资产投资

企业价值等于公司负债的价值加上公司的股票价值。一种常用的盈余代理模式是扣除利息、所得税、折旧和摊销前的盈利（EBITDA）。企业价值（EV）与息税折旧及摊销前利润（EBITDA）之比：

$$企业价值与息税前折旧及摊销前利润比 = \frac{债务价值 + 股权价值}{息税折旧及摊销前利润}$$

息税折旧及摊销前利润（EBITDA）的一个缺点是，它忽略了需要维持资产价值运行的资本支出，因此，它高估了自由现金流，认为其可以长期供给股票持有人。公司的自由现金流（FCFF）可以更好地衡量公司的净持续现金流。估计自由现金流，需要扣除资本支出。

$$企业价值与自由现金流比 = \frac{债务价值 + 股权价值}{息税折旧及摊销前利润 - 资本支出}$$

在许多情况下，一个公司所记录的折旧额，约等于在同一时期的资本支出。如果我们完全可以做出这样的假定，那么折旧和资本支出应该互相抵消，我们可以用更简单的企业价值与息税前利润之比来衡量。息税前利润（EBIT）就是扣除利息和所得税之前的利润，也称为营业利润。

$$企业价值与经营收入比 = \frac{债务价值 + 股权价值}{息税前利润}$$

无论选择现金流还是选择收益做分母，我们要确保非经常性的非现金费用做出调整，如重组费用。例如，当一家公司关闭一家生产工厂，并解雇工人，他们通常采取一次性费用，以确认与该决定相关的费用。如果这些费用不可能再次发生，分析人士会把他们加回到息税前利润（EBIT）或息税折旧及摊销前利润（EBITDA），或把些费用加回在它们所属期间的摊销价值。其他非现金费用，如库存或坏账费用的花费，也应重新添加到一个具有基于前瞻性的基础盈利上。

专栏 14-6　估值倍数

汤普森罗宾斯有限公司，接着用前面的例子，有 35.4 亿美元的企业价值，这是预期的资产清算价值。公司最近收入声明如下：

销售额	9000
销货成本	5000
毛利率	4000
营业费用	1000
折旧	500
息税前利润	2500
利息费用	300
税前利润	2200
所得税费用	880
净收入	1320

公司的息税折旧及摊销前利润（EBITDA）为 30 亿美元（5 亿美元税前利润加上折旧 25 亿美元），因此，企业价值与息税折旧及摊销前利润之比为 35.4 亿美元/ 30 亿美元，即 1.18。

如果其资本支出等于 4 亿美元，那么企业价值与其自由现金流（FCFF）之比等于 35.4 亿美元/ 26 亿美元，即 1.36。如果长期来看企业折旧和资本支出可能会互相抵消，那么企业价值与营业利润的比率可以相对会对公司自由现金流提供一个合理的估值，比值等于 35.4 亿美元/ 25 亿美元，即 1.42。

这些估值中的每一个指标，可以和其他类似陷入财务困境情况的公司指标进行比较。与所有其他指标一样，较低的估值比率比较高的更具吸引力。你也可以在一个类似的行业里，使用财务良好的公司作为基准，做出足够的安全边际调整，如 40%到 50%。

深度价值投资

在第 9 章中,我们引入了深度价值投资的概念。深度价值投资者寻找具有深刻价值低估的企业,这往往是陷入财务困境的公司:扣除所有负债,股价可能会低于公司的净营运资本。本杰明·格雷厄姆在他经典的投资著作《聪明的投资者》中讨论过这种情况。这些企业出售的价格,使得投资者不必为其固定资产(任何建筑、机械、土地等等)和资产负债表上的任何商誉的项目进行支付,有时使用的指标是价格与净营运资本之比:

$$价格与净营运资本比 = \frac{价格}{流动资产 - 流动负债 - 长期债务}$$

专栏 14-7　应用:以低于净营运资本减去长期负债的价格进行出售的公司

在第 9 章中,我们发现,在 2012 年,就出现 9 次以下情况:公司以低于其每股净营运资金减去负债的价格进行出售。

截至 2012 年 1 月 27 日					
代号	名称	每股净营运资本	每股长期负债	每股短期负债	每股最后交易日净营运资本	市场价格
BSHI	博斯控股公司	11.90	0.50	1.10	10.30	8.00
CXS	Crexus 投资公司	12.00	00.00	00.00	12.00	11.06
FLXS	弗莱克斯蒂尔工业	14.10	00.0	00.0	14.10	14.03

GENC	范科工业	9.40	00.0	00.0	9.40	7.17
MRINA	麦克蕾工业	14.80	00.0	00.0	14.80	13.05
MPAD	Micropac 工业	6.50	00.0	00.0	6.50	5.10
OPST	OPT 科学公司	13.50	00.0	00.0	13.50	11.80
PARF	Paradise 公司	26.00	00.0	1.10	24.90	14.60
TNRK	TNR 技术公司	12.70	00.0	00.0	12.70	10.79

资料来源：美国个人投资者协会，股票投资者专业数据库，2012年2月28日

截至本书写作之时，9只股票在随后的17个月内平均收益率超过25.5%，几乎完全等同于同一时期标普500的收益率。

特威迪·布朗、沃利·韦茨和查尔斯·布兰德斯，我们在第12章描述过他们，他们自认为是深度价值投资者。韦茨不一定寻找那些售价低于净现金值的公司，而是寻找那些深度折价出售的公司：超过他估值的40%折扣出售的公司。布兰德斯使用安全边际来衡量市场情绪：在2006年和2007年，他看到的20%左右的安全边际，这对他来说是相对少见的；2009年，他看到大约50%到60%的安全边际（有时高达80%），这是在他职业生涯中曾见过最高的安全边际。

对普通投资者来说，拥有大幅的安全边际是至关重要的，他们是在控制不了收益的情况下进行投资。通过其控股公司伯克希尔哈-撒韦公司，巴菲特是一个可控的投资者，即以好价格买到好公司的投资者；而你没有有可控的收益，必须通过要求大幅安全边际来管理风险。即使有控制权，巴菲特也有一些不错的交易。

沃伦·巴菲特和大规模杀伤性"武器"

在伯克希尔公司 2002 年度报告中,沃伦·巴菲特把"期权合约"冠名为"大规模杀伤性武器"的话,在当时引起了很大关注。对于其他的事情,他说,"我认为金融衍生品是定时炸弹,对双方交易和经济系统都是一样的"。

巴菲特特别担心与交易对手信用风险相关(例如,合同一方违约的可能性)的系统性经济风险和整个金融体系的级联效应,在某种意义上,他的评论是有先见之明的。

2007 年全球金融危机爆发后,巴菲特的言论变得更加值得关注。他在 2008 年伯克希尔-哈撒韦公司的年度报告中披露,该公司出售了价值 42 亿美元的股票指数看跌期权,包括标准普尔 500 指数和三个国际指数,到期日期为 2009 年和 2027 年之间。

看跌期权的买方,在将来某一日期,以特定的执行价格有权把资产出售给看跌期权的卖方。在这种情况下,股票的资产相当于投资组合标准普尔 500 指数或其他股票指数。看跌期权的购买者往往出于创造"投资组合保险"的动机,通过购买以执行价格出售标准普尔 500 股票组合的权利,他们获得保障,在市场崩溃时,可以以最低价出售他们的投资组合。

另一方面,卖方提供保险,如果市场价格一直下降,低于商定的执行价格,将遭受损失。如果股票价格上升,高于商定的执行价,期权的卖方会把买方支付保险的收益装入自己的口袋。这就像购买房产保险一样。如果你的房子没有被烧掉,保险公司无须支付赔偿,而获得了保费收入。

2008 年,巴菲特决定使用看跌期权,作为利用不良投资环境的一种办法,而不是直接购买股票。当时,投资者受到金融危机后果的影响,担心金融体系的稳定性，而且，2009年3月标准普尔500指数触及10年低点。巴菲特利用恐惧氛围，通过出售投资组合保险（即看跌期权）给投资者，他们出于担心，为他们的投资组合买了下行保护。

巴菲特讨论了卖出长期看跌期权的策略的正确性，仅受到通货膨胀的影响，股票价格在这么长时间里会上升。巴菲特认为，100多年里，通货膨胀率为2%，1美元会增长到7.24美元；加之，经济前景在某种程度上可能会改善，由此，他得出结论，有不到1%的概率，他的看跌期权交易出现亏损情况（也就是，预留伯克希尔-哈撒韦公司偿还买方看跌期权的投资损失）。与此同时，他将有42亿美元的期权溢价，可以进行他和合作者查理·芒格认为合适的投资。

自2009年3月以来，标准普尔500指数回到接近150%，这让伯克希尔-哈撒韦公司单在2012年就获得了12.5亿美元的利润。到目前为止，有几件事使巴菲特的看跌期权投资与我们讨论的不良资产投资技术有所不同：首先，巴菲特把股票市场的困境作为一个整体来投资，而不是单一的不良股票投资，这是一个更大胆的举动，因为他把市场错误定价看成整体，不是一只股票的错误定价，来做整体声明；其次，他不是投资于一个高收益或重组公司的债务，巴菲特把股票市场作为整体投资标的。

专栏14-8　应用：事后看来辉煌更辉煌

虽然在本书写作之时，在2008年股票市场指数所处位置时，出售股票组合保险的号召是高明之举，这一点看起来似乎毋庸置疑。但我们时刻需要谨记，致富之路不会一帆风顺，无论对于沃伦·巴菲特，还是只是普通人的我们，都一样，投资致富无坦途。

第 14 章 不良资产投资

> 2008 年底，伯克希尔-哈撒韦投资记录表明，它们的期权头寸亏损 17 亿美元。这一事实再次凸显不良证券投资之难，不仅对战略价值投资者，对一般投资者更是如此。错误定价的证券在回到基本价值以前，其定价往往会一错再错。这使成功执行不良投资策略变得非常困难。
>
> 巴菲特不仅在股市整体水平上发出了过早的号召，他也过早地预测了房地产市场的反弹，结果，在房地产市场开始恢复健康之前，他也得暂时遭受数年损失。

沃伦·巴菲特和更多"大规模杀伤性武器"

在金融危机期间，巴菲特还开发了其他类型的不良投资策略。在 2007 年，他开始著述关于抵押支持债券（MBS）的保险问题。抵押支持债券（MBS）就是抵押贷款的集合体。像共同基金投资者一样，抵押支持债券（MBS）的投资者购买抵押贷款集合体的一部分，随着抵押贷款集合体的收回的偿付，这些投资者也收到了现金回报。通过将抵押贷款集合体发行为证券，投资者们分散了信贷风险于许多借款人，而不是受制于单一借款人的信贷风险。

房地产抵押贷款显然是 2007 金融危机的核心所在。虽然这些抵押贷款还款接受了保险公司的投保，在违约的情况下，以投保还款偿付给投资者，但是，其中许多保险公司出现财务不稳定的情况。最后，伯克希尔-哈撒韦公司介入，如果最初的保险公司完全破产不能还保，该公司确保还保成为最后的一种保险。

巴菲特还间接地投资了房地产，他是通过在金融危机期间购买金融股，如富国银行和美国合众银行，做的此类投资。像这些公司的贷款组合是比抵押支持债券（MBS）的更复杂投资，但巴菲特看到了金融危机中的机会。

不良投资的翻版

　　价值投资者不仅购买基本面良好的有信誉的低估值资产，他们也卖空基本面欠佳的高估值资产。这与不良资产投资相反，但建立在相同的原则上。巴菲特同样提供了一个例子。

　　自金融危机爆发以来，投资者纷纷涌入信用风险最小的固定收入证券，从而推高了这些证券的价格，并压低了这些证券的收益率。美联储和世界各地的其他央行通过降低政府债券的收益率，鼓励投资者投资高风险资产，进一步加剧这种情况。结果，政府债券变得非常昂贵，政府借款利率处于历史低点。从本质上讲，政府债券上行空间非常小，下行空间非常大。结果，许多投资者认为政府债券从根本上被高估了。

　　2013年5月，伯克希尔-哈撒韦公司作为做空债券市场的一种方式，发行了10亿美元的5年期和30年期债券，自2012年5月以来总计销售了25亿美元。发行债券与购买债券相反。如果一个人倾向于在收益率很高时购买债券，那么他或她应该倾向于在收益率很低时卖出债券。

　　总部位于纽约的保尔森对冲基金的创始人约翰·保尔森，因在金融危机爆发的前几年做空房地产市场而名声大噪。虽然他深信住房市场，更具体地说是次级抵押贷款市场被严重高估，但他不知道该如何制定一个投资策略来利用它。最初，在他分析的智慧被证明之前，他也损失了数百万美元，格雷戈里·祖克曼甚至就此写了一本书，称其为史上最伟大的交易。有趣的是，从那时开始的房地产市场的阵痛，导致他在2013年采取了相反的立场，有点像巴菲特，他在几家支持抵押贷款的证券保险公司，如MGIC投资公司、瑞迪安集团和沃瑟金融公司进行了大量投资。

专栏 14-9 应用：事后证明，辉煌有时不太明确

唯恐你认为不良资产投资很容易，约翰·保尔森在 2011 年对美国银行和花旗银行做了不良资产投资，这些投资还没有偿清。在截至 2013 年 9 月的一年间，他的保尔森优势基金的价值下降了 40%。值得庆幸的是，他把自己的个人财富投资于黄金，并在那个时期赚了 31 亿美元。

另一方面，巴菲特一直视黄金为投机性投资，认为它几乎没有潜在的基本价值，因为除了潜在的价格升值前景，它不会产生任何的未来现金流。巴菲特的观点是这样的：世界黄金储备约为 170000 吨，如果全部融合在一起，将形成一个边长 20.7 米、价值 9.6 万亿美元的立方体，用那些钱，你可以买下美国所有的农田、16 个埃克森美孚石油公司，并且还有大约 1 万亿美元的零花钱。你是愿意拥有这一切，还是愿意拥有一个巨大的金属立方体？

由于对该论点深信不疑，10 多年的时间里，巴菲特看着金价从每盎司 400 美元上升到每盎司 1900 美元左右。在写这本书时，黄金交易价格约为每盎司 1400 美元。

结论

特维迪-布朗公司的克里斯托弗·布朗对不良投资做了很好的总结，他说：“买深度价值股需要很大的勇气，因为它看起来真的很难看。这些公司都很便宜，因为那里有很多糟糕的故事（负面的报道）。”许多不良投资和价值投资是一样的。然而，不良价值投资需要更强的决心，而且有一些显著差异。例如，其结果往往是基于个人或破产法庭的特殊判决，而不是长期趋势。在这种情况下，不良投资更像是投机而不是投资。但是，愿意违反传统智慧，依靠自己分析力量的训练有素的投资者，即将获取可观的利润。

第15章　价值投资的市场应用

> 投资者不知道（或不关心）利润、股利、估值或经营行为，根本无法拥有在恰当的时机做正确事情所需要的决心。
>
> ——霍华德·马克斯

本书中，我们已经讨论了许多在实践中如何应用价值投资的例子，我们已经讨论了为什么你应该信奉价值投资，如何评估经济、行业和公司，以及如何评估这些公司的股票，还论述了如何定义你独特的个人价值投资风格并选择相应的估值模型。在本章中，我们会进一步分析这些应用案例，阐释如何识别合适的价值型股票，以适应你的投资风格；对于倾向使用混合型投资工具的投资者来说，本章也会说明如何运用这些原则于共同基金、交易所买卖基金以及专户投资；我们还总结了战略价值投资的主要步骤。

识别价值型股票

市场上有成千上万只股票可以进行投资，可是，没有哪位投资者有时间对所有这些股票做出评估，所以，你需要掌握一些方法，来识别为数不多有优质潜力的价值股。对这些潜力价值股，你可以进行必要的尽职调查和评估。回顾第4章，我们有自上而下和自下而上的两种分析方法。就自上而下的方法而言，你首先得判断整体经济环境，然后选择有可能趋势向好的行业，并最终选择行业内最有投资价值的公司；而对于自下而上的分析方法，你得先找出自己感兴趣的个别证券，然后评估它们在未来经济中会如何表现。无论使用自上而下还是自下而上的分析方法，都有三种常见的方法来识别潜在的价值股。你可以选择阅读有关股票分析的出版物，发现具有好价格的好公司。2013年4月20日版的《巴伦周刊》，刊登了一篇题为"奇基塔品牌很有吸引力"的文章，记录了奇基塔品牌股票下跌了40%，但预计公司向前发展，将会产生3000万美元的自由现金流，对这只股票，你可以拉出它的财务报表，分析它们，并使用本书提供的技术，进行你自己独立的估值分析。

人们通常认为封面报道是一个反向指标。2007年的《金融分析师》杂志上一项股票投资业绩研究表明，从1983年到2002年这20年期间，从《商业周刊》《财富》和《福布斯》杂志封面报道的主题看，伴随积极的封面报道而来的是股票投资业绩的积极表现；伴随负面的封面报道而来的是股票投资业绩的消极表现。但也有一些证据表明，一些公司获得大型体育场馆的冠名权之后，其股票后续表现欠佳。

另外一种选择办法是，寻找知名的价值投资者，看看他们所购买（或销售）的股票，并调查这些股票。最后，你可以订阅一个财务数据库或者使用一个在线服务来筛选大量股票，以识别那些具有价值股特征的股票。要注意到，在这里所描述的三种方法不是相互排斥的，而是互为补充的。

在第12章中，我们阐述了一些突出的价值投资风格和成功的价值投资者。在表15-1中，我们摘录了一些这些投资者重点关注的因素，这些因素可以作为读者阅读金融出版物或筛选有吸引力股票数据的良好开端。

表 15-1 成功价值投资者关注的因素

价值投资者	关注的因素
本杰明·格雷厄姆	大型公司,高流动性,低负债,稳定的正盈利,适度的市盈率(15以下),适度的市账率(1.5以下)。
沃伦·巴菲特	大型公司,高质量的管理,经济定价权,巴菲特拥有比其他人更集中的投资组合。
塞思·卡拉曼	经常持有大量现金,投资所有类型的有价证券(不只是股票),寻找大幅度的安全边际(显著的折扣)。
比尔·鲁安	具有强劲的增长收入和提高利润的行业公司,大型公司,高效的管理,价格合适的质量。
约翰·内夫	低市盈率(低于市场40%~60%),盈余增长超过7%(但为避免风险最好低于20%),良好的股息收益率,总回报率(股利收益率加上盈利增长率)为市盈率的2倍,成长行业中的稳健公司,基本面强劲(现金流,净资产收益率等)。
特维迪-布朗有限责任公司	拥有多元化的投资组合,限制单个公司在投资组合中比例不超过4%,限制每个行业在投资组合中比例不超过15%。
沃利·韦茨	强劲的现金生成(自由现金流),大幅折扣(内在价值的40%),各种市值。
查尔斯·布兰德斯	深度价值,小市值公司,亮眼的业绩。
比尔·米勒	强大的特许权价值,良好的安全边际。

监控价值投资者活动

发现由著名的价值投资者持有的价值股是比较容易的。上市公司和投资管理公司需要定期向监管机构提交报告。例如,在美国这些公司需要把报告提交给美国证券交易委员会。相关申请包括:

◆ 机构资金管理者(管理超过1亿美元的证券)的季度报告需要列出期间所持有股票。
◆ 如果出现任何人购买超过5%的公司股份,上市公司要在10天内提交13G报告,随后还得汇总1%的任何其他交易,并提交报告。
◆ 年报需要所有上市公司(如伯克希尔-哈撒韦公司),特别要报告所做的重大收购讨论。
◆ 任何上市公司都要提交季度报告。

你可以搜索美国证券交易委员会的EDGAR数据库获得这些文件。

例如,搜索2013年4月21日伯克希尔-哈撒韦公司提交的文件,可以发现于2013年2月14日提交的最新13F表格,该表格列出了截至该日伯克希尔持有的所有股票。细读这个表,你可以考虑进一步调查所列的这些股票。你还可以把此表和以前的13F备案进行比较,以确定最近任何建仓或平仓情况。这一搜索还发现了一份表格13D,列出了比尔·盖茨和相关实体对伯克希尔股票重要控股情况。

你也可以订阅监测美国证券交易委员会提交的服务,方便地获得他们提供的这些信息,而不用搜索EDGAR数据库。

第 15 章 价值投资的市场应用

> **专栏 15-1 应用程序：价值投资者数据库**
>
> 聚焦网是一个在线订阅服务网站，该网站长期追踪股票大师的选股情况以及公司内部人士持股情况。假设查看 2013 年 4 月 21 日崔帝布朗公司数据库信息，你会发现这家公司控股 59 家公司，最近做了 7 笔股票交易。所有这些持股情况以及交易情况全部列了出来。你可以注意到其重仓股是强生公司（JNJ），最近频繁交易领英公司（UNF）股票。你可以决定对这两只股票做尽职调查。作为第一关，你可以在聚焦网站上看看这些公司，这样可以确定其他价值投资者也持有这只股票，发现公司内部人士最近的持股情况。你会发现，另一个著名的价值投资者，戈坦资本的执行官乔尔·格林布拉特最近也建仓了领英公司（UNF）股票。相同的数据库表明一些公司内部人士（包括首席执行官）最近出售了公司股票。再进一步行动之前，你要查出这些内部人士出售公司股票原因以及他们持股的多大比例被卖出。在这种情况下，首席执行官卖出了持有约 300 万股之中的 2000 股，这一出售动机可能有多元化的原因。

筛选价值型股票

确定了潜在的价值型股票，进行进一步分析的另一种方法是通过数据库筛选具有吸引力的股票，如前表 15-1 所示特点的股票。如果你用自上而下的方法开始筛选，那么你就可以把你的股票筛选限制在你认为未来经济环境里有发展前景的行业。在线股票筛选网站种类丰富，有雅虎财经网站、谷歌财经、晨星和 Finviz。这些服务中一些是免费的，而有些则需要预订。你还可以通过彭博社、标准普尔、资本智商以及其他服务器订阅商业数据库。商业数据库通常有更多的搜索领域，如历史比率数据，而不仅仅局限在当前的比率。还有其他一些专为个人投资打造的数据库，像来自美国个人投资者协会的股票投资者专业数据库和聚焦网站提供的筛选服务器。你可以使用这些数据库中提前设定的一些筛选标准,另外,你也可以设置自己的筛选标准。

专栏 15-2　应用:预设价值股筛选服务器——聚焦网

聚焦网有一个预先设定的巴菲特-芒格股票筛选器,这一服务器可以筛选出具备以下特征的价值股:

- 公司有很高的可预测性,也就是说,公司收入和利润可以持续增长。
- 公司具有竞争优势,即企业可以维持甚至扩大利润空间,且业务不断增长。
- 公司承担负债很少,而业务不断扩大。
- 公司估值合理或被低估。他们使用 PEPG 作为指标。PEPG 是用市盈率除以过去五年 EBITDA 的平均增长率。

你还可以用市值来缩小筛选数量。2013 年 4 月 21 日,运行这个筛选服务器,有 18 只符合巴菲特-芒格股票筛选器的标准普尔 500 股票,其中包括苹果公司,宠物市场公司和丹纳赫公司。通过筛选可以把天量股票缩小到可控数量,以便于作进一步分析。

专栏 15-3　预设价值股筛选服务器:Stock Investor Pro

Stock Investor Pro 有各种各样的预先设定的选股器,其中一个是自由现金流选股器,这一选股服务器可以筛选出有正自由现金流和低价格-自由现金流倍数的股票组合。2013 年 4 月 21 日运用该选股器,可以从数据库 9000 多只股票中选出 221 只股票,其中,符合这一选股标准的代表公司有苹果公司、ABM 公司和探索诊断公司。Stock Investor Pro 也包括基于知名价值投资者本杰明·格雷厄姆和约翰·内夫技术基础的选股器。

一些数据库允许你创建自定义的筛选标准和自定义比率。你可以用本书中的比率来创建自己的股票筛选标准进而确定一些股票,对其做进一步分析。

专栏 15-4　自定义价值股筛选服务器：Stock Investor Pro

如果你订阅了股票投资专业数据库（Stock Investor Pro），并在 2013 年中创建了自定义比率选股器,来搜索符合低预期市盈率（价格/明年的盈利预测小于 10 倍）、高现金流收益率（现金流收益率超过平均营运现金流除以当前一年、三年、五年期价格的 20%）、营运现金流超过净收入和股息率超过 3% 这三项标准的公司。你的自定义选股器选出了 8 只可以进一步分析的股票。

代码	股票公司
AYR	Aircastle 有限公司
AM	美国礼品公司
CEL	以色列塞康有限公司
IMKTA	英格尔市场公司
LXK	利盟国际公司
MFI	微观金融公司
PBI	必能宝公司
WCRX	华纳奇尔科特公司

避免价值陷阱

通常公司股票以低廉的价格进行交易,因为它们也只配低价交易。例如,某企业可能属于衰退的行业,或者其未来的盈利和现金流可能会下降。目前的价格可能会显现出吸引力,这是基于过去的盈利或现金流基础上的情况。但实际上，该公司基于未来现金流可能是被高估了。这种情况可能不明显。这样的股票被恰如其分地冠以"价值陷阱"之名。这些股票看上去似乎很廉价，因此吸引了许多价值投资者。避免"价值陷阱"的关键是不要仅仅聚焦廉价这一要素。作为一个战略价值投资者，你要找到具有好价格的好公司，要寻找具有健全基本面（强劲的盈利、现金流、净资产收益率、财务状况等）和良好未来前景（在健全的行业中优质产品，这类公司将有可能在预期的经济条件下表现良好）的公司，然后，鉴于对未来的预测，要靠自己对公司做出独立的价值评估。

资产价格泡沫

从第1章的讨论开始，我们就提醒你投机与投资的区别。这本书的内容是关于投资，而不是投机。然而，有众多投资者时不时在做着投机的活动。投机，或干脆称之为极端乐观主义，会导致资产，包括股票价格上升，这样的市场或一些细分市场会出现不合理的高价买卖情况。在极端的情况下，一种投机的狂热爆发，每一个新的投资者都希望得到这一资产，结果他或她不断支付更高价格，结果情况变糟，资产泡沫产生。回忆我们第1章的郁金香狂热的例子，还有其他值得注意的泡沫，包括18世纪南海公司泡沫，19世纪40年代的铁路狂热，咆哮的20年代股市泡沫，20世纪90年代末的互联网泡沫和最近美国的房地产泡沫。投机狂热必然结果就是，这些资产泡沫破灭，价格一落千丈。作为战略价值投资者，你要避免参与狂热，而且，如果可能的话，要找准自己的位置，利用任何后续市场的调整或崩溃，进行投资。如果你看到一个资产泡沫正在形成（很高的市值倍数），你该消减价值增长了的股票仓位，并持有现金，以购买那些陷入困境的资产。最近的房地产、银行和抵押贷款支持证券市场崩盘后，沃伦·巴菲特依靠他的信念"在别人贪婪时恐惧，在别人恐惧时贪婪"，投入伯克希尔-哈撒韦公司的一些资金，进入了市场。

技术与基本面分析相结合

在这本书中,我们主要关心的是研究一个公司的基本面(收入、现金流、财务状况、产品等)情况和利用各种估值方法确定股票的内在价值。这也是本杰明·格雷厄姆所支持的典型的基本面分析(改编为现代分析和价值评估技术)。我们认为投资的中心点,关键是做好基本面分析。技术分析主要是集中对来源于股票交易活动中的价格和价值数据进行分析。我们建议你考虑把技术分析作为基本面分析的一个附加的或补充的因素。技术分析有其局限性,肯定不能帮你确定股票的内在价值,但它可能在市场安全共识方面有助于你的判断。因此,技术分析可以用作基本面分析的补充,并能帮助你识别和避免价格泡沫,找出有利于决定购买和出售股票的时间。虽然有很多技术指标可供市场技术人员使用,我们将只关注几个有益的技术指标。

支撑位和超卖状态

支撑位是指股票价格区间,股票在此区间看起来会暂停下跌。通常股票价格会从这个位置展开反弹。什么可能导致这种价格行为呢?比方说,你对一只特定股票有浓厚的投资兴趣。当这只股票价格从每股 $ 14 下跌至每股 $ 10,出现了诱人的交易价格。但是,不管是出于什么原因,你决定不买。但随后股票价格一路上扬,每股上涨了几美元,你后悔没有在 $ 10 买了这只股票。那么下一次这只股票再跌至每股 $ 10,你会怎么做呢?当然,如果你还对这只股票念念不忘,这是一次很好的介入机会。投资者这种聚合行为可能创建了这样一个价格模式。图 15-1 是蜡烛图,价格走势在中间,底部是交易量和日期信息,相对强弱指标(RSI)在顶部。注意到几次微软股票价格下跌接近每股 $ 26.25,就会停止下跌或稍稍反弹。这样,微软股票价格就出现了一个支撑位。支撑位可以帮助价值投资者辨别股票的介入点（在什么价位购买这只股票）。

图 15-1　微软技术图

此图的另一个特点是 RSI（相对强弱指标）。相对强弱指标是一种动能指标，衡量股票价格相对变动量。RSI 值下降到 30 或之下进入超卖区，就代表买进信号。当 RSI 上升到 70 或之上进入超买区，就代表卖出信号。需要注意，当 RSI 下降到 30 时，微软股票价格降到 $26.25，这是另一个诱人的介入信号。注意微软最近的上涨，当价格涨到 30 美元，RSI 则突破 70，这似乎是它超越了市场自身。

如果一家公司发布消息不符合或超过市场预期，市场经常产生负面效果，有时超过必要的程度。这种情况会由超卖指标和非理性价格显示出来，非理性价格可能接近支撑位附近。这通常是以合理（便宜的）价格买好的价值股的机会。

阻力位和超买状态

在技术方面，与支撑为相对的是阻力位。在这一价格区域，股票价格似乎停止上扬，价格稳定或开始回撤。如上面的微软股票价格蜡烛图所示，在11月到1月这段时间，微软股票价格在 $27.50 遇到阻力。每次股票价格到 $27.50，似乎触及阻力，开始回撤。在2月到3月这段时间，股票似乎尝试这一阻力位，并最终突破这一阻力位。有时，前阻力位将成为后面的支持位。注意，似乎在30美元的价格阶段，出现了某些新的阻力，同时在此价格阶段，RSI（相对强弱指标）也显示超卖状态。

如果你有兴趣买一只股票，其价格处于阻力位阶段，那么介入这只股票之前，则有待观察。如果其持续受压阻力位，那么你需要考查一下你的估值水平和你的舒适指数，来看看这只股票目前是否拥有好的安全边际。如果这些情况都不具备，那么你得考虑在这一压力位卖掉这只股票。

同样，超买指标表明这只股票市场出现过热状态。如果这一情况持续下去，价格泡沫可能形成，你可能要远离它，直到一个更好的买入机会出现。

我们警告你不要被技术分析冲昏头脑。情况通常是这样，浏览图表会告诉你过去的信息，而能提供给你未来的信息几乎是微乎其微。

价值投资策略要素的梳理

价值投资策略不仅仅是寻找廉价股票，还需要深思熟虑并且仔细计算以确定出具有诱人价格的好公司。你需要以价值投资策略的思维来评估这家企业，仿佛你要全面获得这家企业的业务，本质上就像你要成为这家企业的老板一样。你要了解这家企业的业务，并能评估出他的业务在当前及未来经济环境下的走势。以下是价值投资策略的几点基本要素，由于操作方法（例如，运用自上而下还是自下而上的方法）不同，这几点要素在价值投资运用中次序可能会有所区别。

- 识别潜在的价值股（采用自上而下的方法，通过金融出版物，通过监控其他价值投资者，或通过筛选）。见第 4 章、第 12 章、第 13 章、第 15 章。
- 分析经济现状和未来的走势，并评估该行业在未来经济环境中的可能发展走势。见第 4 章、第 6 章。
- 分析公司的基本面。见第 5 章、第 6 章。
- 评估公司，确定其内在价值和安全边际。见第 7 章至第 11 章。
- 基于这些市场情况，确定时间，介入和售出有良好安全边际的公司（安全边际越高，越忽视介入时机，一个字——"买"）。见第 15 章。

使用混合投资工具

选择单个股票是耗时的，然而，通过使用混合投资工具，如共同基金和 ETF（交易所交易的共同基金），你仍然可以成为一个价值投资者。这样投资，一方面，你可以获得前几章所示的价值股的投资回报，而且能保持投资多元化；另一方面，因为你把你的工作分包给其他人，他们期望为你工作获得报酬。如果你选择指数基金或 ETFs，你会付出相当小的代价，同时，积极优秀管理基金的定价将对优秀积极基金经理的时间和精力进行补偿。

指数基金

当今，指数基金激增，可谓"百花齐放"。你可以投资于一个整体指数（资本大小不同）基金，一个行业指数基金，指数基金的成长型部分，指数基金的价值型部分，事实上指数基金的任何部分都可以投。作为价值投资者，你想得到指数基金的价值型部分，或你认为最具价值吸引力的行业指数部分。关于基金费用，基金费率通常看起来低廉，但是长时间算下来也是一笔不小的费用。因此，选择基金时，要注意其内在成本。幸运的是，时下指数基金市场已经变得有相当的竞争力，并且随着时间推移，基金费率已经大幅降低了。

> **专栏 15-5　应用：选择指数基金**
>
> 你想投资于大市值股票，并希望采取一种价值投资方法。你可以评估一下由前锋基金提供的几种基金类型。以下是可供你退休账户资金选择的许多基金中的两个：
>
> | 基金 | 先锋 500 指数基金 | 先锋价值指数 |
> | --- | --- | --- |
> | 代号 | VIFSX | VVISX |
> | 指标 | 标普 500 指数（大盘股） | 大盘股价值 |
> | 1 年期回报率 | 13.93% | 16.87% |
> | 3 年平均回报率 | 12.65% | 12.11% |
> | 5 年平均回报率 | 5.83% | 4.75% |
> | 10 年平均回报率 | NA | NA |
> | 操作费用比率 | 0.05% | 0.10% |
> | 市盈率（数据更新中） | 13.25 | 11.83 |
> | 市账率 | 2.02 | 1.45 |
> | 市销率 | 1.31 | 1.08 |
> | 股价现金流比率 | 7.12 | 5.64 |
> | 股息收益率 | 2.26% | 2.92% |
>
> 截至 4 月 27 日的晨星数据

价值投资策略

> 这两只基金已经有 5 年多的历史了,但不到 10 年,因此也不能提供 10 的历史数据。价值基金选择那些大盘股指数最低时进行机交易,这是一个机械的交易过程。价值基金不进行其他基本面分析或筛选,也不进行设计,因为它是指数基金。尽管 5 年期价值基金小幅跑输整体指数,这也并不令人意外(正如本书中所述,价值投资者必须要有耐心,因为价值投资策略往往跑输大市及其他在各个时间周期不同时期的策略)。

选择使用价值指数基金时,你得考虑当前经济环境是否适合投资那些股票。如果你愿意进一步深入研究分析,找到那些在当前的经济环境中具有良好成长性的行业,你可以采用价值投资法,投资于行业基金。

专栏 15-6　应用:选择行业 ETFs

你有兴趣挖掘估值相对低于标准普尔 500 指数的一些基金或行业,打算用安硕信息网站 ETFs 进行投资,你可以从安硕信息网站收集相关信息。

ETF 代号	IVV	IVE	IYE
聚焦指数	标普 500	标普 500 价值	美国能源
最大的产业	信息技术-17.4%	金融-23.1%	NA
第二大产业	金融-16.07%	能源-14.91%	NA
1 年期回报率	13.90%	16.43%	10.53%
3 年平均回报率	12.58%	11.92%	12.47%
5 年平均回报率	5.76%	3.95%	2.58%
10 年平均回报率	8.46%	8.72%	14.65%
市盈率	21.09	19.38	16.98
市账率	3.99	2.94	2.38
操作费用比率	0.07%	0.18%	0.47%

第 15 章 价值投资的市场应用

> 这里我们能看到 10 年的数据，以标准普尔 500 指数为标的的价值基金，稍稍跑赢了整个标准普尔 500 指数（扣除费用后）。你可以投资价值指数基金，但要注意到该基金拥有过重的能源股。因此，拉出安硕信息网站能源 ETFs，会发现这个行业的指数相对于广泛的指数确实是低估了。然而，你也得注意到，能源基金具有更高的费用率且欠缺多元化。当然，如同做任何投资，你得认真评估经济环境，特别是得看看投资于这个行业基金的集中度。

积极型基金

另一种投资基金的方法是选择一位积极的基金经理，这位经理秉承价值投资理念。这些经理可能管理共同基金或独立管理个人投资者的账户。积极的管理非常耗时，因为基金经理必须进行所有基本面分析和评估。在选择价值型基金投资经理时，你应该寻找那些拥有悠久的历史、业绩良好且收费比率合理的基金经理。你可以通过筛选数据库，如晨星数据库，找到这样的管理人员。尽可能多了解这些基金经理，如果可能的话，可以和他们面谈，以了解他或她的价值投资理念，了解他或她运用本书中所描述技能的操作过程，确保其投资风格反映你自己的投资理念，且其投资交易过程稳健。调查这些经理的投资经历、教育背景和专业认证，如特许金融分析师（CFA）称号。研究表明，所有这些因素往往会与管理者的技能及优异投资业绩呈正相关关系。

> **专栏 15-7　应用：选择积极的价值管理者**
>
> 你从晨星数据库查找本书中提到的一些杰出的价值投资者和他们管理的两只基金。下面是选自晨星数据库的两只基金与标普 500 指数基金的比较。

基金	富达斯巴达 500	韦茨价值基金	特维迪-布朗价值基金
代码	FUSEX	WVALX	TWEBX
目标	标普 500 指数（S&P 500 Index）	大盘混合（Large-Cap Blend）	大盘混合（Large-Cap Blend）
1 年回报	13.88%	17.20%	17.24%
3 年平均回报	12.59%	14.01%	9.61%
5 年平均回报	5.76%	7.13%	6.86%
10 年平均回报	8.46%	7.35%	8.00%
15 年平均回报	4.17%	6.58%	4.90%
费用比率	0.03%	1.00%	1.25%
P/E 率	13.86	16.89	12.52
P/B 率	1.98	2.32	1.60
P/S 率	1.32	1.32	1.06
P/CF 率	6.70	6.96	7.57
股息收益率	2.29%	1.21%	2.38%

资料来源：2013 年 4 月 27 日晨星数据库

请注意，在最长时间（15 年）的框架内，两位价值基金管理者的基金指数跑赢了标普 500 指数。有趣的是，晨星的分类标准把这两只基金归为价值型和成长型股票的混合型基金，这一归类看起来很适合韦茨价值基金，相较于标普 500 指数，韦茨基金拥有较高的增长倍数。记住，低增长倍数也不是价值投资方法的唯一指标。你在找寻对内在价值打折出售的好公司。有时这些股票将以数倍的价格交易，这使得这些股票看起来像成长型股票（以合理价格成长）。

结　论

在本书前几章中，我们解释过你为什么要成为价值投资者：从长期来看，价值投资跑赢一切。作为价值投资者，你不是通过投资廉价股票来提高你的业绩表现，而是寻找趋势向好行业里的好公司，也就是以内在价值打折价出售的好公司，作为你的投资标的，来提高你的业绩表现。战略价值投资者没有捷径可走，也没有神奇的魔法公式可用。你得自己做功课，评估公司基本面、其业务能力和所属行业状况；你还需要对未来一切指数比率做出判断，将这些判断输入你的价值投资模型，以评估你所做的每一笔投资的内在价值及安全边际，尤其是，你需要对自己的投资理念有信心，并需要耐心。

在短期内，作为价值投资者的你也许会输掉某场"战役"，但从长远看，你一定会赢得"战争"！快乐地逢低买进吧！

1. 高级趋势技术分析
2. 高级波段技术分析

作者：阿尔·布鲁克斯

这套丛书是写给严肃的交易者看的，阿尔的书最大价值在于，阐述了理解价格行为以及逐根K线分析走势图有助于追踪通常由机构所推动的形态，通过小止损、早入场，让机构为个人投资者"抬轿"并最终获利。

在这套丛书中，布鲁克斯主要通过5分钟周期的K线图来阐述一些基本原则，但也讨论日线图和周线图，书中也有如何将价格行为分析用于股票、外汇、国债期货和期权的内容。

丛书的第3本《高级反转技术分析》也将于2017年年底之前出版，敬请关注。

3. 日本蜡烛图技术

作者：史蒂夫·尼森

这是您一直想了解的日本蜡烛图技术细节，来自K线之父的经典教程，完美融合了日本蜡烛图和西方的交易技术。

证券交易经典基础知识书籍，全新的译本，全新的阐述，精选的内容。

4. 斐波那契交易法

作者：拉瑞·萨拉温托

帝纳波利之师，斐波那契交易技术的开创者，当今金融界倍受推崇的交易专家之一。

斐波那契交易法不是一个交易系统，而是一种准确判断力和纪律交易的方法，掌握了它，你就拥有了实现财务自由的更大把握。

5. 短线交易大师

作者：杰克·伯恩斯坦

瞬息万变的短线交易市场不存在准备充分一说，决策必须争分夺秒地做出，这就要求交易者利用能用到的好的交易策略和工具。

在高风险高回报的超短线交易中获取利润，就从阅读美国著名短线交易技术大师的书开始吧！

6. 建立稳固的交易系统

作者：基斯·费申

这是您一直想了解的日本蜡烛图技术细节，来自K线之父的经典教程，完美融合了日本蜡烛图和西方的交易技术。

证券交易经典基础知识书籍，全新的译本，全新的阐述，精选的内容。

7. 日内交易入门

作者：杰克·伯恩斯坦

超短线交易技术核心内容是稳固而且简单易学的。本书涵盖了短线交易的各个方面，解释为什么短线交易技术起作用，如何在金融市场中扮演恰当角色，如何引导风险。内容从基础开始，然后逐渐转移到高级话题。

8. 华尔街操盘手是怎样炼成的

作者：罗布·布克

这是一本通俗易懂、风格独特而又让人享受到阅读乐趣的书。作者以非常风趣的方式告诉我们在交易时如何避免犯下最常见的错误。如果您已经厌烦了阅读课本式的入门书籍，那么这本书非常适合您，强烈推荐这本书。

9. 低风险高收益动态交易指标

作者：马克·W.黑尔韦格
　　　戴维·C.司汤达

本书介绍了一种全新的蜡烛图——价值图。您可以凭借本书，尽情地学习这种革命性的交易指标，它已经为你打开了通往交易成功、风光无限的大门。本书可以说是股票和期货交易者必读之书。